民國文化與文學 研究文叢

二 編

李 怡 主編

第15冊

民國視域中的魯迅研究

王家平 著

國家圖書館出版品預行編目資料

民國視域中的魯迅研究／王家平 著 — 初版 — 新北市：花木
蘭文化出版社，2013〔民 102〕
目 4+240 面；19×26 公分
（民國文化與文學研究文叢 二編：第 15 冊）
ISBN：978-986-322-318-4（精裝）
1. 周樹人　2. 學術思想　3. 文學評論
541.26208　　　　　　　　　　　　　　　102012326

特邀編委（以姓氏筆畫為序）：

丁　帆	王德威	宋如珊
岩佐昌暲	奚　密	張中良
張堂錡	張福貴	須文蔚
馮　鐵	劉秀美	

民國文化與文學研究文叢
二　編　第十五冊　　　　　　ISBN：978-986-322-318-4

民國視域中的魯迅研究

作　　者	王家平
主　　編	李　怡
企　　劃	四川大學現代中國文化與文學研究中心
	民國文學與海外漢學研究中心（籌）
	北京師範大學民國歷史文化與文學研究中心
總 編 輯	杜潔祥
印　　刷	普羅文化出版廣告事業
出　　版	花木蘭文化出版社
發 行 人	高小娟
聯絡地址	235 新北市中和區中安街七二號十三樓
	電話：02-2923-1455 ／傳真：02-2923-1452
網　　址	http://www.huamulan.tw 信箱 sut81518@gmail.com
初　　版	2013 年 9 月
定　　價	二編 22 冊（精裝）新台幣 38,000 元

民國視域中的魯迅研究

王家平　著

作者簡介

王家平，1965 年 10 月生於浙江慶元，1999 年在北京大學獲文學博士學位，2003 年評為首都師大文學院教授，2006 年成為博士生導師。2002 年底在香港中文大學訪學，2004 ～ 2006 年在哥倫比亞安蒂奧基亞大學任漢語和中國文化客座教授。曾當選北京市高校優秀青年骨幹教師，現為中國魯迅研究會理事。20 多年來發表學術論文 50 多篇，出版學術專著 8 部，代表著作為《魯迅域外百年傳播史》（北京大學出版社，2009 年版）、《紅衛兵詩歌研究》（五南圖書出版公司，2002 年版）、《文化大革命時期詩歌研究》（河南大學出版社，2004 年版）。主持國家社科基金項目兩項：「魯迅翻譯文學研究」（09BZW048）；「八十多年來國外魯迅研究的學術歷程」（00CZW007）。

提　　要

　　魯迅（1881 ～ 1936）的後半生是在民國時代度過的。已有的一些魯迅研究成果把魯迅與他所生活的民國時代對立起來，過度強調魯迅與民國時代的批判性和對抗性。事實上，魯迅與民國有著深刻的關聯性。魯迅曾經說「我的愛護中華民國，焦唇敝舌，恐其衰微，大半正為了使我們得有剪辮的自由」。辮子在滿清王朝是中國人奴隸身份的象徵，魯迅從剪辮子這樣微觀的身體經驗出發，討論了人的自由與尊嚴等重大問題，揭示了中華民國的建立給公民的社會地位和生命價值帶來的重大意義。從身體經驗的意義上說，魯迅是中華民國歷史的優秀書寫者，他的民國記憶為後人保留了鮮活的歷史生活細節和普通人物心靈的脈動。

　　本著作的「引論」對於魯迅的中華民國記憶、魯迅民國書寫的具體內涵和方式，以及魯迅民國書寫所呈現的歷史倫理等問題作了闡釋。本著作的第一編在民國視域中探討魯迅的生死、愛恨等情感經驗，及他的這些情感經驗在創作中的傳達。第二編從生命輪迴與歷史循環、永世流浪與過客境遇、真實與謊言之間的徘徊三個層面，揭示魯迅的悲劇性體認。第三編研究魯迅的宗教文化思想，探討魯迅與佛教、道教、基督教的對話關係，這是對魯迅形而上精神探求方面的考索。第四編展示民國時期日本和歐美諸國知識界對魯迅思想和作品的接受狀況，並初步探討民國時期魯迅在世界上的傳播對於國外「中國學」現代轉型的意義。

就「民國機制」與民國文學答問
——《民國文化與文學研究文叢》第二輯引言

李　怡

文學的「民國機制」是什麼

　　周維東：我注意到，最近有一些學者提出了「民國文學史」研究的問題，例如張福貴先生、丁帆先生、湯溢澤先生等等。而在這些「文學史」重新書寫的呼聲中，您似乎更專注於一個新的概念的闡述和運用，這就是文學的「民國機制」，您能否說明一下，究竟什麼是文學的「民國機制」呢？

　　李怡：「民國機制」是近年來我在中國現代文學史研究中逐漸感受到並努力提煉出來的一個概念。形成這一概念大約是在 2009 年，爲了參加北京大學召開的紀念五四新文化運動 90 周年研討會，我重新考察了「五四文化圈」的問題，我感到，五四文化圈之所以有力量，有創造性，根本原因就在於當時形成了一個砥礪切磋、在差異中相互包容又彼此促進的場域，而這樣的場域所以能夠形成，又與「民國」的出現關係甚大，中國現代文學之有後來的發展壯大，在很大程度上得力於當時能夠形成這個場域。在那時，我嘗試著用「民國機制」來概括這一場域所表現出來的影響文學發展的特點。〔註1〕我將五四時期視作文學的「民國機制」的初步形成期，因爲，就是從這個時期開始，推動中國現代文化與文學健康穩定發展的基本因素已經出現並構成了較爲穩定的「結構」。〔註2〕

〔註1〕 李怡：《誰的五四：論五四文化圈》，見《中國現代文學研究叢刊》2009 年 3 期。

〔註2〕 李怡：《「五四」與現代文學「民國機制」的形成》，《鄭州大學學報》2009 年

　　2010 年，在進一步的研究中，我對文學的「民國機制」做出了初步的總結。我提出：「民國機制」就是從清王朝覆滅開始在新的社會體制下逐步形成的推動社會文化與文學發展的諸種社會力量的綜合，這裏有社會政治的結構性因素，有民國經濟方式的保證與限制，也有民國社會的文化環境的圍合，甚至還包括與民國社會所形成的獨特的精神導向，它們共同作用，彼此配合，決定了中國現代文學的特徵，包括它的優長，也牽連著它的局限和問題。為什麼叫做「民國機制」呢？就是因為形成這些生長因素的力量醞釀於民國時期，後來又隨著 1949 年的政權更迭而告改變或者結束。新中國成立以後，眾所周知的事實是，政治制度、經濟形態及社會文化氛圍及人的精神風貌都發生了重大改變，「民國」作為一個被終結的歷史從大陸中國消失了，以「民國」為資源的機制自然也就不復存在了，新中國文學在新的「機制」中轉換發展，雖然我們不能斷言這些新「機制」完全與舊機制無關，或許其中依然包含著數十年新文化新文學發展無法割斷的因素，但是從總體上看，這些因素即便存在，也無法形成固有的「結構」，對於文化和文學的發展而言，往往就是這些不同的「結構」在發生著關鍵性的作用，所以我主張將所謂的「百年中國文學」、「二十世紀中國文學」分段處理，不要籠統觀察和描述，它們實在大不相同，二十世紀下半葉的中國文學應該在新的「機制」中加以認識。〔註3〕

　　周維東：「民國機制」與同時期出現的「民國文學史」、「民國史視角」有什麼差別？

　　李怡：「民國文學史」提出來自當代學人對諸多「現代文學」概念的不滿，據我的統計，最早提出以「民國文學史」取代「現代文學史」設想的是上海的陳福康先生，陳福康先生長期致力於現代文獻史料的發掘勘定工作，他所接觸和處理的歷史如此具體，實在與抽象的「現代」有距離，所以更願意認同「民國」這一稱謂，其實這裏有一個值得注意的現象：真正投入歷史的現場，你就很容易發現文學的歷史更多的是一些具體的「故事」，抽象的「現代」之辨並不都那麼激動人心，所以在近現代史學界，以「民國史」定位自己工作者先前就存在，遠比我們觀念性強的「文學史」界為早。繼陳福康先生之後，又先後有張福貴、魏朝勇、趙步陽、楊丹丹、湯溢澤、丁帆等人繼續闡

---

　　　4 期。

〔註 3〕 李怡：《民國機制：中國現代文學的一種闡釋框架》，《廣東社會科學》2010
　　　年 6 期。

述和運用了「民國文學史」的概念，尤其是張福貴和丁帆先生，更以「國務院學位委員」特有的學科視野為我們論述和規劃了這一新概念的重要意義與現實可能，我覺得他們的論述十分重要，需要引起國內現代文學同行的高度重視和認真討論。在一開始，我也樂意在「民國文學史」的框架中討論現代文學的問題，因為這一框架顯然能夠把我們帶入更為具體更為寬闊的歷史場景，而不必陷入糾纏不清的概念圈套之中，例如借助「民國文學史」的框架，我們就能夠更好地解釋「大後方文學」的複雜格局，包括它與延安文學的互動關係。〔註4〕

不過，「民國文學史」主要還是一個歷史敘述的框架，而不是具體的認知視角和研究範式，或者說他更像是一個宏闊的學科命名，而不是「進入」問題的角度，我們也不僅僅為了「寫史」，在書寫整體的歷史進程之外，我們大量的工作還在對一個一個具體文學現象的理解和闡釋，而這就需要有更具體的解讀歷史的角度和方法，我們不僅要告訴人們這一段歷史「叫做」什麼，而且要回答它「為什麼」是這樣，其中都有哪些值得注意的東西，對後者的深入挖掘可以為我們的文學研究打開新的空間，「機制」的問題提出就來源於此。

周維東：我也意識到這一問題。「民國文學史」提出的學理依據和理論價值，在於它一時間化解了「中國現代文學史」框架中許多難以解決的難題，譬如中國現代文學的「起點」問題，中國現代文學的「包容度」問題，中國現代文學史寫作的價值立場問題等等。但「化解」並不等同於「解決」，當我們以「民國」的歷史來界分中國現代文學時，我們依舊需要追問「現代」的起源問題；當我們不在為中國現代文學的包容度而爭議時，如何將民國文學錯綜複雜的文學現象統攝在同一個學術平臺上，又成了新的問題；我們可以不為「現代」的本質而煩擾，但一代代中國現代知識份子的文化追求還是會引發我們思考：他們為什麼要這樣而不是那樣？

李怡：還有一個概念也很有意思，這就是秦弓先生提出的「民國史視角」，〔註5〕「視角」的思路與我們對其中「機制」的關注和考察有彼此溝通之處，

〔註4〕 李怡：《「民國文學史」框架與「大後方文學」》，《重慶師範大學學報》2009年1期。

〔註5〕 秦弓先後發表《從民國史的角度看魯迅》（《廣東社會科學》2006年4期）、《現代文學的歷史還原與民國史視角》（《湖南社會科學》2010年1期）。

我們都傾向於通過對特定歷史文化的具體分析為文學現象的解釋找到根據。在我們的研究中，有時也使用「視角」一詞，只是，我更願意用「機制」，因為，它指涉的歷史意義可能更豐富，研究文學現象不僅需要「觀察點」，需要「角度」，更需要有對文化和文學的內在「結構性」因素的總結，最終，讓二十世紀中國文學上下半葉各自區分的也不是「角度」而是一系列實在內涵。

周維東：「民國機制」的研究許多都涉及社會文化的制度問題，這與前些年出現的「中國現當代文學制度研究」有什麼差別呢？

李怡：最近一些年出現的「中國現當代文學制度研究」為中國文學的發生發展尋找到了豐富的來自社會體制的解釋，這對過去機械唯物主義的「社會反映論」研究具有根本的差異，我們今天對「民國機制」的思考，當然也包含著對這些成果的肯定，不過，我認為，在兩個大的方面上，我們的「機制」論與之有著不同。首先，這些「制度研究」的理論資源依然主要來自西方學術界，這固然不必指責，但顯然他們更願意將現代中國的各種「制度現象」納入到更普遍的「制度理論」中予以認識，「民國」歷史的特殊性和諸多細節還沒有成為更主動的和主要的關注對象，「民國視角」也不夠清晰和明確，而這恰恰是我們所要格外強調的；其次，我們所謂的「機制」並不僅是外在的社會體制，它同時也包括現代知識份子對各種體制包圍下的生存選擇與精神狀態。例如民國時期知識份子所具有的某種推動文學創造的個性、氣質與精神追求，這些人的精神特徵與國家社會的特定環境相關，與社會氛圍相關，但也不是來自後者的簡單「決定」與「反映」，有時它恰恰表現出對當時國家政治、社會制度、生存習俗的突破與抗擊，只是突破與抗擊本身也是源於這個國家社會文化的另外一些因素。特別是較之於後來極左年代的「殘酷鬥爭、無情打擊」，較之於「知識份子靈魂改造」後的精神扭曲，或者較之於中國式市場經濟時代的信仰淪喪與虛無主義，作為傳統文化式微、新興文明待建過程中的民國知識份子，的確是相對穩健地行走在這條歷史的過渡年代，其中的姿態值得我們認真總結。

周維東：經過您的闡述，我可不可以這樣理解：「民國機制」包含了一種全新的文學理解方式，「民國」是靜態的歷史時空，而「機制」則是文化參與者與歷史時空動態互動中形成的秩序，兩者結合在一起，強調的是在文學活動中「人」與「歷史時空」的豐富的聯繫，這種聯繫可以形成一種類似「場域」的空間，它既是外在的又是內在的。通過對「文學機制」的發現，文學

研究可以獲得更大的彈性空間，從而減少了因爲理論機械性而造成的文學阻隔。單純使用「民國」或「制度」等概念，往往會將文學置於「被決定」的地位，它值得警惕的地方在於，我們既無法窮盡對「民國」或「制度」全部內容的描述，也無法確定在一定的歷史時空下就必然出現一定的文學現象。

李怡：可以這樣理解。

爲什麼是「民國機制」

周維東：應該說，目前中國現代文學研究已經相當成熟了，各種研究模式、方法、框架都取得了引人注目的成就，在這個時候，爲什麼還要提出這個新的闡述方式呢？

李怡：很簡單，就是因爲目前的種種既有研究框架存在一些明顯的問題，對進一步的研究形成了相當的阻力。我們最早是有「新文學」的概念，這源於晚清「新學」，「新文學」也是「新」之一種，顯然這一術語感性色彩過強，我們必須追問：「新」旗幟的如何永遠打下去而內涵不變？「現代」一詞從移入中國之日起就內涵駁雜，有歐洲文明的「現代觀」，也有前蘇聯的十月革命「現代觀」，後者影響了中國，而中國又獨出心裁地劃出一「當代」，與前蘇聯有所區別，到了新時期，所謂「與世界接軌」也就是與歐美學術看齊，但是我們的「現代」概念卻與人家接不了軌！到 1990 年代，「現代性」知識登陸中國，一陣恍然大悟之後，我們「奮起直追」，「現代性」概念漫天飛舞，但是新的問題也來了：如何證明中國文學的「現代」就是歐美的「現代」？如果證明不了，那麼這個概念就是有問題的，如果真的證明了，那麼中國文學的獨立性與獨創性還有沒有？我們的現代文學研究真的很尷尬！提出「民國機制」其實就是努力返回到我們自己的歷史語境之中，發現中國人在特定歷史中的自主選擇，這才是中國文學在現代最值得闡述的內容，也是中國文學之所以成爲中國文學的理由，或者說是中國自己的真正的「現代」。

周維東：我在想一個問題，「民國機制」的提出在很大程度上來自對目前「現代」概念的質疑和反思，這是不是意味著，我們從此就確立了與「現代」無關的概念，或者說應該把「現代」之說驅除出去呢？

李怡：當然不是。「現代」概念既然可以從其知識的來源上加以追問，借助「知識考古」的手段釐清其中的歐美意義，但是，在另外一方面，「現代」

從日本移入中國語彙的那一天起，就已經自然構成了中國人想像、調遣和自我感性表達的有機組成部分，也就是說，中國人已經逐步習慣於在自己理解的「現代」概念中完成自己和發展自己，今天，我們依然需要對這方面的經驗加以梳理和追蹤，我們需要重新摸索中國自己的「現代經驗」與「現代思想」，而這一切並不是 1990 年代以後自西方輸入的「現代性知識體系」能夠解釋的，怎麼解釋呢？我覺得還是需要我們的民國框架，在我們「民國機制」的格局中加以分析。

周維東：也就是說，只有在「民國機制」中，我們才可以真正發現什麼是自己的「現代」。

李怡：就是這個意思，「現代」並不是已經被我們闡述清楚了，恰恰相反，我覺得很多東西才剛剛開始。

周維東：「民國」一詞是中性的，這是不是更方便納入那些豐富的文學現象呢？例如舊體詩詞、通俗小說等等。提出「民國機制」是否更有利於現代文學史的「擴軍」？也就是說將民國時期的一切文化文學現象統統包括進去？

李怡：從字面上看似乎有這樣的可能，實際上已經有學者提出了這個問題。但是，對於這個問題，我卻有些不同的看法，實際上，一部文學史絕對不會不斷「擴容」的，不然，數千年歷史的中國古典文學今天就無法閱讀了，不斷「減縮」是文學史寫作的常態，文學經典化的過程就在減縮中完成。這就為我們提出了一個問題：一種新的文學闡釋模式的出現從根本上講是為了「照亮」他人所遮蔽的部分而不是簡單的範圍擴大，「民國」概念的強調是為了突出這一特定歷史情景下被人遺忘或扭曲的文學現象，舊體詩詞、通俗小說等等直到今天也依然存在，不能說是民國文學的獨有現象，而且能夠進入文學史研究的一定是那些在歷史上產生了獨立作用和創造性貢獻的現象，舊體詩詞與通俗小說等等能不能成為這樣的現象大可質疑，與唐宋詩詞比較，我們現代的舊體詩詞成就幾何？與新文學對現代人生的揭示和追求比較，通俗小說的深度怎樣？這都是可以探討的。實際上，一直都由學者提出舊體詩詞與通俗小說進入「現代文學史」，與新文學並駕齊驅的問題，呼籲了很多年，文學史著作也越出越多，但仍然沒有發現有這麼一種新舊雜糅、並駕齊驅的著作問世，為什麼呢？因為兩者實在很難放在同一個平臺上討論，基礎不一樣，判斷標準不一樣。我認為，提出文學的「民國機制」還是為了更好地解

釋那些富有獨創性的文學現象，而不是爲了擴大我們的敘述範圍。

　　周維東：文學史研究從根本上講，就不可能是「中性」的。

　　李怡：當然，任何一種闡述本身就包含了判斷。

「民國機制」何爲

　　周維東：在文學的「民國機制」論述中，有哪些內容可以加以考察？或者說，我們可以爲現代中國文學研究開拓哪些新空間呢？

　　李怡：大體上可以區分爲兩大類：一是對「民國」各種社會文化制度、生存方式之於文學的「結構性力量」的考察、分析，二是對現代作家之於種種社會格局的精神互動現象的挖掘。前者可以展開的論題相當豐富，例如民國經濟形態所造就的文學機制。從 1913 年張謇擔任農商務部總長起，在大多數情形下，鼓勵民營經濟的發展已經成了民國的基本國策，中國近現代的出版傳播業就是在這樣的格局中發展起來的，這賦予了文學發展較大的空間；至少在法制的表面形態上，民國政府表現出了一系列「法治」的努力，以「三民主義」和西方法治思想爲基礎民國法律同樣也建構著保障民權的最後一道防線，雖然它本身充滿動搖和脆弱。這表層的「法治」形式無疑給了知識份子莫大的鼓勵，鼓勵他們以法律爲武器，對抗獨裁、捍衛言論自由；多種形態的教育模式營造了較大的精神空間，對國民黨試圖推進的「黨化」教育形成抵制。後者則可以深入挖掘現代知識份子如何通過自己的努力、抗爭調整社會文化格局，使之有利於自己的精神創造。

　　周維東：這些研究表面上看屬於社會體制的考察，其實卻是「體制考察與人的精神剖析」相互結合，最終是爲了闡發現代文學的創造機能而展開的研究。

　　李怡：對，尋找外在的社會文化體制與人的內部精神追求的歷史作用，就是我所謂的「機制」的研究。

　　周維東：這樣看來，民國機制的研究也就帶有鮮明的立場：爲中國現代文學的創造力尋求解釋，深入展示我們文學曾經有過的歷史貢獻，當然，也爲未來中國文學的發展挖掘出某些啓示。所以說，「民國機制」不是重新劃範圍的研究，不是「標籤」與「牌照」的更迭，更不是貌似客觀中性的研究，它無比明確地承擔著回答現代文學創造性奧秘的使命。

李怡：這樣的研究一開始就建立在「提問」的基礎上，是未來回答現代文學的諸多問題我們才引入了「民國機制」這樣的概念，因為「提問」，我想我們的研究無論是在文學思潮運動還是在具體的作家作品現象方面都會有一系列新的思維、新的結論。例如一般認為1930年代左翼作家的現實揭弊都來源於他們生活的困窘，其實認真的民國生活史考察可以告訴我們，但凡在上海等地略有名氣的作家（包括左翼作家）都逐步走上了較為穩定的生活，他們之所以堅持抗爭在很大程度上還是來自理想與信念。再如目前的文學史認為茅盾的《子夜》揭示了民族資產階級在現代中國沒有前途，但問題是民國的制度設計並非如此，其實民營經濟是有自己的生存空間的，尤其1927～1937被稱作民國經濟的黃金時代，這怎麼理解？顯然，在這個時候，茅盾作為左翼作家的批判性佔據了主導地位，而引導他如此寫作的也不是什麼「按照生活本來面目加以反映」的19世紀歐洲的「現實主義」原則，而是新進引入的馬克思主義的階級觀念。民國體制與作家實際追求的兩相對照，我們看到的恰恰是民國文學的獨特景象：這裏不是什麼遵循現實主義原則的問題，而是作家努力尋找精神資源，完成對社會的反抗和拒斥的問題，在這裏，文學創作本身的「思潮屬性」是次要的，構建更大的精神反抗的要求是第一位的。在這方面，是不是存在一種「民國氣質」呢？

周維東：根據您的闡述，我理解到「民國機制」所要研究的問題。過去我們研究文學史，也注重了歷史語境的問題，但從某個單一視角出發，就可能出現「臆斷」和「失度」的現象，這也就是俗話中的「只知其一不知其二」。「民國機制」研究民國「社會文化制度、生存方式之於文學的『結構性力量』」，實際還強調了歷史現場的全景考察。其次，「現代作家之於種種社會格局的精神互動現象」在過去常常被認為作家的個體想像，您在這裏特別強調這種互動的集體性和有序性，並試圖將之作為結構文學史的重要基礎。

李怡：是這樣的。過去我們都習慣用階級對抗在解釋民國時代的「左」、「中」、「右」，好像現代文學就是在不同階級的作家的屬性衝突中發展起來的，其實，就這些作家本身而言，分歧和衝突是一方面，而彼此的包容和配合也是不容忽視的一面，更重要的是，他們意見和趣味的分歧往往又在對抗國家專制統治方面統一了，在面對獨裁壓制的時候，都能夠同仇敵愾，共同捍衛自己的利益。當整個知識份子階層形成共同形成精神的對抗之時，即便是專制統治者也不得不有所忌憚，例如擔任國民黨中宣部部長的張道藩就在

1940 年代的「文學政策」論爭中無法施展壓制之術。民國文學創作的自由空間就是不同思想取向的知識份子共同造成的。

　　周維東：這樣看來，「民國機制」還有很多課題值得挖掘。譬如民國時期知識份子與大眾傳媒關係問題，過去我們基本從「稿費」和「經濟」的角度理解這一現象，不過如果我們注意到這一時期的「零稿費」現象、「虧本經營」現象，以及稿件類型與稿酬水平的關係問題等等，就可以從單純的經濟問題擴展到民國文人、民國傳媒的趣味和風尚問題，進而還能擴展到民國知識份子生存空間的細枝末節。這樣研究文學史，真可謂「別有洞天」呀！

作為方法的「民國機制」

　　周維東：我覺得，提出文學的「民國機制」不僅可以為我們的學術研究開闢空間，同時它也具有方法論的價值。

　　李怡：我以為這種方法論的意義至少有三個方面：一是倡導我們的現代文學學術研究應該進一步回到民國歷史的現場，而不是抽象空洞的「現代」，即便是中國作家的「現代」理念，也有必要在我們自己的歷史語境中獲得具體的內容；二是史料考證與思想研究相互深入結合，近年來，對現代文學史料的重視漸成共識，不過，究竟如何認識「史料」卻已然存在不同的思路，有人認為提倡史料價值，就是從根本上排除思想研究，努力做到「客觀」和「中性」，其實，沒有一種研究可以是「客觀」的，從來也不存在絕對的「中性」，最有意義的研究還是能夠回答問題，是具有強烈的問題意識的研究。如何將史料的考證和辨析與解答民國時期文學創造的奧秘相互結合，這在當前還亟待大家努力。第三，正如前面我們所強調的那樣，我們也努力將外部研究（體制考察）與內部研究（精神闡釋）結合起來，以「機制」的框架深入把握推動文學發展的「綜合性力量」，這對過去「內外分裂」的研究模式也是一種突破。

　　周維東：最近幾年，中國出現了「民國熱」，談論民國，想像民國，出版民國讀物，蔚為大觀，有人擔心是否過於美化了那一段歷史？

　　李怡：這個問題也要分兩重意義來說，首先是為什麼會出現這樣的「熱」？顯然是我們的歷史存在某種需要反省的東西，或者將那個時候的一切統統斥之為「萬惡的舊社會」，從來沒有正視過歷史的應有經驗，或者是對我們今天──市場經濟下虛無主義盛行，知識份子喪失理想和信仰的某種比照，在這

樣兩種背景上開掘「民國資源」，我覺得都有明顯的積極意義，因為它主要代表了我們的不滿足，求反思，重批判，至於是否「美化」那要具體分析，不過，在「民國」永遠不會「復辟」的前提下，某些美好的想像和誇張也無需過分擔憂，因為，「民國」資源本身包含「多元」性，左翼批判精神也是民國精神之一，換句話說，真正進入和理解「民國」，就會引發對民國的批判，何況今天分明還具有太多的從新體制出發抨擊民國的思想資源，學術思想的整體健康來自不同思想的相互抵消，而不是每一種思想傾向都四平八穩。

周維東：的確是這樣。所謂「美化」的背後其實是缺失和批判。學術史上又太多類似的「美化」，屈原、陶淵明、李白、杜甫等文化名人形成的光輝形象，不正是研究者「美化」的結果嗎？魯迅也曾經「美化」過魏晉。在研究者「美化」歷史人物和歷史時期時，我想他（她）不是諂媚也不是褒貶，而是在更大的文化空間上，揭示我們還缺少什麼，我們如何可以過的更好。

李怡：還有，也是更主要的一點，我們的「民國機制」研究與目前的「民國熱」在本質上沒有關係。我們要回答的是民國時期現代文學的創造秘密，這與是否「美化」民國統治者完全是兩回事，我們從來嚴重關切民國歷史的黑暗面，無意為它塗脂抹粉，恰恰相反，我們是要在正視這些黑暗的基礎上解答一個問題：現代知識份子如何通過自己的抗爭和奮鬥突破了思想的牢籠，贏得了民國時期的文學輝煌，我們把其中的創生力量歸結為「民國機制」，但是顯而易見，民國機制並不屬於那些專制獨裁者，而是根植於近代以來成長起來的現代知識份子群體，根植於這一群體對共和國文化環境與國家體制的種種開創和建設，根植於孫中山等民主革命先賢的現代理想。

周維東：「民國機制」不是民國統治者的慈善，不是政治家的恩賜，而是以知識份子為主體的社會力量主動爭取和奮鬥的結果，在這裏，需要自我反省的是知識份子自己。

李怡：「民國機制」的提出歸根結底是現代文學學術長期發展的結果，絕非當前的「風潮」鼓動（中國是一個充滿「風潮」的社會，實在值得警惕），近三十年來，中國現代文學研究一直在尋找一種更恰當的自我表達方式，從1980 年代「二十世紀中國文學」在「走向世界」中抵消政治意識形態的干預到1990 年代「現代性」旗幟的先廢後存，尷尷尬尬，我們的文學研究框架始終依靠外來文化賜予，那麼，我們研究的主體性何在？思想的主體性何在？我曾經倡導過文學研究的「生命體驗」，又集中梳理過中國現代文學批評的術

語演變，這一切的努力都不斷將我們牽引回中國歷史的本身，我們越來越真切地感受到更完整地返回我們的歷史情境才有可能對文學的發展作進一步的追問。對於現代的中國文學而言，這一歷史情境就是「民國」，一個無所謂「美化」也無所謂「醜化」的實實在在的民國，回到民國，才是回到了現代中國作家的棲息之地，也才回到了中國文學自身。

周維東：最後一個問題，我們研究民國時期的文學，是否也應該考慮當時歷史狀況的複雜性，比如是不是民國時代的所有文學都從屬於「民國機制」？比如解放區文學、淪陷區文學？除了「民國機制」，當時還存在另外的文學機制沒有？

李怡：這樣的提問就將我們的問題引向深入了！我一向反對以本質主義的思維來概括歷史，社會文化的內在結構不會是一個而是多個，當然，在一定的歷史時期，肯定有主導性的也有非主導性的，有全局性的也有非全局性的。在「民國」的大框架中，也在特定條件下發展起了一些新的「機制」，但是民國沒有瓦解，這些「機制」的作用也還是局部的。延安文學機制是在蘇區文學機制的基礎上發展起來的，軍事性、鬥爭性和一元性是其主要特徵，但這一機制全面發揮作用是在「民國」瓦解之後，在民國當時，延安文學能夠在大的國家文化體系中存在，也與民國政治的特殊架構有關，在這個意義上，也可以說是民國機制在特殊的局部滋生了新的延安機制，並最終為發展後的延安機制所取代。至於淪陷區則還應該仔細區分完全殖民地化的臺灣以及置身中國本土的東北淪陷區、華北淪陷區和上海孤島等，對於完全殖民地化的尚未光復的臺灣，可能基本置於「民國機制」之外，而對其他幾個地區，則可能是多種機制的摻雜，雖然摻雜的程度各不相同。但是，從總體上看，我並不主張抽象地籠統地地議論這些「機制」比例問題，我們提出「民國機制」最終還是為了解決現代中國文學發生發展的若干具體問題，只有回到具體的文學現象當中，在分析解決具體的文學問題之時，「民國機制」才更能發揮「方法論」的作用，啟發我們如何在「體制與人」的交互聯繫中發掘創造的秘密。我們無需完成一部抽象的「民國機制發展史」，可能也完成不了，更迫切的任務是針對文學具體現象的新的符合中國歷史情境的闡述和分析。

周維東：對，我們的任務是進入具體的文學問題，將關注「民國機制」作為內在的思想方法，引導對實際現象的感受和分析。

目次

引論　魯迅的民國記憶和書寫

　　記憶與遺忘，是歷史總譜上交替出現的兩個聲部。記憶，是肉身試圖擷取時間黑洞口外某些存在的碎片的掙扎；遺忘，是肉身連同存在的碎片被時間黑洞吞噬的湮沒。歷史，就在這掙扎與湮沒中展開著、輪替著。

　　魯迅（1881～1936）以《為了忘卻的紀念》這樣奇崛的標題，呈示了記憶與忘卻之間糾葛不已的複雜關聯。五千年華夏文明的血雨腥風、刀光劍影，始終是魯迅歷史哲學觀照的對象；在魯迅而立之年呱呱墜地並在他陪伴下成長的中華民國，是他記憶版圖上最為鮮活的疆域。遺憾的是在民國建立百年後的今天，學術界對於魯迅的中華民國記憶、魯迅民國書寫的具體內涵和方式，以及魯迅民國書寫所呈現的歷史哲學等問題並沒有給予足夠的重視，本文願在這方面做初步的嘗試。

一、歷史循環與奴隸處境

　　在武昌起義之後不久，魯迅以周逴的筆名創作了文言小說《懷舊》，藝術地記錄了辛亥革命浪潮給一個名叫蕪市的小縣城居民帶去的生活和心理上的衝擊：

> 予窺道上，人多於蟻陣，而人人悉函懼意，惘然而行。手多有挾持，或徒其手，王翁語予，蓋圖逃難者耳。中多何墟人，來奔蕪市；而蕪市居民，則爭走何墟。〔註1〕

《懷舊》的高超之處在於，它借助一個私塾兒童的視角來觀察革命風波激揚

〔註1〕 魯迅：《魯迅全集》第7卷，人民文學出版社，1981年版，第219頁。（本論著的魯迅作品引文都出自同一版本，以後的注釋只注明《魯迅全集》卷數和頁碼）

起來的社會動蕩和人們的心理反應。在小說的結尾，確切的消息傳到蕪市，只有幾十名難民路過縣境，並沒有「長毛」軍隊的到來，於是整個小城又恢復了原有的寧靜。作品多次穿插了鄰居王翁對自己 40 多年前經歷的「長毛」（太平天國軍隊）戰亂的講述；最後，作品以私塾兒童的保姆李媼驚見「長毛」的惡夢作結。如此的敘事立場內在地包含了這樣的歷史哲學：辛亥革命雖然被後人賦予了終止數千年封建專制統治的偉大意義，但是在當時的百姓心目中，它與此前發生的「長毛」造反運動幾無兩樣；歷史一再在和平與騷亂的治——亂循環中往復不已。

　　如上述《懷舊》引文所顯示，戰亂年代百姓的避難路線是城裏人逃到鄉下、鄉下人逃往城裏。「五‧四」時期的魯迅為《新青年》雜誌「隨感錄」欄目寫的《五十六‧來了》，再次對民國初年難民的逃難狀態進行了書寫：

> 民國成立的時候，我住在一個小縣城裏，早已掛過白旗。有一日，
> 忽然見許多男女，紛紛亂逃：城裏的逃到鄉下，鄉下的逃進城裏。
> 問他們什麼事，他們答道，「他們說要來了」。〔註2〕

其實，何止是戰亂年代百姓沒頭蒼蠅似地奔逃；在承平時期（譬如某些「黃金周」），百姓外出旅遊的路線，同樣也呈現著城鄉居民互相前往對方區域，試圖尋找一些什麼的有趣狀態。先按下這層不說，值得我們留意的是魯迅在《五十六‧來了》所要表達的主旨。他認為，中國近代不斷傳言各種主義（包括過激主義、軍國民主義、無抵抗主義、自由主義、人道主義等）「來了」，但是「無論什麼主義，全擾亂不了中國；從古到今的擾亂，也不聽說因為什麼主義」〔註3〕。他的言下之意是，中國人並不在乎什麼主義，只是不斷被「來了」所驚擾，中國社會有如一團靜水，這些「來了」只在靜水中激起巨波或者微瀾，然後水面又回復到原有的寧靜。魯迅的《風波》、《示眾》等小說都藝術地呈現了他對中國社會死水微瀾歷史的哲學體認。

　　這就涉及到魯迅的循環史觀問題。通常，人們認為魯迅從青年時代就學於南京水師學堂、礦路學堂起就接受了西方進化論的影響，形成了社會進化的歷史哲學；但其實進化觀並非是魯迅歷史哲學的主體部分，歷史在本質上是循環往復的觀念，才是魯迅（也包括其弟周作人）的核心歷史哲學〔註4〕。

〔註2〕　《魯迅全集》第 1 卷，第 348 頁。
〔註3〕　《魯迅全集》第 1 卷，第 347 頁。
〔註4〕　關於魯迅循環史觀的具體論述，參見拙著《魯迅精神世界凝視》（首都師範大

魯迅的雜文《燈下漫筆》用「想做奴隸而不得的時代」與「暫時做穩了奴隸的時代」〔註5〕兩個階段的交替出現，石破天驚地揭示了中國幾千年歷史的循環軌迹。

魯迅也用這種循環史觀來觀照民國的歷史。作於1925年的雜文《忽然想到》（一至四）發出了「我覺得彷彿久沒有所謂中華民國的」感喟，他進一步寫道：

> 我覺得革命以前，我是做奴隸；革命以後不多久，就受了奴隸的騙，變成他們的奴隸了。……我希望有人好好地做一部民國的建國史給少年看，因爲我覺得民國的來源，實在已經失傳，雖然還只有十四年。
>
> ……試將記五代、南宋、明末的事情的，和現今的狀況一比較，就當驚心動魄於何其相似之甚，仿佛時間的流駛，獨與我們中國無關。
>
> 現在的中華民國也還是五代，是宋末，是明季。〔註6〕

看得出來，魯迅是把民國時期當作是我國中古和近古亂世的循環重現，因此《忽然想到》（一至四）的結尾流露出了魯迅深深的歷史悲情：「『地大物博，人口眾多』，用了這許多好材料，難道竟不過老是演一齣輪迴的把戲而已麼？〔註7〕

魯迅用關鍵詞「奴隸」來描述中國歷史的循環，是基於他自身做奴隸的經驗和體驗。他在《雜憶》一文中回憶了自己清末在南京讀書時喜歡騎馬健身而被滿族人侮辱的經歷：「這裏本是明的故宮，我做學生時騎馬經過，曾很被頑童罵詈和投石，──猶言你們不配這樣，聽說向來如此的。」〔註8〕滿清王朝推行歧視、壓迫漢人的民族政策，給人們造成很深的傷害。辛亥革命前夕，留學海外的中國青年大多推崇針對滿清的復仇思想，但是魯迅發現「待到革命起來，就大體而言，復仇思想可是減退了，我想，這大半是因爲大家已經抱著成功的希望，又服了『文明』的藥，想給漢人掙一點面子，所以不再有殘酷的報復」〔註9〕。

　　　　學出版社，1999年版），第66～86頁。
〔註5〕　《魯迅全集》第1卷，第213頁。
〔註6〕　《魯迅全集》第3卷，第16～17頁。
〔註7〕　《魯迅全集》第3卷，第18頁。
〔註8〕　《魯迅全集》第1卷，第222頁。
〔註9〕　《魯迅全集》第1卷，第221頁。

民國初年盛行「不報復」的「文明」風尚，造成民國革命事業一再挫敗。魯迅在《論「費厄潑賴」應該緩行》中指出，秋瑾烈士在辛亥革命勝利前夜死於紹興劣紳的告密，紹興光復後，革命黨人、紹興都督王金發以爲民國成立了就萬事大吉，於是不去爲戰友秋瑾復仇，把害死烈士的劣紳從輕發落，結果等到「二次革命」失敗後，劣紳勾結袁世凱的走狗把王金發槍決了，社會又陷入黑暗之中〔註 10〕。歷史循環所顯示的社會生活固化狀態令人失望，魯迅在《〈自選集〉自序》中總結自己在民國前期的閱歷時寫道：「見過辛亥革命，見過二次革命，見過袁世凱稱帝，張勳復辟，看來看去，就看得懷疑起來，於是失望，頹唐得很了。」〔註 11〕

魯迅到了 1935 年還在念念不忘自己在滿清時代被奴役的境遇：「我生於清朝，原是奴隸出身，不同二十五歲以內的青年，一生下來就是中華民國的主子，……」〔註 12〕因爲曾經久受奴役，獲得自由身份的人們特別看重主人翁的地位。魯迅的小說《頭髮的故事》主角 N 先生回憶起辛亥革命勝利之後的情景，最讓他激動不已的是那種擺脫了奴隸境遇、成爲自己主人的喜悅：「我最得意的是自從第一個雙十節以後，我在路上走，不再被人笑罵了。」〔註 13〕

不過，人們所獲得的自主地位有可能得而復失，人們也可能重回奴隸的境地。魯迅在《燈下漫筆》中就披露過自身在不經意間重新淪爲奴隸的體驗：袁世凱稱帝後討袁戰爭爆發，中國銀行和交通銀行停止兌換現金，而商家想盡辦法拒收紙幣、索要銀元，魯迅當時只持有上述兩家銀行的紙幣，全家就要斷糧的困局使他恐慌不已，他費盡周折終於以六、七折的價格換來一些銀元。魯迅是這樣描述自己把白花花的銀元揣在懷裏時的微妙心理：

> 但當我一包現銀塞在懷中，沉墊墊地覺著安心，喜歡的時候，卻突然起了另一思想，就是：我們極容易變成奴隸，而且變了之後，還萬分喜歡。〔註 14〕

魯迅在《燈下漫筆》中接著分析說，在暴力社會環境裏人們過著牛馬不如的生活，有誰給他們「略等於牛馬的價格」，「人們便要心悅誠服，恭頌太平盛

〔註 10〕 《魯迅全集》第 1 卷，第 272～273 頁。
〔註 11〕 《魯迅全集》第 4 卷，第 455 頁。
〔註 12〕 《魯迅全集》第 5 卷，第 418 頁。
〔註 13〕 《魯迅全集》第 1 卷，第 462 頁。
〔註 14〕 《魯迅全集》第 1 卷，第 211 頁。

世」；在亂世中，「百姓就希望來一個另外的主子，較為顧及他們的奴隸規則」，「使他們可上奴隸的軌道」，然後進入「暫時做穩了奴隸的時代」〔註15〕。

二、示眾的看客與變戲法的現代史

　　魯迅的《上海所感》講述的是另外一種從自由人變成奴隸的情形。他說自己「初看見血，心裏是不舒服的，不過久住在殺人的名勝之區，則即使見到了掛著的頭顱，也不怎麼詫異。這就是因為能夠習慣的緣故」。從自身面對血腥場面的漠然狀態，魯迅推衍出人類的某種根性：「由此看來，人們——至少，是我這一般的人們，要從自由人變成奴隸，怕也未必怎麼煩難罷。無論什麼，都會慣起來的。」〔註16〕砍下「犯人」的頭來示眾，是統治者懲處不服從者並警戒其他民眾不可再犯同類「罪行」的措施，是統治者宣示自己權威的最直觀的方式，民眾一旦步入圍觀被示眾者的行列，就不自覺地認可了統治者的權威，不自覺地成為統治者的盟友參與到懲處不服從者的行動之中。因此，示眾場域中的民眾就成為權力宰制下的奴隸甚至是幫凶。

　　在小說《藥》中，魯迅描寫了清末民眾殘忍地圍觀革命先驅者夏瑜被處決的場面：

> 老栓又吃一驚，睜眼看時，幾個人從他面前過去了，一個還回頭看他，樣子不甚分明，但很像久餓的人見了食物一般，眼裏閃出一種攫取的光。……
>
> 一陣腳步聲響，一眨眼，已經擁過了一大簇人。那三三兩兩的人，也忽然合作一堆，潮一般向前趕；將到丁字街口，便突然立住，簇成一個半圓。
>
> 老栓也向那邊看，卻只見一堆人的後背；頸項都伸得很長，彷彿許多鴨，被無形的手捏住了的，向上提著。靜了一會，似乎有點聲音，便又動搖起來，轟的一聲，都向後退；……〔註17〕

這就是魯迅筆下蒙昧、冷酷的民眾。他們像趕集那樣熱熱鬧鬧地去看殺人，他們是那樣專注、那樣興奮地鑒賞著那位要救他們脫離受奴役境遇的革命者被處決，而眼中流露著凶殘的神色。

〔註15〕《魯迅全集》第1卷，第211～212頁。
〔註16〕《魯迅全集》第7卷，第408頁。
〔註17〕《魯迅全集》第1卷，第441頁。

魯迅的雜文《鏟共大觀》寫的是民國成立已有時日的 1928 年，民眾依然非常興奮而冷漠地鑒賞著革命者的斷頭：4 月 6 日長沙當局砍下了革命者馬氏姐妹、傅姓女子和中共湖南負責人郭亮的頭顱，「全城男女往觀者，終日人山人海，擁擠不通」。魯迅在文章的結尾寫道：「我臨末還要揭出一點黑暗，是我們中國現在（現在！不是超時代）的民眾，其實還不很管什麼黨，只要看『頭』和『女尸』。只要有，無論誰的都有人看，拳匪之亂，清末黨獄，民二，去年和今年，在這短短的二十年中，我已經目睹和耳聞了好幾次了。」〔註 18〕在清末民初以來 20 餘年歷史中，魯迅目睹著中國社會在一次又一次的砍頭——示眾輪迴中停滯不前，歷史無情地作著循環不已的圓周運動。

魯迅的雜文《現代史》則用寓言的形式表現民國歷史的循環狀態。它的題目很大，叫「現代史」，寫的卻是「變戲法」這一在日常生活中常見的街頭小景。「戲法人人會變，各有巧妙不同」。魯迅在文中告訴我們，他所看到的戲法大致有兩類：一類相當於西方的馬戲，無非是讓猴子騎在羊上，耍幾通刀槍，或讓一隻精瘦的狗熊玩一些把戲，然後向觀眾要錢；另一類是石頭變白鴿，嘴裏吐烟火的魔術，完了也是向觀眾要錢。戲法變完，表演者和看客都散去。過了一些時候，又有人來表演和看表演，「總是這一套，也總有人看，總有人 Huazaa，不過其間必須經過沉寂的幾日」。魯迅在文章結尾特別聲明：「到這裏我才記得寫錯了題目，這真成了『不死不活』的東西。」〔註 19〕照他這話字面的意思，該把本文的標題改作「變戲法」才是。其實魯迅是在說反話，是揣著明白裝糊塗的幽默。「現代史」與「變戲法」兩個題目貌似隔著十萬八千里；可是只要我們稍作深入思考，便不難發現中國現代史其實就是反覆上演著變戲法活劇的歷史：從袁世凱篡權、稱帝到張勛復辟，從直系、奉系、皖系軍閥輪留執政到國民黨各派勢力在政壇上的爭奪，中國社會政權這一系列更迭的確像是一幕又一幕接連不斷、循環反覆的「變戲法」表演，不管這些變戲法者口頭上宣稱什麼，他們最終的目的都是爲了向觀眾要錢，爲了滿足個人和集團的權力欲望。魯迅正是以寓言的方式深刻地揭示了民國社會停滯不前，在軍閥爭權奪利中循環不已的歷史本質。

如果說雜文《現代史》以「變戲法」作爲主線描述民國歷史的循環往復，《小雜感》則圍繞「革命」這一 20 世紀最關鍵的詞彙，揭示現代中國人的生

〔註 18〕 《魯迅全集》第 4 卷，第 105～106 頁。
〔註 19〕 《魯迅全集》第 5 卷，第 89～90 頁。

命在政治輪迴機器上被絞殺的悲劇事實：

> 革命，反革命，不革命。
>
> 革命的被殺於反革命的。反革命的被殺於革命的。不革命的或當作
> 革命的而被殺於反革命的，或當作反革命的而被殺於革命的，或並
> 不當作什麼而被殺於革命的或反革命的。
>
> 革命，革革命，革革革命，革革……。〔註20〕

在「革命」的這杆大旗下，現代社會中的人們上演著互相殘殺的慘劇。史書
通常記載的是革命的人們與反革命的人們之間互相殺戮的事件；魯迅的深刻
之處在於他悲憫地揭示了占據人口絕大多數的普通百姓，他們既不是革命的
人們也不是反革命的人們，卻被革命的洪流挾裹著捲入政權紛爭中，被爭鬥
的一方或雙方所屠殺的事實。總之，魯迅通過一場場殺人遊戲的循環上演、
無數民眾被屠的血流不止，呈現出民國歷史的悲劇輪迴軌迹。

三、蕭索的烈士墳與歡慶享福的「後方」

歷史的無情輪迴運動，使得民眾在「暫時做穩了奴隸」和「想做奴隸而
不得」這兩個時代之間過著循環停滯的生活，無情的歷史造就無情的民眾，
無情的民眾在麻木、健忘中苟活著。健忘，是中國國民性的一大頑症。先驅
者為民眾所做的犧牲，改革者為社會所立的功勳很少能在民眾記憶中占據永
久的位置。革命成功了，人們關心和愛戴的是仍然活著的掌權者，至於那些
在黎明到來之前的黑暗中死去的先烈則很少會被人再提起。魯迅在他的雜
文、小說中反覆表現著民國先驅者被遺忘的悲劇主題，蕭條、荒涼的烈士墳
墓構成了魯迅作品的核心意象。

《吶喊》中的小說《頭髮的故事》一向不很受人重視，事實上，它的命
意是很深刻的，它表現的是遺忘這一悲劇性主題。小說主人公 N 回憶起清末
民初的革命先驅者時深有感觸地說道：「多少故人的臉，都浮在我眼前。幾個
少年辛苦奔走了十多年，暗地裏一顆彈丸要了他的性命；幾個少年一擊不中，
在監牢裏身受一個多月的苦刑；幾個少年懷著遠志，忽然踪影全無，連尸首
也不知那裏去了。——他們都在社會的冷笑惡罵迫害傾陷裏過了一生；現在
他們的墳墓也早在忘卻裏漸漸地平塌下去了。」〔註21〕

〔註20〕 《魯迅全集》第 3 卷，第 532 頁。
〔註21〕 《魯迅全集》第 1 卷，第 461～462 頁。

魯迅小說《藥》的主旨表達的是清末革命先驅者夏瑜死時被民眾圍觀，死後被民眾評價（品嘗），鮮血被製成治癆病的饅頭，然後被民眾遺忘的悲劇。《藥》的結尾處的墳墓意象充分負載了先驅者死後的悲劇意味：

> ……這墳是草根還沒有全合，露出一塊一塊的黃土，煞是難看。再往上仔細看時，卻不覺也吃一驚；——分明有一圈紅白的花，圍著那尖圓的墳頂。……

> 微風早經停息了；枯草支支直立，有如銅絲。一絲髮抖的聲音，在空氣中愈顫愈細，細到沒有，周圍便都是死一般靜。〔註22〕

籠罩在這墳地四周的是一種淪肌浹髓的孤寂，即使魯迅給墳頂上添加了一個紅白相間的花圈，也遮蓋不住先驅者夏瑜死後很快被民眾忘卻的落寞與哀傷。總之在魯迅筆下，荒涼蕭瑟的墳墓意象成為先驅者死後被人忘卻命運的象徵符號。

魯迅多次寫到民國初年四烈士墓的荒涼。1912 年 1 月 16 日，革命黨人楊禹昌、張先培、黃之萌三人試圖炸死袁世凱，未成而被殺；同年 1 月 26 日，彭家珍炸清朝禁衛軍協統兼訓練大臣良弼，功成身死。後來，民國政府將他們合葬於北京三貝子花園（又稱萬生園，即今天的北京動物園），在張、黃、彭三人的墓碑上都沒有鑴刻一個字。魯迅在 1922 年寫的雜文《即小見大》中為此事感到不解；他在 1926 年「三・一八」慘案後寫的雜文《空談》中又提到四烈士墳中還有三塊墓碑不刻一字的事，在文章最後，他悲憤地寫道：「死者倘不埋在活人的心中，那就真真死掉了。」〔註23〕

魯迅覺得黃花崗烈士們的命運也和四烈士相似，他曾在《辭源》中尋找有關資料，書裏只作這樣的描述：「黃花岡。地名，在廣東省城北門外白雲山之麓。清宣統三年三月二十九日，革命黨數十人，攻襲督署，不成而死，叢葬於此。」當時的詞典對黃花岡烈士事迹只作輕描淡寫，連戰死的烈士人數和姓名都不得而知（注：很久以後才得知有 72 名烈士）。魯迅發揮想像力，推想黃花岡烈士的犧牲在民眾心中引起的情感反應：「當時大概有若干人痛惜，若干人快意，若干人沒有什麼意見，若干人當作酒後茶餘的談助的罷。接著便將被人們忘卻。」〔註24〕事實上，歡慶的民眾在民國成立不久，就忘

〔註22〕 《魯迅全集》第 1 卷，第 447～448 頁。
〔註23〕 《魯迅全集》第 3 卷，第 280 頁。
〔註24〕 《魯迅全集》第 3 卷，第 409 頁。

卻了那些爲建立民國而受苦甚至犧牲的先驅者。

　　魯迅對於革命勝利之後民眾的只知道歡慶，只知道縱情享樂非常痛心，因之他在《忽然想到》中甚至提出了「有許多民國國民而是民國的敵人」〔註25〕的命題。魯迅雖然不是職業的革命者，但是卻比職業革命者更加關注革命永恒性的命題，他不斷提醒中華民國的民眾去繼承孫中山先生永不滿足、永遠前行的精神遺產。

　　1927年2月魯迅來到廣州，出任中山大學教務主任和國文系主任，並作《中山大學開學致語》的演講，他指出，孫中山先生一生致力革命，才造就中華民國，但是「革命尙未成功」。魯迅擔憂的是隨著北伐軍不斷向北方推進，曾經作爲「革命策源地的廣州已經變成了「革命的後方」，「現在，四進沒有炮火，沒有鞭笞，沒有壓制，於是也就沒有反抗，沒有革命」；他擔憂的是「革命的後方便成爲懶人享福的地方」，如果這樣，「中山大學也還是無意義」。他提醒中大學生要學習孫中山先生「常在革命的前線」、不斷進取的精神，「雖然坐著工作而永遠記得前線」〔註26〕。

　　1927年3月下旬，北伐軍相繼攻克上海和南京這兩大重要城市，全國一片歡騰。魯迅寫了《慶祝滬寧克復的那一邊》，再次發出冷靜的勸告，認爲沉湎於暫時的勝利有可能導致革命的失敗。回顧民國歷史，魯迅認爲中國革命缺乏俄國革命那種不被勝利衝昏頭腦、不斷鞏固勝利和堅決消滅敵人的特質，因此中國革命屢屢遭受挫敗。他發覺中國革命者「小有勝利，便陶醉在凱旋中，肌肉鬆弛，忘卻進擊了，於是敵人便又乘隙而起」。他深刻地提醒人們，「慶祝和革命沒有什麼相干，至多不過是一種點綴」，慶祝「有時也會使革命精神轉成浮滑」。他拿小乘佛教和大乘佛教作比，前者因提倡苦修而信徒不多，後者因戒律鬆弛而傳播更爲廣泛，但大乘佛教「容易信奉，因而變爲浮滑，或者竟等於零了」。革命也同樣如此，少數艱苦卓絕的進擊者不斷前進，更多的人們在後方歡呼革命的勝利，「這樣的人們一多，革命精神反而會從浮滑，稀薄，以至於消亡，再下去是復舊」〔註27〕。

　　在《黃花節的雜感》中，魯迅從紀念先烈的角度探討不斷革命的思想。身處廣州的魯迅回想起自己曾經在北京某學校觀看孫中山紀念日（3月12日）

〔註25〕　《魯迅全集》第3卷，第16頁。
〔註26〕　《魯迅全集》第8卷，第159～160頁。
〔註27〕　《魯迅全集》第8卷，第162～163頁。

演出的情景：「晚上來看演劇的特別多，連凳子也踏破了幾條，非常熱鬧。」他推斷，即將到來的黃花節（3月29日）「也一定該是極其熱鬧的罷」。他認為身在革命策源地廣州的人們在先烈紀念日熱鬧了一天後，就應該投入到勞苦的工作中去。他提醒人們，「所謂『革命成功』，是指暫時的事而言；其實是『革命尚未成功』的。革命無止境，倘使世上有什麼『止於至善』，這人間世便同時變了凝固的東西了」〔註28〕。

四、紀念孫中山與歷史記憶倫理

在魯迅心目中，孫中山（1866～1925）便是真正認識到「革命尚未成功」而不斷向前探索的先驅者，在這個意義上，孫中山受到了魯迅高度的尊崇。1925年3月12日，積勞成疾的孫中山英年而逝，在舉國悲痛的日子裏，也出現了一些苛責孫中山的聲音。魯迅於21日撰寫了《戰士和蒼蠅》，此文雖沒有直接提到孫中山的姓名，但它就是為批駁圍攻孫中山的言論而作的，魯迅在稍晚而寫的《這是這麼一個意思》中介紹《戰士和蒼蠅》說：「所謂戰士者，是指中山先生和民國元年前後殉國而反受奴才們譏笑糟蹋的先烈；蒼蠅則當然是指奴才們。」〔註29〕魯迅在《戰士和蒼蠅》中憤然寫道：

> 戰士戰死了的時候，蒼蠅們所首先發現的是他的缺點和傷痕，嘬著，營營地叫著，以為得意，以為比死了的戰士更英雄。……
>
> 的確的，誰也沒有發現過蒼蠅們的缺點和創傷。
>
> 然而，有缺點的戰士終究是戰士，完美的蒼蠅也終究不過是蒼蠅。
>
> 〔註30〕

當時出現了少數直接攻擊孫中山的論客，梁啟超在答《晨報》記者問《孫文之價值》時說，孫中山一生「為目的而不擇手段」，「無從判斷他的真價值」〔註31〕。更多的是對孫中山說一些風涼話的論客。有位署名赤心的論者在《中山……》一文中調侃道：「孫文死後，什麼『中山省』、『中山縣』、『中山公園』等等名稱，鬧得頭昏腦痛，……索性把『中華民國』改為『中山民國』，……『亞細亞洲』改稱『中山洲』，……『國民黨』改稱『中山黨』，最

〔註28〕《魯迅全集》第3卷，第410～411頁。
〔註29〕《魯迅全集》第7卷，第264頁。
〔註30〕《魯迅全集》第3卷，第38頁。
〔註31〕梁啟超：《孫文之價值》，1925年3月13日北京《晨報》。

乾脆，最切當。」〔註32〕

　　魯迅在《中山先生逝世後一週年》中說，他真的不明白這些說風涼話的
論客，「是憎惡中華民國呢，是所謂『責備賢者』呢，是賣弄自己的聰明呢」？
魯迅在該文中指出，人們其實不必寫太多的文章去紀念孫中山，因為只要中
國歷史「先前未曾有的中華民國存在，就是他的豐碑，就是他的紀念」。他認
為「凡是自承為民國的國民」，都應該記得孫中山是「創造民國的戰士，而且
是第一人」；不管論客們怎樣冷嘲熱諷，魯迅說：「中山先生的一生歷史具在，
站出世間來就是革命，失敗了還是革命。中華民國成立之後，也沒有滿足過，
沒有安逸過，仍然繼續著進向近於完全的革命的工作。直到臨終之際，他說
道：革命尚未成功，同志仍須努力！」在魯迅心目中，孫中山就是「一個全
體，永遠的革命者」〔註33〕。

　　通常，人們對同時代人的評價都比較苛刻，魯迅也很少充分肯定他那個
時代的人。但對於孫中山是例外，孫中山是魯迅最為欣賞的同時代的賢者。
相比之下，最近20多年來隨著民國史研究的深入展開，出現了一些重新評價
孫中山的研究成果，其中一些成果幾乎全盤否定了孫中山對於建立中華民國
的卓絕貢獻，甚至把他描寫為貪戀權錢、沉迷女色，連常人都不如的灰色人
物。雖然魯迅不是真理的化身，我們不能完全以魯迅的標準為標準。但是我
們可以考慮一下，以魯迅的睿智和評價人物時的相對苛刻，如果他同時代的
孫中山真的有像目前一些論者所說的諸多「惡行」，魯迅是不可能如此充分地
推崇他的。郁達夫在評價魯迅時說過：「沒有偉大的人物出現的民族，是世界
上最可憐的生物之群；有了偉大的人物，而不知擁護、愛戴、崇仰的國家，
是沒有希望的奴隸之邦。」〔註34〕郁達夫對魯迅的這番評價，同樣適用於孫
中山。反觀中國近代以來一百多年的歷史，真正能夠稱得上「以天下為公」
的偉人為數極少，孫中山應該算是其中的一位。雖然孫中山也具備常人的某
些缺點，但正如魯迅所言，有缺點的戰士終究還是戰士。

　　遺憾的是，中國民眾在多數時段裏對中華民國的締造者孫中山都是冷漠
的，先驅者孫中山百折不撓、九死一生的精神遺產幾乎不能進入民眾的記憶。
魯迅的作品轉載了1928年4月6日《申報》的報導：「南京市近日忽發現一

〔註32〕赤心：《中山……》，1925年4月2日北京《晨報》。
〔註33〕《魯迅全集》第7卷，第293～294頁。
〔註34〕郁達夫：《懷魯迅》，《文學》第7卷第5期，1936年11月1日。

種無稽謠傳，謂總理墓（指中山陵——引注）行將工竣，石匠有攝收幼童靈魂，以合龍口之舉。市民以訛傳訛，自相驚擾，因而家家幼童，左肩各懸紅布一方，上書歌訣四句，借避危險。」其中有一首歌訣寫道：「你造中山墓，與我相何干？一叫魂不去，再叫自承當。」這寥寥 20 字，將民眾對於先驅者孫中山的冷漠態度表現得淋漓盡致。魯迅發表評論說，這幾句歌訣「竟包括了許多革命者的傳記和一部中國革命的歷史」〔註35〕。

歷史的悲劇意味在於，即使是孫中山這樣為解放中國人出離奴隸處境、為創立中華民國立下不朽功勳的先賢，也不能引起民眾永久的關注和崇敬。魯迅在《黃花節有感》中批評民眾對黃花崗烈士的遺忘，這一歷史倫理同樣可以用作批評民眾對孫中山等先驅者的遺忘：「久受壓制的人們，被壓制時只能忍苦，幸而解放了便只知道作樂，悲壯劇是不能久留在記憶裏的。」〔註36〕民眾在專制統治下只能像牛馬一樣苟活；一旦獲得了解放就一味縱情享樂，很快就忘記了那些為了他們能夠過上「人」的生活，辛苦奔波、席不暇暖，甚至獻出自己生命的先驅者。這是一種歷史哲學意義上的忘恩習性。

能夠給民眾留下深刻印象的是那些手握生殺予奪權柄的強人，這也是民眾權力崇拜的具體表現，而真正在文明史上造福人類的先驅者，通常都不大可能被民眾的記憶所長久保存。魯迅也把他的歷史思索投向世界文明史上那些被民眾所遺忘的先驅者，他拿英國醫生隋那（今譯為琴耶）與成吉思汗、拿破侖、希特勒等強人進行對比，指出了人類歷史上一種不正常的現象，即：一個人若想被後人記住，最好能夠殺人如麻。魯迅分析道：

> 拿破侖的戰績，和我們什麼相干呢，我們卻總敬服他的英雄。甚而至於自己的祖宗做了蒙古人的奴隸，我們卻還恭維成吉思；從現在的卍字眼睛看來，黃人已經是劣種了，我們卻還誇耀希特拉。
>
> 因為他們三個，都是殺人不眨眼的大災星。〔註37〕

拿破侖、成吉思汗和希特勒造成了千千萬萬人的不幸，卻被世人稱作英雄；而隋那發明了牛痘接種方法，幾百年來在全世界不知救了多少人的性命，他卻很少被人記得。基於民眾歷史記憶的這種膜拜權力的傾向，魯迅對人類歷史記憶的勢利特徵提出了自己的詰問：「但我們有誰記得這發明者隋那的名字

〔註35〕《魯迅全集》第 4 卷，第 103 頁。
〔註36〕《魯迅全集》第 3 卷，第 409 頁。
〔註37〕《魯迅全集》第 6 卷，第 142 頁。

呢？殺人者在毀滅世界，救人者在修補它，而炮灰資格的諸公，卻總在恭維殺人者。」魯迅警告道：「這看法倘不改變，我想，世界還是要毀滅，人們也還要吃苦的。」〔註38〕但願魯迅對歷史記憶倫理負面特性的揭示能夠引起後人的醒悟。

五、秋瑾、鄒容、章太炎與歷史評價、書寫方式

魯迅比較關注的民國人物還有秋瑾、鄒容和章太炎。秋瑾（1879～1907）是魯迅的紹興同鄉，他們曾經一起在日本留學，同是反清組織光復會的成員。1907年秋瑾在紹興舉行反清起義失敗，她被清政府殺害於古軒亭口。魯迅對秋瑾一直懷有崇高的敬意，一直尊稱她為「秋瑾姑娘」，並在小說《藥》裏用「古□亭口」暗指秋瑾的就義地點，把秋瑾的事蹟揉進了主人公夏瑜形象中去。魯迅在《論「費厄潑賴」應該緩行》中說：「秋瑾女士，就是死於告密的，革命後暫時稱為『女俠』，現在是不大聽見有人提起了。」〔註39〕這同樣是先驅者被遺忘的歷史悲劇，魯迅有時也把自身的生活際遇與秋瑾相聯繫。在《而已集‧通信》中，魯迅說他到中山大學本意是去教書，卻在歡迎會上被學校負責人朱家驊稱為「戰鬥者」、「革命者」，隨即禮堂上想起一片掌聲。背上了「戰士」招牌的魯迅很是惶然，他回憶起秋瑾的遭遇，「想到敝同鄉秋瑾姑娘，就是被這劈劈拍拍的拍手拍死的」〔註40〕。

魯迅非常尊敬秋瑾，但是對她被人拍巴掌而走向死亡之路保留了自己的看法。魯迅一向主張與敵對壘時要採用能夠保存自己生命的「壕塹戰」戰法，反對三國人物許褚那樣赤膊上陣。對此，他在雜文《空談》中闡釋說：「這並非吝惜生命，乃是不肯虛擲生命，因為戰士的生命是寶貴的。在戰士不多的地方，這生命就愈寶貴。」〔註41〕在魯迅心目中，秋瑾就是民國前夜極為難得的戰士，她要是不在乎「戰士」的稱謂，不理睬人們給她的鼓掌聲，保全性命到民國成立之後，應該會對中華民族作出更大的貢獻。當然，這只是魯迅的一家之言。

鄒容（1885～1905）自稱「革命軍中馬前卒」，在20世紀初著有《革命軍》一書，鼓吹反清革命，在清末革命運動中擁有巨大的感召力，1905年鄒

〔註38〕　《魯迅全集》第6卷，第142頁。
〔註39〕　《魯迅全集》第1卷，第273頁。
〔註40〕　《魯迅全集》第3卷，第446頁。
〔註41〕　《魯迅全集》第3卷，第281頁。

容死在當局的監獄裏，時年 20 歲。1929 年 6 月，國民黨浙江省政府召開西湖博覽會，所設立的先烈博物館附設了「落伍者醜史」展覽，在其目錄中，竟列有鄒容的所謂「落伍」事實。魯迅聞知此事後撰寫了《「革命軍馬前卒」和「落伍者」》，抨擊國民黨人歪曲史實、誣衊先烈的錯誤做法。魯迅在評述鄒容的思想時說道，「自然，他所主張的不過是民族革命，未曾想到共和，自然更不知道三民主義，當然也不知道共產主義。但這是大家應該原諒他的，因為他死得太早了」。魯迅提醒說，其實孫中山後來在《自傳》中對鄒容有過明確的肯定。魯迅認為，辦西湖展覽會的人作為「後烈實在前進得快」，對清末革命先烈的業績「已經茫然」，他諷刺這些人所作的民國歷史展示「可謂美史也已」〔註42〕。

鄒容被誣為「落伍者」事例所包含的歷史倫理是：後人不可以用後世的眼光和標準去苛求前人，應該把前驅者的思想和行為放在他當時的歷史語境中去考察和評價，否則就會造成對前驅者的誣衊和污辱。

1936 年 6 月 14 日，民國元勳章太炎（1869～1936）去世，作為章氏早年的入室弟子，魯迅在自己去世前 10 天抱病撰寫了紀念先師的文章《關於太炎先生二三事》，探討章太炎在中華民國歷史上的地位和影響。魯迅首先注意到章太炎去世後，上海舉辦了追悼會，「赴會者不滿百人，遂在寂寞中閉幕」。魯迅這次沒有像以往那樣批評民眾對先驅者的冷漠和遺忘，而是指出章太炎在民國建立後逐漸從革命家變成書齋學者，「用自己所手造的和別人幫造的墻，和時代隔絕」的事實，認為這是他被大多數人忘卻的原因。接著，魯迅給予先師很精到的歷史定位：「我以為先生的業績，留在革命史上的，實在比在學術上的還要大。」〔註43〕

魯迅還道出了「中華民國」國名與章太炎的關係，「我們的『中華民國』之稱，尚系發源於先生的《中華民國解》」。魯迅並不避諱先師身上的缺點，他說章太炎晚年「既離民眾，漸入頹唐」，甚至被軍閥孫傳芳列入邀請參加投壺的名單，「接受饋贈，遂每為論者所不滿」。但是魯迅認為，這些「也不過白圭之玷，並非晚節不終」。魯迅給予章太炎的總體評價是：

考其生平，以大勳章作扇墜，臨總統府之門，大詬袁世凱的包藏禍心者，並世無第二人；七被追捕，三入牢獄，而革命之志，終不屈

〔註42〕 《魯迅全集》第 4 卷，第 129 頁。
〔註43〕 《魯迅全集》第 6 卷，第 545 頁。

　　撓者，並世亦無第二人：這才是先哲的精神，後生的楷範。〔註44〕
評價歷史人物的地位和貢獻時，應該遵循「顧及全人」和「知人論世」的原
則。魯迅在評價章太炎時，把這樣的歷史倫理貫徹得相當到位。魯迅病逝前
寫的最後的文章是《因太炎先生而想起的二三事》（未完成稿），他在文章開
頭寫道，當時自己翻閱報紙，「不覺自己摩一下頭頂，驚歎道：『二十五週年
的雙十節！原來中華民國，已過了一世紀的四分之一了，豈不快哉！』」魯迅
說自己一驚歎就撫摩頭頂的手勢也沿用了 25 年，這一動作包含的意思是「猶
言『辮子究竟剪去了』，原是勝利的表示」〔註45〕。接著魯迅回溯起中國民眾
在滿清時代因為辮子問題而遭受的種種災難，以及自己和章太炎等人留日時
期剪辮子的逸聞趣事。在後人看來，留辮子、剪辮子只是髮式問題，屬於時
尚領域的事。但是在魯迅那兒，這辮子的存留關乎著他的尊嚴，因此他會這
樣說：「我的愛護中華民國，焦唇敝舌，恐其衰微，大半正為了使我們得有剪
辮的自由，假使當初為了保存古迹，留辮不剪，我大約是絕不會是這樣愛它
的。」〔註46〕

　　魯迅在走向生命終點前兩天寫下這篇未完成稿，談論的是髮式這樣細小
的問題，也許有人會覺得這未免有損他的偉大崇高形象。其實不然，魯迅
通過辮子的存留這等微觀問題，討論了人的自由和尊嚴等重大問題，並以自
己的切身經歷告訴後人，他之所以贊成並焦灼地愛護著中華民國，是因為
中華民國賦予了他去除奴隸的標誌——辮子的權利；如果民國建立之初政府
反對或者忽視民眾能否剪辮子這等小問題，可能它就難以獲得民眾的支持和
肯定。

　　魯迅去世前撰寫的這篇雜文在呈現歷史時，與常規的宏大敘事風格作
別，他不去表現壯懷激烈的辛亥革命場面，不去寫驚心動魄的政權更迭，它
從日常生活出發，通過當時的一位普通青年周樹人辮子的去留細節，論證了
民國政權的合法性問題和民國政權獲得人心的原因。比起那些宏大地敘述民
國的史書，魯迅這篇短文具體入微地提供了民國社會的生活圖景，再現了民
初中國的世道人心。在這個意義上，魯迅是中華民國歷史的優秀書寫者，他
的民國記憶為後人保留了鮮活的歷史生活細節和普通人物心靈的脈動。

〔註44〕　《魯迅全集》第 6 卷，第 546～547 頁。
〔註45〕　《魯迅全集》第 6 卷，第 556 頁。
〔註46〕　《魯迅全集》第 6 卷，第 557 頁。

第一編　民國時空裏魯迅的生死、愛恨

魯迅：愛與恨十字架上的受難者

　　生前的落魄窘困與死後的聲名顯赫，似乎是所有思想文化先驅者的普遍命運模式。魯迅曾深有感觸地說過：「豫言者，即先覺，每爲故國所不容，也每受同時人的迫害，大人物也這樣。他要得人們的恭維讚歎時，必須死掉，或者沉默，或者不在眼前。……待到偉大的人物成爲化石，人們都稱他爲偉人時，他已經變了傀儡了。」〔註1〕從孔子的奔逃於列國到屈原的懷沙自沉，從蘇格拉底的服毒身死到布魯諾的烈火焚身，中外文化史上無數事實無不顯示了先驅者在人世中的悲劇遭遇。魯迅的這種悲劇體驗得之於他本人一生的坎坷與不幸，而世人對已逝的魯迅的頂禮膜拜則成了這一古老文化命題更具悲劇意味的現代注釋。魯迅生前閱盡量人世的悲歡和世態的炎涼：官府的迫害接踵而至，論敵的圍攻四面而來，他暴怒，他躲閃；親人和朋友的誤解、隔閡乃至背棄遍布周遭，他欲哭無淚，他的心在滴血……

　　魯迅去世至今已 70 多年。在這半個多世紀的風風雨雨裏，魯迅一步步被推上了「神聖的祭壇」，享盡了人間世俗的香火和供品，成爲 20 世紀中國最爲顯赫的文化偶像。

　　然而一旦我們拋棄了過去那種對魯迅庸俗化、神聖化的認知模式，一旦我們以平等的視角面對魯迅，便會產生新的困惑和茫然。魯迅的思想太豐富了，魯迅的性格太複雜了。在魯迅的身上，有太多的矛盾和「悖謬」。他是堅

〔註 1〕 魯迅：《無花的薔薇》，《魯迅全集》第 3 卷，第 256 頁。

靭不拔的反封建鬥士，同時又是聽從母命，與自己根本不愛的小腳女子拜堂成親的「孝子」；他是傳統道德的叛逆者，然後當愛神叩擊他心靈的門窗時，他又顯得那般地猶疑、怯懦和畏懼；他一向樂於助人、犧牲自我，卻又舉起復仇之劍，攻殺仇敵和親朋；他不斷地同虛無、絕望抗爭，卻無時無刻地生存於「精神的囚室」之中……這一系列的矛盾和悖反，撕扯著魯迅那顆異常敏感脆弱的心靈，把他推向了人間最痛苦的精神煉獄，並使他過早地離開了人世。然後這也鑄就了魯迅犀利無比的思想鋒芒、深刻精敏的感知力和「殘酷的天才」那般的文學表現力。

深入到魯迅作品的藝術世界中去，走進他豐富的心靈王國裏去，最吸引人們的是他作為一名 20 世紀的中國人由愛與恨、悲與歡交織而成的情感狀態和複雜的心理結構。

愛，是生命存在的本質力量，它使種族得以繁衍而生生不息，它能激活個體的高尚情感和創造熱力。然而，愛更是一座精神的十字架，它交織著歡悅與悲哀、酣暢與沉痛、希冀與絕望。在魯迅心靈的領地上，就矗立著一座愛的十字架。作為人之子、人子兄、人之夫，魯迅不斷地成為懸掛在愛的十字架上的「受難者」。

一、服飲了慈母誤進的毒藥

母親，多麼神聖的字眼；母愛，人間最純潔無私的情感。然而，母愛也可能成為子女的「精神囚室」，使他們逡巡不前，令他們嘗遍苦痛。魯迅 1925 年曾在《雜感》一文中感歎道：一個人若死於敵手，這並不足以悲哀，最大的悲哀是「死於慈母或愛人誤進的毒藥」〔註2〕。

魯迅帶著自身的情感體驗，道出了這番人生的沉痛。在魯迅的少年時代，祖父因科場案發而進了監獄，接著父親又撒手人寰，家庭的重擔就全壓在了母親魯瑞瘦弱的肩上。在世人的冷眼裏，在族人的傾軋下，母親忍辱負重、含辛茹苦地撫養著五個孩子（魯迅有一弟一妹在幼時夭折），勉強支撐著日趨敗落的周家。作為周家的長孫、長子，魯迅充分感受了母愛的神聖偉大。晚年的他還多次對青年作家蕭軍說：「我的母親是很愛我的。」〔註3〕母愛成了魯迅寂寞人生中巨大的精神慰藉，也成了他一筆永世難償的道德債務。

〔註2〕 《魯迅全集》第 3 卷，第 48 頁。
〔註3〕 《魯迅全集》第 13 卷，第 196 頁。

　　爲了報答母親，他以母親的姓氏爲自己起了「魯迅」這一筆名。留日時期，作爲光復會成員的魯迅，曾被委派回國刺殺清朝官員，臨行前他問：「如果我被抓住，被砍頭，剩下我的母親，誰負責贍養她呢？」〔註4〕魯迅並非貪生怕死，然而對母親的愛使他產生了片刻的猶豫，這導致光復會取消了派他回國行刺的計劃。從此，他的心靈深處投上了一道難以抹去的陰影。

　　母愛也影響了魯迅的職業選擇。他的政治立場與封建官僚是尖銳對立的，道不同則不相爲謀，按照他的個性來說，應該避免與這些統治者共事才是。然而從 1912 年至 1926 年，他一直未能脫離官場。20 年代中期，魯迅的論敵陳西瀅攻擊他「從民國元年便做了教育部的官，從沒脫離過。所以袁世凱稱帝，他在教育部，曹錕賄選，他在教育部……」〔註5〕這番刻薄的言詞多少擊中了魯迅的痛處。那麼他爲什麼要這樣委屈自己呢？魯迅在 1925 年一封致青年朋友的信中透露了他的苦衷，他說自己「只能不照自己所願意做的做，而在北京尋一點糊口的小生計，度灰色的生涯。因爲感謝別人，就不能不慰安別人，也往往犧牲了自己。」〔註6〕這裏所說的別人，主要是指母親。在當時的社會環境中，要想尋到一個較穩定的職業談何容易？爲了贍養老母，魯迅不得不做自己所憎惡的官員。這又使魯迅承受多麼沉重的精神壓力啊！

　　更大的精神重壓還來自於母親對他婚姻的強制性安排。1906 年，「母親病危」的電報把魯迅從日本召回國內。回家後，他才發覺這是一個圈套，母親身體好好的，召他回來是讓他與朱安完婚。朱安是一名目不識丁、裹著小腳的舊式女子，她萬不能爲飽受了西方新思潮洗禮的青年魯迅所接受。但是母親相中了朱安，認爲她比家族裏的姐妹和媳婦都賢惠。魯迅也作了抗爭，然而一看到慈母滿頭的白髮和滿臉的悲哀，他的心快碎了，他必須作出最大的退讓。一切都按古老的婚禮儀式進行，魯迅頭戴假辮，身著長袍馬褂，像木頭一般與朱安拜完堂，並走進了洞房。4 天後，他撇下新娘匆匆前往日本。回到東京後，魯迅沉痛地對摯友許壽裳說：婚姻「是一件母親送給我的禮物，我只好好好地供奉它，至於愛情是我所不知道的……」〔註7〕爲了盡孝，爲了慰藉母親孤寂的心，魯迅作出了一生中最大的犧牲，從此，他把自己綁在了

〔註4〕增田涉：《魯迅與「光復會」》，《魯迅研究資料》第 2 輯，文物出版社，1977年版。

〔註5〕陳西瀅：《致志摩》，《晨報副刊》1926 年 1 月 30 日。

〔註6〕《魯迅全集》第 11 卷，第 442 頁。

〔註7〕許壽裳：《亡友魯迅印象記》，人民文學出版社，1953 年版，第 60 頁。

封建婚姻的柱子上，嘗盡了無愛的夫妻生活的痛苦。母親起初根本未意識到自己的專斷如此深深地傷害了長子，20 多年後，她才多少意識到自己當年強迫長子成婚給他造成了什麼樣的後果，可是爲時晚矣！她誤進的毒藥已經被兒子喝下。

魯迅是周家的長孫、長子，也是弟弟們的長兄。作爲人之兄，他又背起了愛的十字架。

二、東有啓明，西有長庚

《詩經》的詩句「東有啓明，西有長庚」描述了一種自然天象，啓明和長庚皆爲金星的別名，分別指代金星在淩晨和黃昏時所處的不同位置，後人借用這兩句詩比喻兄弟失和。魯迅周歲時，父母親按紹興習俗把他抱到長慶寺，拜一名姓龍的住持和尙爲師，龍師父給他起了一個「長庚」的法名，而他的二弟周作人後來則以「啓明」爲字。難道魯迅和二弟的名號暗示了後來兄弟關係徹底破裂是某種天意？

魯迅對弟弟一向是厚愛有加。父親去世後，他在弟弟面前扮演著父、兄雙重角色。二弟周作人只比他小 4 歲。幼時，他們就是形影不離的好朋友。他們少年時代的詩文總透露著一種親密無間的感情。1906 年回國完婚後不久，魯迅把二弟作人帶到日本留學，在異國他鄉，他們互相關懷，相濡以沫。他們一起籌辦《新生》雜誌，共譯《域外小說集》，共同的興趣、愛好和理想，使兄弟二人成爲文學上的知音。1909 年，周作人即將與日本姑娘羽太信子結婚，而國內的老母也難以支撐衰敗的家庭，爲了盡到長子、長兄的責任，魯迅忍痛打消了赴德國留學的念頭，回到國內謀職養活全家，每月還給羽太信子一家寄去生活費。經過長時間的獨居生活後，魯迅與已擔任北京大學教授的周作人於 1919 年底把全家遷到北京，他用四處兼職、多方借貸湊足的一大筆錢，在西城八道灣購置了寬敞的宅院，從此做起了安度大家庭生活的美夢。

不過，現實是殘酷的，魯迅心中這片僅剩的「人性樂土」不久就徹底淪喪。1923 年 7 月中旬，周家大院發生了嚴重的「內訌」，二弟及其妻子羽太信子與魯迅鬧翻了。魯迅在事發的 7 月 14 日的日記中用寥寥數語記載了這場衝突：「是夜始改在自室吃飯，自具一肴，此可記也。」〔註8〕5 天後，周作人交

〔註 8〕 《魯迅全集》第 14 卷，第 460 頁。

給魯迅一封絕交信，內中寫道：「魯迅先生，我昨日才知道，但過去的事不必再說了……以後請不要再到後邊院子來，沒有別的話，願你安心，自重……」〔註9〕關於這場「家庭內戰」的起因，至今仍是學術界一個爭論不休的話題，其中的兩種具有代表性的說法可備參考。其一是「信子離間」說：魯迅對管理家政的二弟媳羽太信子的鋪張浪費、不知節儉多次給予批評，她就污蔑大哥對她「非禮」，周作人聽信讒言，中了離間之計。其二是「信子原爲魯迅情人說」：魯迅留日期間即與信子同居，後因與朱安結婚，就把信子介紹給二弟爲妻。作人起初不明虛實，至事發前才得知「眞相」。前一種說法有一定的材料依據而爲學界中人所普遍接受，後一種說法因缺乏有力的證據而難爲廣大學者認可。不管怎麼說，這兄弟二人從此是大路朝天，各走一邊。衝突半個月後，魯迅遷出了八道灣寓所。幾個月後，他回舊居取自己心愛的書籍，憤怒的周作人竟然舉起一個銅製香爐向兄長砸來，幸虧友人及時勸阻，才避免了一場流血衝突。

　　這場衝突使周氏兄弟二人產生了深刻的信仰危機。就魯迅一方來說，他爲二弟作出了那麼多的犧牲，本也不指望什麼回報，只要二弟能與自己長相知也就知足了，卻未料竟落到恩將仇報的地步。魯迅悲痛萬分。在隨後的三年裏，魯迅一直處於十分孤獨而絕望的境地。《野草》集裏的散文詩充分顯露了這種情緒。

　　正當魯迅孤苦無告之際，愛神之箭射中了他。44 歲的魯迅眞正品嘗了愛情的甘美，一顆冰冷的心終於得到了女性的溫存。然而，伴隨著愛之歡欣與愉悅而來的是疑慮、自卑乃至怯懦。愛情不僅僅是芬芳甘甜的，魯迅更深地體味了愛的苦澀，他再度被推向十字架。

三、「異性，我是愛的，但我一向不敢」

　　人非草木，孰能無情？然而，魯迅與朱安度過了近 20 年毫無愛情的夫妻生活。自然，魯迅身邊不乏女性的身影，他那個冷寂的家中也偶有女師大學生青春的笑聲傳出。在這群女生中，勇敢地向魯迅放出「愛之箭」的是許廣平。從此，魯迅陷入了一場曠日持久的愛情「拉鋸戰」。

　　「戰事」發端於 1925 年 3 月 11 日。那天，許廣平給魯迅寄去第一封信，

〔註 9〕周海嬰編：《魯迅、許廣平所藏書信選》，湖南文藝出版社，1987 年版，第 34頁。

請求先生給她一個「眞切的、明白的指引」〔註 10〕。這是一封普通的師生往來信件，然而在信的末尾，許廣平有意提醒先生自己是位女生。或許她擔心先生把自己誤爲男生（許廣平像是男性名字）？或許這是在透露對先生的愛慕之意？從魯迅收到信的當天晚上回信的舉措看，他是比較看重這位不大熟悉的女弟子的。從那以後，他們開始了頻繁的魚雁往來。在隨後的女師大事件中，魯迅與許廣平等學生一道同北洋軍閥政府展開了無畏的抗爭，他們在這一過程中培養了親密的感情。一得空閒，許廣平就來魯迅家抄寫文稿。某一日，許廣平大膽地握住了先生的手，從此，他們開始了熱戀。

許廣平是愛得那般地毫無顧忌、熱情奔放，而魯迅則顯得有些猶豫。他這是怎麼了？其實，他的處境十分尷尬：在母親、妻子、愛人 3 位女性中，如何才能調整好兒子、丈夫、情人的 3 重角色，這成了他的一塊心病。他瞻前顧後、如履薄冰。他未嘗沒有休棄元配朱安之意，可一想到母親那顆脆弱易碎的心，想到朱安被休後的可憐處境，他只好退卻。然而，許廣平熾熱的感情和青春的風采又非輕易就能夠從記憶中抹去。他痛苦至極。

魯迅還受制於傳統道德觀念和社會輿論的壓力。試想，一位年近半百的有婦之夫，愛上了自己年輕的女學生，這會引起多麼強烈的轟動效應？事實上，當時魯迅的一些論敵正是抓住這件事大做文章，不斷製造流言來詆毀他，說他與許廣平「大有雙宿雙飛之態」〔註 11〕。爲了躲開北京的流言和母親、妻子的無形壓力，魯迅於 1926 年 8 月携許廣平南下。

在這場愛情角逐中，魯迅內心也充滿了深深的自卑，恐怕他在心裏不止一次地作過這樣的比較：許廣平是充滿著青春活力的未婚女子，自己是已有妻室，疾病纏身（患有致命的肺結核病），年近遲暮之年的人。所以，魯迅曾經很含蓄地向許廣平透露：「我先前偶一想到愛，總立刻自己慚愧，怕不配，因而也不敢愛某一個人。」〔註 12〕後來，魯迅在一封致友人的信中，更明確地承認了自己面對愛人時的自卑膽怯心理：「其實呢，異性，我是愛的，但我一向不敢，因爲我自己明白各種缺點，深恐辱沒了對手。」〔註 13〕

知魯迅者莫過於許廣平，她在一封信中直率地對魯迅說：「你的苦痛，是在爲舊社會而犧牲自己。舊社會留給你苦痛的遺產，你一面反對這遺產，一

〔註 10〕 《魯迅全集》第 11 卷，第 12 頁。

〔註 11〕 川島：《和魯迅相處的日子》，人民文學出版社，1981 年版，第 45 頁。

〔註 12〕 《魯迅全集》第 11 卷，第 275 頁。

〔註 13〕 《魯迅全集》第 11 卷，第 660 頁。

面又不敢捨棄這遺產……於是只好甘心做一世農奴，死守這遺產。」這裏所說的「遺產」，具體指的是魯迅的包辦婚姻，面對這份特殊的「遺產」，許廣平作了最大的犧牲，她在這封信的末尾安慰魯迅說：「如果覺得這批評也過火，自然是照平素在京談話做去，在新的生活上，沒有什麼不能吃苦的。」〔註 14〕據專家考證，這所謂的「在京談話」指的是魯迅當初與許廣平確立戀愛關係時的約定：他無法與她正式結婚，在名分上，他仍保持原來的婚姻〔註 15〕。魯迅讀完許廣平這封信後，打消了原先的許多顧慮。

1927 年 10 月初，魯迅携許廣平從廣州前往上海，在虹口景雲里 23 號樓，他們開始了正式的同居生活。但這並不意味著他們從此過上了安定平靜的太平日子，流言就像影子無處不在。定居上海不久，一位文學青年致函魯迅說：「昨與成仿吾馮乃超諸人同席，二人宣傳先生討姨太太，棄北京之正妻而與女學生發生關係，實為思想落伍者……」〔註 16〕這份建立在愛情基礎上的感情，竟然被創造社的革命作家視之為男人娶姨太太，這對於沉醉於歡愛之中的魯迅和許廣平無疑是一種深深的傷害和污辱。

更令魯迅痛苦的是，面對種種流言，他本應堅決地予以回擊，但他只能一直保持沉默，他甚至設法掩蓋同居的事實。剛來上海時，魯迅常對友人說許廣平是幫他校對文稿的助手〔註 17〕，他特意將自己的臥室設在二樓，而將許廣平安排在三樓居住。不久，魯迅應邀去杭州做蜜月旅行，他特意訂了一間有 3 張床的大房間，夜裏，他要求青年作家許欽文睡在中間那張床上，把自己和許廣平隔開〔註 18〕。一向以果敢、勇猛著稱的魯迅，竟然如此地懼怕社會輿論、如此地羞於承認自己與所愛的人的關係。可笑？可憐？可悲？透過這種種「荒唐」的言行，我們窺見了這位「精神界之戰士」在愛情抉擇上的退縮、怯懦和傷痛。

這種異常的精神狀態自然給魯迅和許廣平的同居生活投下了陰影。魯迅與許廣平同居上海的 9 年是互相扶助、相親相愛的 9 年，也是相敬中有傷

〔註 14〕魯迅、許廣平：《魯迅景宋通信集》，湖南人民出版社，1984 年版，第 241～243 頁。

〔註 15〕參閱王曉明：《無法直面的人生──魯迅傳》，上海文藝出版社，1993 年版，第 116 頁。

〔註 16〕見王得後：《〈兩地書〉研究》，天津人民出版社，1982 年版，第 270 頁。

〔註 17〕《魯迅全集》第 11 卷，第 660 頁。

〔註 18〕許欽文：《〈魯迅日記〉中的我》，浙江人民出版社，1979 年版，第 117～118 頁。

害，和睦下潛伏著衝突的 9 年。在以往，人們遵循「爲賢者諱」的傳統，不願承認魯迅愛情生活中的不和諧成分。事實上，以魯迅倔強怪誕的脾氣，以他們這種非常態的組合，他與許廣平難免會像普通夫婦一樣磕磕碰碰。據許廣平回憶，魯迅有時會直接對她發火，更多的是一人生悶氣，甚至獨自躺到陽臺上長時間地不理睬別人〔註 19〕。魯迅晚年在一封致青年作家蕭軍的信中透露了他對家庭生活的不滿：「……連孩子來搗亂，也很少有人來領去，給我安靜一下，所以我近來的譯作，是幾乎沒有一篇不在焦躁中寫成的，這情形大約一時也不能改善。」〔註 20〕或許偉人的居家生活與凡人並無二致，柴米油鹽、老婆孩子，夠魯迅苦惱的。憶及當年對新生式家庭生活的憧憬，目睹眼前生活的凡庸和瑣碎，魯迅的失望和悲哀大概是不難被感知的吧。

四、受虐與復仇

魯迅的煩惱和痛苦還來自於他對世道人心的深深失望。魯迅覺得自己爲別人作出那麼多的犧牲，卻反遭他們的誤會、背棄以至暗算，於是他萬分悲痛。悲痛之至，他變成一尊怒目金剛，他舉起了復仇的利刃。魯迅曾向許廣平透露自己由愛轉向恨的心理動因：「我先前何嘗不出於自願，在生活的路上，將血一滴一滴地淌過去，以飼別人，雖自覺漸漸瘦弱，也以爲快活。而現在呢，人們笑我瘦弱了，連飲過我的血的人，也來嘲笑我的瘦弱了。……這實在使我憤怒了。怨恨了，有時簡直想報復。」〔註 21〕

魯迅的受虐心理和復仇傾向的形成，與他的童年經歷密切相關。他基本上是在備受壓抑的環境中成長起來的：幼時，父親經常強迫活潑好動的他背誦乏味的經書而禁止他玩耍；少時，祖父科場案發而家道中落，他避難於親戚家而被稱爲「乞食者」；爲治愈父病，他進出於當鋪和藥店，受盡世人的冷眼和侮辱……成長於這種嚴酷環境裏的魯迅，自小就具有了受虐體驗和復仇衝動。成年後的魯迅對復仇有了理性的認識，他在《雜憶》中寫道：「報復，誰來裁判，怎能公平呢？」便又立刻自答：「自己裁判，自己執行；既沒有上帝來主持，人便不妨以目償頭，也不妨以頭償目。」〔註 22〕魯迅成了現代中

〔註 19〕　許廣平：《許廣平憶魯迅》，廣東人民出版社，1979 年版，第 472～473 頁。
〔註 20〕　《魯迅全集》第 13 卷，第 179 頁。
〔註 21〕　《魯迅全集》第 11 卷，第 249 頁。
〔註 22〕　《魯迅全集》第 1 卷，第 223 頁。

國的「復仇之神」。他借助於文學作品，向黑暗殘暴的專制體制宣戰，向迂腐庸俗的社會勢力開火，向詆毀和迫害他的敵人復仇，成了魯迅生命歷程中極富個人魅力的華彩樂章。

魯迅的鋒芒畢露、字字見血的作品戳痛了社會的神經，許多文人學者嘲笑他是睚眦必報、心胸狹窄的「刀筆吏」。魯迅並不在乎世人的評價，他一再聲明，自己活在人世並不斷撰文的主要目的就是要讓仇恨他的人感到「噁心」，「就是偏要使所謂正人君子也者之流多不舒服幾天，所以自己便特地留幾片鐵甲在身上，站著，給他們的世界上多有一點缺陷」〔註23〕。

復仇的快感令人陶醉。魯迅的散文詩《復仇》，描寫了一種充滿著殘酷且不乏惡意的人生體驗：在廣漠的曠野上，站立著一對全身裸露、手持利刃的男女。路人從四面八方彙集此地，等待著鑒賞這對男女互相摟抱的刺激或者互相殺戮的殘忍。過了許久，這對男女仍靜立著，既無擁抱也無殺戮之意。末了，看客們紛紛覺得百無聊賴，「居然覺得乾枯到失了生趣」；而這對男女卻以「死人似的眼光，鑒賞這路人們的乾枯」，他們決意讓路人們「無戲可看」，而自己卻「永遠沉浸於生命的飛揚的極致的大歡喜中」〔註24〕。魯迅正是借助兩個裸體男女的形象，向空虛無聊的「看客」、向麻木愚昧的國民復仇，並在這「無血的大戮」中，獲得了極度的復仇快意。

人之將死，其言也善。然而魯迅至死也未放棄復仇之念。他在去世前的44天帶病寫下了《死》一文。文章敘述了他在病中發熱時，曾想起了歐洲人臨死時的宗教儀式——與別人互相寬恕；他聯想到自己「怨敵可謂多矣」，然而他決定「讓他們怨恨去，我也一個都不寬恕」〔註25〕。據許廣平回憶，魯迅去世前幾天曾做過一個惡夢，他夢見自己走出家門，看到兩旁都埋伏了敵人，他們正欲向他發動進攻；他立即拔出匕首，擲向敵人的身軀〔註26〕。

這個夢境是魯迅一生的濃縮寫照：他曾為親人、為朋友、為社會作出了巨大的犧牲，然而他收穫的是誤解、背棄、迫害……他成了最孤獨的人。

魯迅的愛與恨、悲與歡，連同他的文學創作，構成了現代中國最具魅力的人文景觀。魯迅荷載獨行、吶喊徬徨的生命歷程，顯示了現代人真正的存在價值和精神處境。魯迅深刻而痛苦的生命體驗，寬廣而博大的精神人格，

〔註23〕　《魯迅全集》第1卷，第284頁。
〔註24〕　《魯迅全集》第2卷，第172～173頁。
〔註25〕　《魯迅全集》第6卷，第612頁。
〔註26〕　許廣平：《許廣平憶魯迅》，廣東人民出版社，1979年版，第421頁。

豐盈而略微偏執的心理構成，爲後人提供了一份研究現代中國人精神狀況的標本。

魯迅的生命體認與死亡書寫

魯迅在《〈野草〉英文譯本序》中告訴讀者說，《野草》集裏的作品「大半是廢弛的地獄邊沿的慘白色小花」〔註 27〕，這未免太柔弱、太灰暗了點，我以爲稱這些散文詩爲「頹圮的地獄邊上的青青野草」似乎更妥貼些。不過地獄邊沿的「慘白色小花」和「青青野草」這兩個意象的外在形態雖然不同，但它們都形象地揭示了魯迅所體驗到的獨特的生命意識：生命存在於生與死的交彙點上，它的一端在不斷舉辦著盛大的生命狂歡慶典，它的另一側是鬼影重重、陰森恐怖的地獄世界。魯迅在《野草・題辭》一文中象徵性地描繪了這種生命存在狀態：

> 野草，根本不深，花葉不美，然而吸取露，吸取水，吸取陳死人的血和肉，各各奪取它的生存。當生存時，還是將遭踐踏，將遭刪刈，直至於死亡而朽腐。
>
> ……我希望這野草的死亡與朽腐，火速到來。要不然，我先就未曾生存，這實在比死亡與朽腐更其不幸。〔註28〕

魯迅筆下的這一株株野草有著多麼強烈的生命意志啊！它們不僅吸取著露和水，而且從腐爛的屍體上吸取著養分，瘋狂地搶奪著自己的生存空間。野草生長得那麼的熱烈，它們在生長競賽中充分領略了生命的樂趣和存在的價值，因而它們對自己將遭踐踏和刪刈，將走向死亡和腐朽的命運並不懼怕。不僅不懼怕，而且它們還盼望著死神的儘快降臨；否則，如果讓野草無限期地生長下去，它們反而覺得比死去更加不幸。因爲，沒有了死亡這一對立項，生命的存在就喪失了參照物，那就如同「未曾生存」於這個世界上一樣空虛。生命正是因爲有了死亡這一支點，才獲得了依託；生與死似乎是一對永遠難以分割開來的連體嬰兒。

魯迅不僅充分體味了生命成長、延續時的痛苦和歡樂，而且充分領略了走近死神時的「生命的飛揚的極致的大歡喜」。魯迅的作品一方面表現了強烈

〔註27〕 《魯迅全集》第 4 卷，第 356 頁。
〔註28〕 《魯迅全集》第 2 卷，第 159～160 頁。

的生命意志，表現了他對砍頭、酷刑等種種虐殺生命行為的譴責，表現了他對生命的健康與疾病狀態深深的關切；另一方面，魯迅在其創作中坦露了他對自殺、死亡諸多問題的思考，書寫了一個又一個的死亡場景和死亡意象，傳達了令人恐怖而驚心動魄的死亡體驗。

一、豐富、獨特的生命意識

　　魯迅獨持、豐富的生命意識是在批判中國傳統的生命觀和吸收、借鑒西方現代科學的生命觀基礎上構建起來的。1907 年留學日本時期，青年魯迅創作了《人之歷史》一文，比較系統地介紹了西方近代以來科學的生命學說的源流，而這些學說也是魯迅科學生命觀之所以能成立的知識資源。魯迅在論文中指出，自從基督教獲得思想界統治地位以後，西方國家的人們都相信上帝在 7 日裏創造人和天地萬物的說法。到中世紀後期，宗教勢力大肆迫害正在興起的新學說，一時間，科學黯淡無光，迷信盛行。後來宗教實行改革，對基督教的迷信也漸漸破除。哥白尼首先站出來，闡明地球是圍繞太陽運行，於是地球是宇宙中心的傳統說法破產了，而研究人類這門學問的學者，也漸漸出現，如維薩里和歐斯達丘司等。他們運用解剖的方法來研究生命的奧秘，促使生命科學進入光明境界〔註 29〕。接著，魯迅更系統地介紹了從德國的海克爾、瑞典的林耐，到法國的居維葉、德國的歌德，再到法國的拉馬克，英國的達爾文的生命科學理論，勾勒了近代西方生命學說的演進歷程。

　　在系統學習和介紹西方近代生命科學理論的過程中，青年魯迅樹立起了以生物進化論為核心的科學生命觀。他在《人之歷史》一文中批評了當時中國社會上的「抱殘守缺之輩」，並指出，「人類進化之說，實未嘗瀆靈長也，自卑而高，日進無既，斯益見人類之能，超乎群動」〔註 30〕。也就是說，人類進化學說，實在並沒有冒犯人為萬物之靈的尊嚴，因為，從低級到高級，不斷進化，更顯示了人類的本領，超過了一般的動物。

　　創作於 1919 年 10 月的《我們現在怎樣做父親》一文較系統地顯示了魯迅科學的生命觀，他的生命觀可以概括為，「一、要保存生命；二、要延續這生命；三、要發展這生命（就是進化）。」魯迅具體解釋說，生物為保存生命

〔註 29〕《魯迅全集》第 1 卷，第 9 頁。
〔註 30〕《魯迅全集》第 1 卷，第 8 頁。

起見，具有種種本能，最主要的是食欲和性欲；「食欲是保存自己，保存現在生命的事；性欲是保存後裔，保存永久生命的事」。中國傳統的見解並不這樣看待生命，「生育也是常事，卻以爲天大的大功」；而對於性愛、婚姻，人人「大抵先夾帶著不淨的思想」。魯迅又指出：生命不僅要保存、延續下去，還要發展和進化著；單細胞動物有內的努力，積久才會繁複，無脊椎動物有內的努力，積久才會發生脊椎。「所以後起的生命，總比以前的更有意義，更近完全，因此也更有價值，更可寶貴；前者的生命，應該犧牲於他。」然而，中國傳統的生命觀與魯迅的科學生命觀正好相反，「本位應在幼者，卻反在長者；置重應在將來，卻反在過去，前者做了更前者的犧牲，自己無力生存，卻苛責後者又來專做他的犧牲，毀滅了一切發展本身的能力。」魯迅號召「此後覺醒的人」，應該拋棄了傳統的長者本位思想和性欲不淨思想，「幸福的度日，合理的做人」〔註31〕。

魯迅寫於五四時期的《隨感錄‧四十九》指出了中國社會一種奇怪的生命現象：「可惜有一種人，從幼到壯，居然也毫不爲奇的過去了；從壯到老，便有點古怪；從老到死，卻更奇想天開，要占盡了少年的道路，吸盡了少年的空氣。」「少年在這時候，只能先行萎黃，且待將來老了，神經血管一切變質以後，再來活動。所以社會上的狀態，先是『少年老成』；直待彎腰曲背時期，才更加『逸興遄飛』」。這就是生命成長過程中「季節倒置」的怪現象。魯迅主張人生的春、夏、秋、多正常更替爲好，他認爲新陳代謝是生命進化途中很自然的事，「所以新的應該歡天喜地的向前走去，這便是壯，舊的也應該歡天喜地的向前走去，這便是死」。「老的讓開道，催促著，獎勵著，讓他們走去，路上有深淵，便用那個死填平了，讓他們走去。」「少的感謝他們填了深淵，給自己走去；老的也感謝他們從我填平的深淵上走去。——遠了遠了。」「明白這事，便從幼到壯到老到死，都歡歡喜喜的過去，而且一步一步，多是超過祖先的新人。」〔註32〕

1927 年 2 月 19 日，魯迅在香港青年會作了《老調子已經唱完》的演講，一開始他就批判起中國傳統的生命觀：「中國人有一種矛盾思想，即是：要子孫生存，而自己也想活得很長久，永遠不死；及至知道沒法可想，非死不可了，卻希望自己的尸身永遠不腐爛。」魯迅不無幽默地設想道：如果所有的

〔註31〕 《魯迅全集》第 1 卷，第 130～140 頁。
〔註32〕 《魯迅全集》第 1 卷，第 338～339 頁。

人都不死，那麼現在地球根本無人的立錐之地了；如果所有死屍都不腐爛，「豈不是地面上的死屍早已堆得比魚店裏的魚還要多」，哪裏還有活人生存的空間？於是魯迅重提五四時期的生命觀：「我想，凡是老的，舊的，實在倒不如高高興興的死去的好。」〔註33〕

　　魯迅在《華蓋集・北京通信》一文中指出：中國自古以來是最重視生存之道，但大多數中國人其實都是在苟且地生活著。魯迅舉出了許多教人苟活的中國古代格言，諸如「知命者不立乎岩墻之下」〔註34〕，「千金之子坐不垂堂」〔註35〕，「身體髮膚受之父母不敢毀傷」〔註36〕等等。魯迅深刻地指出：「以中國古訓中教人苟活的格言如此之多，而中國人偏多死亡，外族偏多侵入，結果適得其反，可見我們蔑棄古訓，是刻不容緩的了。」魯迅號召青年人應該「活動」起來，他說：「我以為人類為向上，即發展起見，應該活動，活動而有若干失錯，也不要緊。惟獨半死半生的苟活，是全盤失錯的。因為他掛了生活的招牌，其實卻引人到死路上去！」〔註37〕

　　中國人的「苟活」在各階層的人中又有較大的不同。魯迅在《隨感錄・五十九「聖武」》中提到了劉邦和項羽見到秦始皇闊氣十足地周遊全國的議論，當時，劉邦驚歎說：「嗟乎，大丈夫當如此也！」而項羽則對人說：「彼可取而代也」。劉邦所說的「如此」、項羽想「取而代」的是什麼呢？魯迅總結道：「簡單地說，便只是純粹獸性方面的欲望的滿足——威福，子女，玉帛，——罷了。」〔註38〕也就是說，中國的統治者（大、小丈夫們）是在追求「純粹獸性方面的欲望」中苟活著。那麼中國黎民百姓的生存狀況怎麼樣呢？他們的生命力是世界各民族百姓中少見的。在有限的物質條件下，他們仍然能夠艱難地生存著。中國的黎民百姓素有「勤勞勇敢」、「生命力頑強」之美稱。「勤勞」倒是真的，不勤勞，不苦苦掙扎能活下去嗎？不過，「生命力頑強」的另一面其實是苟且偷生，所以「勇敢」之說是不符合實際的，因為絕大多數國民在統治者的掠奪、威權面前只能忍氣吞聲而苟活著，隨著時間的推移，

〔註33〕　《魯迅全集》第 7 卷，第 307 頁。
〔註34〕　焦循：《孟子正義》，《諸子集成》第 1 冊，上海書店，1986 年版，第 519 頁。
〔註35〕　司馬遷：《史記・袁盎傳》，《二十五史》第 1 冊，上海古籍出版社，1986 年版，第 305 頁。
〔註36〕　《論語正義・孝經鄭注疏》，上海古籍出版社，1993 年版，第 5 頁。
〔註37〕　《魯迅全集》第 3 卷，第 52 頁。
〔註38〕　《魯迅全集》第 1 卷，第 355 頁。

他們對自己的不幸命運也能安之若素了。魯迅在《偶成》一文中精闢地指出：「奴隸們受慣了豬狗的待遇，他只知道人們無異於豬狗。」〔註 39〕魯迅一語道破了千百年來中國民眾悲劇性生存的眞相。

中國百姓甚至把自己看成螞蟻。魯迅的《中國人的生命圈》一文開首就道出了我國民眾的「苟活」狀態，他說：「『螻蟻尙知貪生』，中國百姓向來自稱『蟻民』」〔註 40〕。在這篇文章中，魯迅沉痛地描述了現代中國民眾在日漸縮小的「生命圈」、「生命線」、「生命○」中苦苦掙扎的生存狀態。他覺得自己爲了保有生命，也時常尋找一個較安全的處所，也是一位「蟻民」，也有苟活的嫌疑。在《記念劉和珍君》一文中，魯迅稱自己是「苟活到現在的我」〔註 41〕。可見，魯迅也時有「苟活」的體驗。

然而，魯迅在本質上是反對苟活的。他在《忽然想到》（五）一文中回想起自己少年時代「裝死相」的苟活狀態就很是痛心：「長輩的訓誨於我是這樣的有力，所以我也很遵從讀書人家的家教。屏息低頭，毫不敢輕舉妄動。兩眼下視黃泉，看天就是傲慢，滿臉裝出死相，說笑就是放肆。」後來，他漸漸拋棄了這「死相」，放心說笑起來，這讓正人君子們很不高興而且「失望」。魯迅不在意這些，他向廣大中國青年發出倡議：「世上如果還有眞要活下去的人們，就應該敢說，敢笑，敢哭，敢怒，敢罵，敢打，在這可詛咒的地方擊退了可詛咒的時代。」具體來說，「我以爲的當務之急，是：一要生存，二要溫飽，三要發展。」〔註 42〕

魯迅在《華蓋集·北京通信》重申了「一要生存，二要溫飽，三要發展」〔註 43〕這一核心的生存觀。魯迅這一基本的生命存在觀在今天仍然閃爍著眞理的光芒（因爲「權力話語」經常在製造超人式的英雄、模範人物的「神話」，試圖以此來遏制普通人、青年人正常的生存欲望）。

然而，生存並非是一件容易的事，連中國最著名的「硬漢」魯迅也經常在他的文章和信件中透露自己「謀生的苦惱」。魯迅在《廈門通信（二）》中對朋友李小峰說，他以爲「教書和寫東西是勢不兩立……一個人走不了方向不同的兩條路」。他於 1926 年年底來廈門大學執教，一天到晚忙於編寫講

〔註 39〕 《魯迅全集》第 4 卷，第 584 頁。
〔註 40〕 《魯迅全集》第 5 卷，第 98 頁。
〔註 41〕 《魯迅全集》第 3 卷，第 274 頁。
〔註 42〕 《魯迅全集》第 3 卷，第 42～45 頁。
〔註 43〕 《魯迅全集》第 3 卷，第 51 頁。

義，所以影響了文學創作。一方面，專業從事創作在當時難以謀生，另一方面當教員又影響寫作，他很是煩惱，他在信中說：「吃飯是不高尚的事，我倒並不這樣想。然而編了講義來吃飯，吃了飯來編講義，可也覺得未免近於無聊。」〔註44〕

魯迅後來在 1927 年 7 月給廣州「知用中學」學生所作的題爲《讀書雜談》的演講中，進一步談到了當教員與搞創作之間的矛盾衝突：「研究是要用理智，要冷靜的，而創作須情感，至少總得發點熱，於是忽冷忽熱，弄得發昏，──這也是職業和嗜好不能合一的苦處。苦倒也罷了，結果還是什麼都弄不好。那證據，是試翻世界文學史，那裏面的人，幾乎沒有兼做教授的。」「還有一種壞處，是一做教員，未免有顧忌；教授有教授的架子，不能暢所欲言。」〔註45〕

魯迅所面臨的不僅是「職業與嗜好」的衝突，而且還有「謀生與做人」的衝突。寫於 1926 年 2 月與「現代派評論派」的陳西瀅論戰中的《不是信》一文顯示了魯迅爲了謀生而面對的尷尬處境。作爲一名現代啓蒙主義思想家和具有獨立不倚個性的現代知識分子，魯迅無論在立場上還是在性格上都是與北洋軍閥政府相對立的。然而自從 1912 年辛亥革命勝利後應蔡元培之邀進入教育部，魯迅就一直在那裏擔任「僉事」（科長）職務直至 1926 年。他的論敵陳西瀅抓住這一點攻擊說：「……袁世凱稱帝，他在教育部，曹錕賄選，他在教育部，『代表無恥的彭允彝』做總長，他也在教育部，甚而至於『代表無恥的章士釗』免了他的職後，他還大嚷『僉事這一官兒倒也並不算怎樣的「區區」』……如是如是，這樣這樣，……這像『青年叛徒的領袖』嗎？其實一個人做官也不大要緊，做了官再裝出這樣的面孔來可叫人有些噁心吧了。」〔註46〕陳西瀅說的基本符合事實，只是忽略了一個重要的事實，即：魯迅在張勛復辟時，曾經脫離過教育部以示他對共和制度的維護態度。

對陳西瀅的這番指責，魯迅作了多少顯得有些軟弱無力的回擊。在《不是信》中首先他辯護說，自己做官的「目的是弄幾文俸錢，因爲我祖宗沒有遺產，老婆沒有奩田，文章又不值錢，只好以此暫且糊口」。其次，魯迅並不同意「教員清高，官僚卑下」的說法，認爲「官僚的高下也因人而異，」並

〔註44〕《魯迅全集》第 3 卷，第 373 頁。
〔註45〕《魯迅全集》第 3 卷，第 441 頁。
〔註46〕陳西瀅：《致志摩》，《晨報復刊》1926 年 1 月 30 日。

且說「官僚與教授就有『一丘之貉』之歎」，因為他們工資的來源相同，即都來源於「國庫」〔註 47〕。一個強者竟然也要為自己的行為（做官）辯護，且不說他辯得是否成功，他的自辯本身就證明他對自己的職業選擇並不是很自信的。

事實上，早在 1925 年，魯迅在致友人趙其文的信中就透露了他在北京做官謀生的無奈，他說：「而我有一個母親，還有些愛我，願我平安，我因為感激他的愛，只能不照自己所願意做的做，而在北京尋一點糊口的小生計，度灰色的生涯。」〔註 48〕1928 年，魯迅在寫給身為國民黨軍人的學生兼朋友李秉中的信中，更直率地說出了自己對謀生的看法，他說：「兄職業我以為不可改，非為救國，為吃飯也。人不能不吃飯，因此即不能不做事。但居今之世，事與願違者往往而有，所以也只能做一件事算是活命之手段，倘有餘暇，可研究自己所願之東西耳。自然，強所不欲，亦一苦事。然而飯碗一失，其苦更大。我看中國謀生，將日難一日也。所以只得混混。」〔註 49〕看得出，魯迅在職業問題上顯得有些過度的敏感，時刻有被砸掉飯碗的恐懼，這固然顯示了魯迅性格較為脆弱、多疑的一面；但這說明了在當時社會條件下謀生之難；另一方面卻也從反方向證明了魯迅對現世生活的高度重視和強烈的生命意志。

魯迅的這種生命意志在他去世前一個多月寫的《「這也是生活」……》一文中得到了最充分的表現。當時魯迅剛從病魔手中掙脫出來不久，他特別渴望能生活下去。這是他與許廣平的對話：

「給我喝一點水。並且去開開電燈，給我看來看去的看一下。」

「為什麼？……」她的聲音有些驚慌，大約是以為我在講昏話。

「因為我要過活。你懂得麼？這也是生活呀。我要看來看去的看一下。」

「哦……」她走起來，給我喝了幾口茶，徘徊了一下，又輕徑的躺下了，不去開電燈。

我知道她沒有懂得我的話。

街燈的光穿窗而入，屋子裏顯出微明，我大略一看，熟識的墻壁，

〔註 47〕 《魯迅全集》第 3 卷，第 228、232～233 頁。
〔註 48〕 《魯迅全集》第 11 卷，第 442 頁。
〔註 49〕 《魯迅全集》第 11 卷，第 620 頁。

壁端的棱線，熟識的書堆，堆邊的未訂的畫集，外面的進行著的夜，
無窮的遠方、無數的人們，都和我有關。我存在著，我在生活，我
將生活下去，我開始覺得自己更切實了，……〔註50〕

魯迅把這種強烈的生命意志灌注給了他筆下的主人公，《孤獨者》中的魏連殳
就是這樣一位渴望生存的小說人物，魏連殳的「怪誕」言論得罪了整個 S 城
的人，終於導致失業。他不願就此滅亡，他經常對友人申飛說「我還得活幾
天」。他寫信告訴申飛說：「先前，還有人願意我活幾天，我自己也想活幾天
的時候，活不下去；現在，大可以無須了，然而要活下去……」〔註51〕他在
求生本能的驅使下，作出了違心的選擇——成了軍閥杜師長的顧問，最終抑
鬱而死。

在魯迅筆下，大自然中的一草一木也往往被賦與了強烈的生命意志。小
說《在酒樓上》那幾株在寒冬中傲然開放的老梅和赫然如火的山茶花，《野
草·題辭》裏的那些吸取雨露，也吸取死人血肉的野草，散文詩《秋夜》中
那兩株像利劍一樣直刺著「奇怪而高的天空」的棗樹，都無不顯示出了強大
的生命熱力和對生命強烈的渴求。

散文詩《臘葉》寫深秋裏飄落的一張楓葉及其生命狀態。這張病葉夾
在書裏已有一年，魯迅讀書時偶然發現了它而感慨萬千。這是一張長著「蛀
孔」、「鑲著烏黑的花邊，在紅，黃和綠的斑駁中，明眸似的向人凝視」的楓
葉。去年深秋見到這楓葉時，「我自念：這是病葉呵！便將他摘了下來，夾在
剛才買到的《雁門集》裏」。「但今夜他卻黃蠟似的躺在我的眼前，那眸子也
不復似去年一般灼灼。……將墜的病葉的斑斕，似乎也只能在極短時中相
對，更何況是蔥鬱的呢。」〔註52〕魯迅在《〈野草〉英文譯本序》裏說：「《臘
葉》，是為愛我者的想要保存我而作的。」〔註53〕許廣平也說這篇作品是魯
迅的「自況」之作〔註54〕。看得出，魯迅是借楓葉自比，寫生命的易逝和人
生的短暫。在魯迅作品中，寫得如此悲天憫人、一唱三歎的感傷之作是很
少見的。然而在這種感物傷懷的情緒背後蘊藏著的仍是魯迅對生命的珍惜和
熱愛。

〔註50〕《魯迅全集》第 6 卷，第 600～601 頁。
〔註51〕《魯迅全集》第 2 卷，第 100～101 頁。
〔註52〕《魯迅全集》第 2 卷，第 219 頁。
〔註53〕《魯迅全集》第 4 卷，第 356 頁。
〔註54〕許廣平：《許廣平憶魯迅》，廣東人民出版社，1979 年版，第 146 頁。

正因珍惜生命，魯迅反對徒手的請願，反對無謂的流血，反對赤膊上陣。他在《關於知識階級》中指出：「自己活著的人沒有勸別人去死的權利，假使你自己以爲死是好的，那末請你自己先去死吧。……我們窮人唯一的資本就是生命。以生命來投資，爲社會做一點事，總得多賺一點利才好；以生命來做利息小的犧牲，是不值得的。所以我從來不叫人去犧牲。」〔註55〕

1933 年初，日軍在華北攻城掠地，逼進北平，不少大學生紛紛逃往南方。於是有人撰寫批評文章，說他們「即使不能赴難，最低最低的限度也應不逃難」云云。魯迅寫了《論「赴難」和「逃難」》一文爲大學生的南逃辯護。他認爲讓大學生去「赴難」是不能救中國的，因爲連那些善於捕殺、拷打大學生的中國軍警們也抵抗不住日軍的進攻，讓手無寸鐵的大學生上前線，無異於以羊飼狼。他認爲大學生「不逃難」而坐等凶殘的日寇的到來，同樣是送死〔註56〕。總之，魯迅反對不講實力的蠻幹，他揭露了統治者一方面幹盡喪權辱國的勾當，另一方面卻闆騙民眾去當炮灰的眞面目。這一切都根於他對生命的愛惜。同樣因爲珍愛生命，魯迅也反對以革命的名義讓人去送死，更反對赤膊上陣、毫無講究戰術的蠻幹，他主張打「壕塹戰」。

魯迅在《空談》一文中指出：「改革自然常不免於流血，但流血非即等於改革。血的應用，正如金錢一般，吝嗇固然是不行的，浪費也大大的失算。」接著，魯迅列舉三國時魏國大將軍許褚赤膊打仗而中了好幾箭的典故，來說明戰鬥必須講究戰術的道理。在此基礎上，魯迅提出了「壕塹戰」的戰術，他說兩軍交戰時用這種戰法，「這並非吝惜生命，乃是不肯虛擲生命，因爲戰士的生命是寶貴的。在戰士不多的地方，這生命就愈寶貴，所謂寶貴者，並非『珍藏於家』，乃是要以小本錢換得極大的利息，至少，也必須賣買相當。」〔註57〕

魯迅在《兩地書·二》中對許廣平詳細說明了「壕塹戰」的基本情況：「對於社會的戰鬥，我是並不挺身而出的，我不勸別人犧牲什麼之類者就爲此。歐戰的時候，最重『壕塹戰』，戰士比在壕中，有時吸烟，也唱歌，打紙牌，喝酒，也在壕內開美術展覽會，但有時忽向敵人開他幾槍。中國多暗箭，挺身而出的勇士容易喪命，這種戰法是必要的罷。但恐怕也有時會逼到非短兵

〔註55〕《魯迅全集》第 8 卷，第 193 頁。
〔註56〕《魯迅全集》第 4 卷，第 473～474 頁。
〔註57〕《魯迅全集》第 3 卷，第 281 頁。

相接不可的，這時候，沒有法子，就短兵相接。」〔註58〕

　　愛惜生命的魯迅對酷刑、砍頭等種種濫殺生命行爲深表痛心。

二、砍頭、酷刑和濫殺生命

　　在中國現代作家中，描寫砍頭場面最多的恐怕應屬魯迅和沈從文（如《從文自傳》寫軍隊下鄉歸來時總能挑回幾擔老百姓的人頭去請功），這兩位眞正的人道主義文學家不時地爲人的生命如野草般任意被踐踏而暗暗哭泣。《藥》和《阿 Q 正傳》所描寫的殺頭場景已爲讀者很熟悉，這裏不作展開。魯迅小說中涉及砍頭事件的還有《故事新編》集中的《鑄劍》，作品三次寫到砍頭場景（先是眉間尺割下自己的頭，接著是黑衣人砍下楚王的頭，最後是黑衣人割下自己的頭）。不過，這篇小說裏的砍頭描寫主要是表現義無反顧、誓死如歸的復仇壯舉，與本論題的「踐踏生命」主題無關，而且，上述小說中的砍頭事件屬於虛構範疇。

　　魯迅的雜文則經常直接描寫或引用社會現實中的砍頭場面。他在《雜憶》一文中回憶辛亥革命初年的殺人場景時態度很冷靜，他寫道：「南京的土匪兵小有劫掠，黃興先生便勃然大怒，槍斃了許多，後來因爲知道土匪是不怕槍斃而怕梟首的，就從死尸上割下頭來，草繩絡住了掛在樹上。」〔註 59〕魯迅大約認爲，中華民國建立之初，革命的恐怖是必要的，所以他寫以死去的土匪人頭來示眾這一幕時，能很平靜地敘述出來。1924 年 10 月，青年作家王魯彥在《小說月報上發表了描寫湖南百姓被大量屠殺的短篇小說《柚子》，作品以幽默的筆法，把大量被軍閥砍下來的人頭比作柚子。王魯彥這種冷靜、灰諧的敘事態度引起了湖南作家黎錦明的不滿，認爲王魯彥有「玩世」傾向。1935 年，魯迅把《柚子》收入《中國新文學大系》小說二集，並在序言中指出：「《柚子》一篇，雖然爲湘中的作者所不滿，但在玩世的衣裳下，還閃露著地上的憤懣，在王魯彥的作品裏，我以爲倒是最爲熱烈的了。」〔註 60〕

　　的確也存在因爲見多了殺人場面而變得麻木、冷漠的情況，魯迅在雜文《上海所感》中指出：「初看見血，心裏是不舒服的，不過久住在殺人的名勝

〔註58〕　《魯迅全集》第 11 卷，第 16 頁。
〔註59〕　《魯迅全集》第 1 卷，第 222 頁。
〔註60〕　《魯迅全集》第 6 卷，第 249 頁。

之區，則即使見了掛著的頭顱，也不怎麼詫異。」〔註61〕他在《〈守常全集〉題記》一文中也寫道：「但革命的先驅者的血，現在已經並不稀奇了。單就我自己說罷，七年前為了幾個人，就發過不少激昂的空論，後來聽慣了電刑，槍斃，斬決，暗殺的故事，神經漸漸麻木，毫不吃驚，也無言說了。我想就是報上所記的『人山人海』去看梟首示眾的頭顱的人們，恐怕也未必覺得更興奮於看賽花燈的罷。血是流得太多了。」〔註62〕魯迅痛心於自己和民眾對砍頭場面的麻木，他在《上海所感》一文中就人們面對流血的冷漠發表評論說：「由此看來，人們──至少，是我一般的人們，要從自由人變成奴隸，怕也未必怎麼煩難罷。無論什麼，都會慣起來的。」〔註63〕

作為具有強烈生命意識的現代知識分子，魯迅不可能對砍頭場景無動於衷。1931年2月7日，左聯5位青年作家被國民黨當局秘密殺害於上海龍華。魯迅立即撰寫了《中國無產階級革命文學和前驅的血》、《黑暗中國的文藝界的現狀》等文章，對國民黨當局殘殺青年人的行為表示了極大的憤慨。兩年後，他還作《為了忘卻的記念》一文來紀念烈士的業績。在文中，魯迅特別提到青年作家柔石身中10彈而死的慘痛細節。悲憤交加的魯迅奮筆疾書，寫下了「忍看朋輩成新鬼，怒向刀叢覓小詩」的詩句，以此表達他對「屠夫」們濫殺生靈的憤怒。

魯迅的雜文《鏟共大觀》引用了上海《申報》）1928年4月6日題為《長沙通訊》的文章，該文報導湖南長沙民眾「萬人空巷」、熱熱鬧鬧地圍觀被砍頭示眾的共產黨人的「盛況」。魯迅克制著對殘害革命者的當局的憤怒，他正告當局說「革命被頭掛退的事是很少有的」；同時，他批評了國民的麻木不仁，他指出，「我們中國現在（現在！不是超時代的）的民眾，其實還不很管什麼黨，只要看『頭』和『女尸』。只要有，無論誰的都有人看」。」〔註64〕

更令魯迅痛心的是中外歷史和現實中的種種酷刑。砍頭的確很殘酷，但隨著人頭落地，受刑者很快死去，並不會忍受太多的痛苦。而酷刑則大不同矣！發明和操作酷刑的人總是精心地設計各種刑法，盡量讓受刑者盡可能地承受痛苦；即使要處死你，也要讓你慢慢地死，慘痛地死。顯然，酷刑的殘忍恐怕只有親身經歷者才能體會到。

〔註61〕《魯迅全集》第7卷，第408頁。
〔註62〕《魯迅全集》第4卷，第524頁。
〔註63〕《魯迅全集》第7卷，第408頁。
〔註64〕《魯迅全集》第4卷，第106頁。

　　魯迅在雜文《電的利弊》中介紹了中外歷史與現實中的四種酷刑。第一種是日本幕府時代（16 世紀）殘害基督教徒所用的「火刑」，魯迅引用了日本《切利支丹殉教記》一書的有關記載：被迫害的基督徒，「或牽到溫泉旁邊，用熱湯澆身；或周圍生火，慢慢的烤炙，這本是『火刑』，但主管者卻將火移遠，改死刑爲虐殺了。」第二種刑法更殘酷，它是由中國古代的酷吏們（如武則天時的酷吏來俊臣）發明的，「唐人說部中曾有記載，一縣官拷問犯人，四周用火遙焙，口渴，就給他喝醬醋，這是比日本更進一步的辦法。」第三種刑法是現代人的發明。魯迅寫道：「現在官廳拷問嫌疑犯，有用辣椒煎汁灌入鼻孔去的，……曾見一個囚在反省院裏的青年的信，說先前身受此刑，苦痛不堪，辣汁流入肺臟及心，已成不治之症，即釋放亦不免於死云云。」第四種刑法「電刑」是現代文明的產物，其殘酷遠遠超過上述刑法。魯迅在文中寫道，「上海有電刑，一上，即遍身痛楚欲裂，遂昏去，少頃又醒，則又受刑。聞曾有連受七八次者，即幸而免死，亦從此牙齒皆搖動，神經亦變鈍，不能復原。」〔註 65〕電既能造福於人類，又能成爲殘害人類的工具，這可能就是現代文明的雙面特性。

　　魯迅所舉的上述現實中的酷刑絕不是道聽途說，而是有確鑿證據的。1933 年，青年木刻畫家曹白因收藏了一張蘇聯文藝家盧那察爾斯基的頭像畫而被投入監獄。在獄中，他寫信給魯迅，描述所受的刑罰。魯迅在《寫於深夜裏》一文中大量引用曹白的來信提到的「酷刑」，例如，「刑場就是獄裏的五畝大的菜園，囚犯的尸體，就靠泥埋在菜園裏，上面栽起菜來，當作肥料用」。曹白具體介紹說：「單在刑罰一方面，我才曉得現在的中國有：一，抽藤條；二，老虎凳，都還是輕的；三，踏槓，是叫犯人跪下，把鐵槓放在他的腿彎上，兩頭站上彪形大漢去，起先兩個，逐漸加到 8 人；四，跪火鏈，是把燒紅的鐵鏈盤在地上，使犯人跪上去；五，還有一種叫『吃』的，是從鼻孔裏灌辣椒水，火油，醋，燒酒……；六，還有反綁著犯人的手，另用細麻繩縛住他的兩個大姆指。高懸起來，弔著打，我叫不出這刑罰的名目。」〔註 66〕這裏所列出的刑法名目之繁多，方法之殘忍，令人大開眼界。

　　中外法西斯分子在殘害生靈這一點上是相通的。魯迅的《〈解放了的堂・

〔註65〕　《魯迅全集》第 5 卷，第 14 頁。
〔註66〕　《魯迅全集》第 6 卷，第 507～509 頁。

吉訶德〉後記》一文就轉錄了法國《世界》周刊上一篇報導德國法西斯殘害社會民主黨人沙羅曼的文章，該文寫道：「最初，沙羅曼被人輪流毆擊了好幾個鐘頭。隨後，人家竟用火把燒他的腳。同時又以冷水淋他的身，暈去則停刑，醒來又遭殃。流血的面孔上又受他們許多次數的便溺。最後，大家以為他已死了，把他拋棄在一個地窖裏。」〔註 67〕現代法西斯的酷刑，加上中世紀宗教裁判所的「火刑」構成了歐洲文明史上血腥的一頁。然而，魯迅認為歐洲刑罰的殘酷程度還沒法與中國相比。魯迅在 1933 年 6 月 18 日致青年作家曹聚仁的信中分析道，「別國的硬漢比中國多，也因為別國的淫刑不及中國的緣故。我曾查歐洲先前虐殺耶穌教徒的記錄，其殘虐實不及中國，有至死不屈者，史上在姓名之前就冠一『聖』字了。中國青年之至死不屈者，亦常有之，但皆秘不發表。不能受刑至死，就非賣友不可，於是堅卓者無不滅亡，游移者愈益墮落，長此以往，將使中國無一好人，倘中國而終亡，操此策者為之也。」〔註 68〕

中國歷史上有種種怪誕而令人驚恐的酷刑，從先秦開始施於男子的「宮刑」（腐刑）和施於女子的「幽閉」尤為殘忍。魯迅在《病後雜談》中說他起先對古代「幽閉」刑罰很覺納悶，他認為「那辦法的凶惡，妥當，而又合乎解剖學，真使我不得不吃驚。但婦科的醫書呢？幾乎都不明白女性下半身的解剖學的構造」。魯迅在這篇雜文提到的「剝皮法」恐怕是中國歷史上最最殘忍的刑法。魯迅在文中引用了「野史」《蜀龜鑒》所記的張獻忠剝人皮的事例：「又，剝皮者，從頭至尻，一縷裂之，張於前，如鳥展翅，率逾日始絕。有即斃者，行刑之人坐死。」接著，魯迅深有感慨地評述道：「醫術和虐刑，是都要生理學和解剖學智識的。中國卻怪得很，固有的醫書上的人身五臟圖，真是草率錯誤到見不得人，但虐刑的方法，則往往好像古人早懂得了現代的科學。」〔註 69〕魯迅言下之意是，中國古人把聰明智慧充分地運用到虐殺生命上去，而在醫學等科學領域卻處在半蒙昧狀態。

魯迅在《病後雜談》中提到明代初期永樂皇帝篡位後對忠於前朝的大臣景清施加剝皮酷刑的史實，聯繫明末張獻忠大肆殺人和剝人皮的事實，魯迅悲歎道，「大明一朝，以剝皮始，以剝皮終，可謂始終不變』。」〔註 70〕在《病

〔註 67〕 《魯迅全集》第 7 卷，第 402 頁。
〔註 68〕 《魯迅全集》第 12 卷，第 185 頁。
〔註 69〕 《魯迅全集》第 6 卷，第 165～166 頁。
〔註 70〕 《魯迅全集》第 6 卷，第 167 頁。

後雜談之餘》、《偶成》等雜文中，魯迅還多次寫到張獻忠和永樂皇帝剝人皮的酷刑。

令人驚訝的是剝人皮的酷刑在現代中國還時有發生。魯迅的雜文《偶成》引用了《申報》上的一段新聞，這段新聞講述的是浙江省嘉善縣土匪用剝人皮方法虐殺平民的事：當地有名的土匪石塘小弟綁架了鄉民沈和聲父子，由於沈家出不起 3 萬元的巨資，土匪們便大施酷刑，具體的方法是，「以布條遍貼背上，另用生漆塗敷，俟其稍乾，將布之一端，連皮揭起，則痛徹心肺，哀號呼救，慘不忍聞。」〔註 71〕土匪石塘小弟創造性地繼承和發展了永樂皇帝等先人的酷刑，這不能不使人驚歎中國社會「殺人智慧」的完善與發達。

魯迅長期地關注著中國歷史和現實中濫殺生命的種種現象，他在雜文《「抄靶子」》（「抄靶子」，上海話，意即「搜身」）中揭示了中國這個「禮義之邦」，少有禮義，濫殺生命的歷史真相，他分析道：「中國究竟是文明最古的地方，也是素重人道的國度，對於人，是一向非常重視的。至於偶有淩辱誅戮，那是因為這些東西並不是人的緣故，皇帝所誅者，『逆』也，官軍所剿者，『匪』也，劊子手所殺者，『犯』也，⋯⋯黃巢造反，以人為糧，但若說他吃人，是不對的，他所吃的物事，叫做『兩腳羊』。」〔註 72〕總之，在統治者權力話語的歪曲下，中國老百姓就往往由「人」被異化成「逆」、「匪」、「犯」、「兩腳羊」等「非人」；然而，統治階級不管用什麼方法，最終還是遮蓋不住濫殺生命的血腥和罪惡的。

在中國歷史上，最為瘋狂的殺人者，明末割據四川一方的張獻忠可算是其中的一位。魯迅的雜文《晨涼漫記》引用《蜀碧》等史籍，講述和分析了張獻忠喪心病狂地殺人的故事：「他開初並不很殺人，他何嘗不想做皇帝。後來知道李自成進了北京，接著就是清兵入關，自己只剩下沒落這一條路，於是就開手殺，殺⋯⋯他分明的感到，天下已沒有自己的東西，現在是在毀壞別人的東西了，這和有些末代的風雅皇帝，在死前燒掉了祖宗或自己所搜集的書籍古董寶貝之類的心情，完全一樣。」〔註 73〕1949 年以來的史學界由於種種原因，總是過於美化歷史上的農民起義軍領袖，其實，像張獻忠、黃

〔註 71〕　《魯迅全集》第 4 卷，第 583 頁。
〔註 72〕　《魯迅全集》第 5 卷，第 205 頁。
〔註 73〕　《魯迅全集》第 5 卷，第 235～236 頁。

巢之類的「義軍首領」，與歷代那些嗜殺成性的暴君又有多少區別呢？在虐殺生命、暴殄天物這一點上，他們完全是一丘之貉。魯迅在《批評家的批評家》一文中還提到張獻忠屠殺文化人的「偉大創舉」：張獻忠詭稱開科選取人才，他讓人在兩根柱子之間拉一條繩子，「叫應考的走過去，太高的殺，太矮的也殺，於是殺光了蜀中的英才」〔註74〕。這已遠遠超過了一般暴君的殘酷了！

令魯迅悲哀的是這種濫殺生命的歷史傳統在現代社會得以繼承，且花樣翻新。魯迅在《小雜感》中描述了現代社會中人們互相殘殺的慘劇：「革命的被殺於反革命的。反革命的被殺於革命的。不革命的或當作革命的而被殺於反革命的，或當作反革命的而被殺於革命的，或並不當作什麼而被殺於革命的或反革命的。」〔註75〕這樣，在「革命」的這杆旗下，一場場殺人遊戲不斷上演，而民眾的鮮血遍布中國大地。

魯迅痛苦地發現了青年人互相殘殺的事實，這使他的「青年人必勝於老年人」的進化論思想被「轟毀」。他在《答有恒先生》一文中恍然大悟地寫道：「現在我知道……，殺戮青年的，似乎倒大概是青年，而且對於別個的不能再造的生命和青春，更無顧惜。」魯迅經常在報刊上見到年輕的勝利者的得意之筆——「用斧劈死」呀，「亂槍刺死」呀。他悲憤地寫道：「血的遊戲已經開頭，而色角又是青年，並且有得意之色。我現在已經看不見這齣戲的收場。」〔註76〕

中國民眾的生命太不被重視了，「自有歷史以來，中國人是一向被同族和異族屠戮，奴隸，敲掠，刑辱，壓迫下來的，非人類所能忍受的楚毒，也都身受過，每一考察，真教人覺得不像活在人間。」〔註77〕這就是魯迅對中國人生存歷史的一個總體印象。

造物主隨隨便便地製造了人類，又用各種疾病來折磨人類，並最終把他們推向死亡；另有一些人不堪人世的痛苦，不堪疾病的折磨，用自己的雙手毀滅自己的生命。疾病、自殺、死亡是中外文學史上的永恒主題，魯迅對它們進行了富有創造性的表現。

〔註74〕 《魯迅全集》第 5 卷，第 429 頁。
〔註75〕 《魯迅全集》第 3 卷，第 532 頁。
〔註76〕 《魯迅全集》第 3 卷，第 453～454 頁。
〔註77〕 《魯迅全集》第 6 卷，第 180～181 頁。

三、疾病、自殺與死亡

　　魯迅從少年時代開始就與疾病結下了「不解之緣」。雖然他自身有一副健壯的體魄，但他的父親得了「水腫病」，作爲長子，魯迅有兩三年一直陪伴、侍候著重病的父親，親眼目睹了生命飽受病魔摧殘的痛苦。在散文《父親的病》中，魯迅似乎不願過多展現父親臥病於床的痛苦：「父親終於躺在床上喘氣了。……藥就煎好，灌下去，卻從口角上回了出來」〔註 78〕。這些細節描寫，尤其是父親臨終時的苦苦掙扎，都無不顯現了生命存在中令人恐懼的一面。

　　魯迅少年時代陪伴重病在身的父親的經歷，影響了他後來學業的選擇。20 世紀初在日本留學時，魯迅選擇了醫學專業，他在《吶喊‧自序》中回憶起自己當時選擇學醫的動機時說：「我的夢很美滿，預備卒業回來，救治像我父親似的被誤的病人的疾苦，戰爭時候便去當軍醫，一面又促進了國人對於維新的信仰。」〔註 79〕後來因爲受了「幻燈片」事件的刺激，魯迅中斷了醫學學業，轉而從事文學創作事業，從此把畢生的精力投入到揭示中國傳統文化的病根，醫治中國國民的精神疾病的偉大事業中去。魯迅沒有成爲一名注冊開業的大夫，但他卻是一名眞正的醫生，他在中國社會轉型時期，充當了爲中國文明號脈、爲中國國民治病的醫生角色。

　　魯迅對中國傳統文化和國民性的批判和改造的工作已有很多的介紹，這裏不作展開。這裏略作展開的是魯迅在創作中對疾病的藝術表現和他對自身疾病的看法。

　　《吶喊》和徬徨》共有 25 篇小說，其中有 9 篇作品寫到了 9 位人物各種各樣的疾病：《狂人日記》中的「狂人」和《長明燈》中的「瘋子」，以及《白光》中的陳士成得的是「瘋狂症」（精神病）；《藥》裏的華小栓和《孤獨者》中的魏連殳患的是「癆病」（肺結核病）；《在酒樓上》的人物順姑得的是吐血絕症；《祝福》中祥林嫂的第二個丈夫賀老六得的是傷寒病；《明天》裏的單四嫂的寶兒得的是「焦塞」症（消化不良）；而《弟兄》裏的張沛君之弟被說成患了「猩紅熱」症（實際是出疹子）。其中 6 位人物得的是不治之症，最終走向死亡，《長明燈》中的「瘋子」是否能康復我們不得而知；只有《狂人日記》中的「狂人」之病得以「痊愈」；而《弟兄》裏的張沛君之弟的病則是一

〔註78〕《魯迅全集》第 2 卷，第 287～288 頁。
〔註79〕《魯迅全集》第 1 卷，第 416 頁。

場虛驚。

通過以上統計學的分析可以看出，魯迅作品中的患病人物大多數都走向死亡，這表明魯迅在大部分情況下是把疾病當作死亡的前奏來描寫的；同時也流露出具有現代醫學教育背景的魯迅對民眾疾苦深深的悲憫之情，和他對造物主任意毀壞生命的不滿。

進入中老年以後，魯迅本人也不斷地經受了病魔的困擾。在一般情況下，魯迅很少提及自己的疾病，即使提到了，也是輕描淡寫，幾筆帶過。魯迅在 1926 年寫的《馬上日記》一文中寫到自己對得了胃病的無所謂態度，以及在藥店買到僞劣藥品的滑稽經歷。但是到了 1935 年以後，魯迅的健康日益惡化，他臥病狀態下創作的雜文《病後雜談》、《病後雜談之餘》、《這也是生活》等，流露了自己在遭受病魔的糾纏狀態下的焦躁不安的情緒，同時也顯示了十分執著的生命意志和對人世生活的留戀。魯迅很少在作品中流露對自己重病纏身的傷感，只有散文詩《獵葉》是例外。這篇作品以病葉自況，寫生命的短暫和易逝，表現了幾許淡淡的感傷情緒。

人的病死、老死都屬於自然死亡，而自殺則是人們提前了結自己性命的主動選擇。在西方基督教文化背景下，自殺被看作是犯罪行爲。中國先秦儒學有「殺身以成仁」的美談，但參照歷史，這種爲信仰而自殺的事例十分鮮見。中國的儒學和道教都是「重生型」的信仰體系，儒學強調「身體髮膚皆受之於父母，不敢毀傷」；道教追求現世的享樂，缺乏彼岸精神。恐怕只有從印度傳入中國的佛教是一個例外，原始佛教並不反對自殺，認爲「死」是對「生」之苦的超越和解脫，所以當面臨巨大災難時，佛教僧侶可以點火自焚，提前進入輪迴軌道中。

魯迅的作品大量表現死亡事件，但沒有一篇直接寫人物的自殺，只有小說《孤獨者》中的魏連殳有慢性自殺的傾向。而散文《范愛農》中的同名主人公是否屬於投水自殺仍是一個謎。然而，這並不等於魯迅迴避和不關心自殺問題；事實上，魯迅一直較爲注意自殺問題，對自殺問題發表了一些獨待的看法，甚至他本人就有過自殺的念頭，

1924 年 9 月 24 日，魯迅在致青年朋友李秉中的信中說：「我也常常想到自殺，也常想殺入，然而都不實行，我大約不是一個勇士。」〔註 80〕我們注意到魯迅寫這封信的日期是他寫作散文詩集《野草》的時期（1924 年 9 月

〔註 80〕 《魯迅全集》第 11 卷，第 430～431 頁。

15 日至 1926 年 4 月 19 日），這也是魯迅一生中情緒最低落、精神最痛苦的時期。從國家大局來看，中國社會軍閥混戰、民不聊生，社會極度的黑暗；從個人經歷來看，魯迅與最爲相知的文學知己，他的二弟周作人徹底鬧翻，而與原配夫人朱安的婚姻已走進死胡同。這一系列的內憂外患把魯迅推向了痛苦的深淵，他的確有自殺的念頭，1925 年許廣平與魯迅剛結識不久，在魯迅床上的被褥下發現了一柄鋒利的匕首，於是寫信對先生說：「褥子下明晃晃的鋼刀，用以克敵防身是妙的，倘用以……似乎……小鬼不樂聞了！」〔註 81〕魯迅趕緊回信解釋說：「短刀我的確有，但這不過爲夜間防賊之用，而偶見者少見多怪，遂有『流言』，皆不足信也。」〔註 82〕魯迅這番辯白自然是可信的，但被褥下的匕首既可防賊，亦可用作自戕之用——如果有必要的話。

然而，魯迅沒有自殺，其中的原因很複雜，恐怕與他對生命的看重，他對母親的愛有關。不管怎麼說，這段經歷使魯迅對自殺問題有了較爲切實的體驗，使他後來對社會上的兩起自殺事件能夠發表迥然不同於一般社會輿論的卓識。

1934 年 2 月 25 日，上海《申報》館英文譯員秦理齋病逝，其妻龔尹霞原打算把孩子們撫養成人而活著。秦理齋的父親要她帶兒女回無錫去，龔尹霞提出子女在滬讀書不能回去，受到秦父嚴厲的斥責。5 月 5 日，萬般無奈的龔尹霞和她的 3 個孩子一同服毒自殺。同年 5 月 20 日，上海福華藥房店員陳同福因經濟困難自殺，人們發現他收集了秦理齋夫人自殺的報紙。這一系列的自殺事件在社會上引起強烈反響。當時雖也有少數人對秦理齋夫人及子女的自殺表示同情，然而整個社會輿淪的主流聲音是責備秦理齋夫人。一種很有代表性觀點認爲，「社會雖然黑暗，但人生的第一責任是生存，倘自殺，便是失職；第二責任是受苦，倘自殺，便是偷安。」「進步的評論家則說人生是戰鬥，自殺者就是逃兵，雖死也不足以蔽其罪。」〔註 83〕

魯迅同情秦理齋夫人的死，憎惡上述社會輿淪，他撰寫了《論秦理齋夫人事》一文，發表了自己對這件事及自殺問題的看法。魯迅指出，秦理齋夫人自殺了，說她是一名弱者是可以的，但她怎麼會成爲弱者的社會原

〔註 81〕 《魯迅全集》第 11 卷，第 82 頁。
〔註 82〕 《魯迅全集》第 11 卷，第 83 頁。
〔註 83〕 《魯迅全集》第 5 卷，第 481 頁。

因卻沒有人去深究。魯迅提醒大家,「要緊的是我們須看看她的尊翁的信札,為了要她回去,既聳之以兩家的名聲,又動之以亡人的乩語。我們還得看看她的令弟的輓聯:『妻殉夫,子殉母……』不是大有視為千古美談之意嗎?以生長及陶冶在這樣的家庭中的人,又怎能不成為弱者?」魯迅接著把批評的目光轉向了那些指責秦理齋夫人的評論家們:「倘使對於黑暗的主力,不置一辭,不發一矢,而但向『弱者』嘮叨不已,則縱使他如何義形於色,我也不能不說——我真也忍不住了——他其實乃是殺人者的幫凶而已。」〔註 84〕

　　1935 年 3 月,著名電影演員阮玲玉(1910～1935)因婚姻問題受到一些媒體的誹謗,留下了「人言可畏」四字,憤而自殺,在中國社會又引起一場大討論。有人認為報紙輿論把阮玲玉推向了死亡,立即就有不少新聞記者撰文說,現在的報紙的地位並不高,不可能左右社會輿論;何況報上所登的材料,也是採自「經官的事實,絕非捏造的謠言」云云。魯迅寫了《論「人言可畏」》一文,對新聞記者的自辯進行了批駁。魯迅指出,新聞的威力其實並沒完全消失,「對強者它是弱者,但對更弱者它卻還是強者,所以有時雖然吞聲忍氣,有時仍可以耀武揚威。於是阮玲玉之流,就成了發揚餘威的好材料了,因為她頗有名,卻無力。」魯迅說,「我們又可以設身處地的想一想,那麼,大概就又知她的以為『人言可畏』,是真的,或人的以為她的自殺,和新聞紀事有關,也是真的。」接著,魯迅對自殺問題發表了非常精彩的看法,他說:「至於阮玲玉的自殺,我並不想為她辯護。我是不贊成自殺,自己也不豫備自殺的。但我的不豫備自殺,不是不屑,卻因為不能。……自殺其實是不很容易的,決沒有我們不豫備自殺的人所渺視的那麼輕而易舉的。倘有誰以為容易麼,那麼,你倒試試看!」〔註 85〕

　　的確,「自殺其實是不很容易的」。比較起那些貪生怕死之徒,比較起那些主張「好死不如賴活」的苟且者來說,自殺者真正算得上是有勇氣的人,因為他們敢於正視和超越人生的不幸,他們把生與死的選擇權留給了自己,而不是交給命運。席勒在劇本《群盜》中寫道:「死都不怕的人,還有什麼可怕的呢?」的確是這有意思的是,魯迅雖然說自己不預備自殺,但卻在《小雜感》一文中思考過自殺的環境問題,他在文中寫道:「要自殺的人,也會怕

〔註 84〕　《魯迅全集》第 5 卷,第 481～482 頁。
〔註 85〕　《魯迅全集》第 6 卷,第 331～334 頁。

大海的汪洋，怕夏天死屍的易爛。但遇到澄靜的清池，涼爽的秋夜，他往往也自殺了。」〔註86〕

　　魯迅在《隨感錄五十九「聖武」》一文中指出：中國的統治者總把「純粹獸性方面的滿足——威福，子女，玉帛」當作人生的終極理想，等到衰老疲憊，死亡的陰影靠近身邊時，他們就去求仙訪道，希望能長存於人間。秦始皇，漢武帝，唐玄宗，宋徽宗……中國歷代皇帝大都幻想獲得長生不老藥，連《西遊記》中無數的妖魔鬼怪也想通過吃唐僧的肉使自己永世長存。魯迅在文中接著寫道：統治者們「求了一通神仙，終於沒有見，忽然有些疑惑了。於是要造墳，來保存死屍，想用自己的屍體，永遠占據著一塊地面」〔註87〕。他們是想讓自己「永垂不朽」，然而最終仍不過是白骨一堆而已。可悲的是，想讓自己不朽的人在現代社會還大有人在，即使在平民百姓中，不朽的觀念也很有市場。魯迅曾在《古書與白話》一文中指出：「愈是無聊賴，沒出息的腳色，愈想長壽，想不朽，愈喜歡多照自己的照相，愈要占據別人的心，愈善於擺臭架子。」〔註88〕

　　中國人面對死亡除了鄭重其事的一面外，還有隨隨便便的另一面。魯迅在題為《死》一文中總結了中國人面對死亡時的「無所謂」態度，他說：「大約我們的生死久已被人們隨意處置，認為無足重輕，所以自己也看得隨隨便便，不像歐洲人那樣的認真了。」那麼為什麼人們會如此隨便面對死神呢？魯迅認為這乃是由中國人所相信的「人死後的狀態」決定的，中國人普遍都相信人死後變成鬼的說法，人們把死看作生的一種延續，所以並不怎麼畏懼死的到來〔註89〕。

　　那麼魯迅本人對死亡態度又是如何的呢？在《死》一文中透露，他本人也是死亡的「隨便黨」裏的一員，他既不歡迎死神到來，也不畏懼走向死亡。不過他與一般的中國民眾不同，他有堅實的醫學知識，他是一名啟蒙主義者，所以他說「我是到底相信人死無鬼的」。魯迅在《死》一文中公佈了他寫給許廣平非正式的「遺囑」，從中可以清楚地看出他對待自己之死的態度。該「遺囑」共有七條，其中第二條寫道：死後「趕快收斂，埋掉，拉倒」；第三條是：「不要做任何關於紀念的事情」；第四條是：「忘記我，管自己生活。——倘

〔註86〕　《魯迅全集》第 3 卷，第 532～533 頁。
〔註87〕　《魯迅全集》第 1 卷，第 355～356 頁。
〔註88〕　《魯迅全集》第 3 卷，第 214 頁。
〔註89〕　《魯迅全集》第 6 卷，第 608～609 頁。

不，那就真是胡塗蟲。」〔註90〕從這三條「遺囑」可以看出魯迅對死亡之事的確是比較隨便的，他更沒有不朽的打算，並且不希望許廣平爲死去的他守寡。可悲的是，魯迅的這幾條「遺囑」幾乎完全沒能貫徹下去。社會各界爲死去的魯迅舉行了盛大的葬禮，直至今日，他還不斷地被人們提起，被人們「利用」。

當然，魯迅對待死亡的態度是不能僅僅用「隨隨便便」來涵蓋的，他其實對死亡還發表了許多精彩的看法。

魯迅在《隨感錄六十六生命的路》一文中是這樣談論死亡問題的：「想到人類的滅亡是一件大寂寞大悲哀的事；然而若干人們的滅亡，卻並非寂寞悲哀的事。生命的路是進步的，總是沿著無限的精神三角形的斜面向上走，什麼都阻止他不得。……生命不怕死，在死的面前笑著跳著，跨過了滅亡的人們向前進。」〔註91〕

一方面，魯迅在《摩羅詩力說》中提出「無流血於眾之目前者，其群禍矣」〔註92〕的看法，這就是說，在民眾面前沒有出現敢於流血犧牲的人，這樣的民族是危險的。另一方面魯迅反對無謂的流血和犧牲，他在《「死地」》一文中指出：雖然「世界的進步，當然大抵是從流血得來。但這和血的數量，是沒有關係的，因爲世上也盡有流血很多，而民族反而漸就滅亡的先例。」他深刻地指出：「會覺得死屍的沉重，不願抱持的民族裏，先烈的『死』是後人的『生』的唯一的靈藥，但倘在不再覺得沉重的民族裏，卻不過是壓得一同淪滅的東西。」最後，他呼籲：「爲中國計，覺悟的青年應該不肯輕死了罷。」〔註93〕

魯迅本人也不願去作無謂的犧牲。20年代中期，陳西瀅等現代評論派文人攻擊魯迅說「你何以不罵殺人不眨眼的軍閥呢？」魯迅不願受「激將法」的當，他在《墳·題記》中分析說，鼓動他去罵軍閥的正人君子是想讓他去送死，這是軟刀子殺人，他是「不想上這些誘殺手段的當的」〔註94〕。

30年代初，梁實秋借中國自由運動大同盟聲援四三慘案事（英國人在南京打死中國工人），譏笑魯迅說，「幸虧事實不久大明，死的不是『參加工農

〔註90〕 《魯迅全集》第6卷，第610～612頁。
〔註91〕 《魯迅全集》第1卷，第368頁。
〔註92〕 《魯迅全集》第1卷，第100頁。
〔註93〕 《魯迅全集》第3卷，第267頁。
〔註94〕 《魯迅全集》第1卷，第4頁。

革命底實際行動』的『左翼作家』，是一位『勇敢的工人』……魯迅先生的『不賣肉主義』是老早言明在先的。」〔註95〕魯迅在《經驗》一文中說，他決不因爲有人譏笑他怕死，就去自殺或拚老命去。還是那句話，他不願作無謂的犧牲〔註96〕。

　　魯迅還深刻地闡述了死亡背後的某些悲劇命題。他在《雜感》一文中哀歎道：「死於敵手的鋒刃，不足悲苦；死於不知何來的暗器，卻是悲苦。但最悲苦的是死於慈母或愛人誤進的毒藥，戰友亂發的流彈，病菌的並無惡意的侵入，不是我自己制定的死刑。」〔註97〕這是融鑄了他本人人生經驗的肺腑之言。

　　魯迅把思想的觸鬚伸向「死後」領域，他深刻地揭示了人死後被人利用的悲劇。他的《在現代中國的孔夫子》一文指出：「孔夫子的做定『摩登聖人』是死了以後的事，活著的時候卻是頗吃苦頭的。」孔子死後，因爲不會再開口說話了，「種種的權勢者便用種種的白粉給他來化妝，一直擡到嚇人的高度」。「總而言之，孔夫子之在中國，是權勢者們捧起來的」〔註98〕。

　　魯迅還在《憶韋素園君》一文中寫道：「文人的遭殃，不在生前的被攻擊和被冷落，一瞑之後，言行兩亡，於是無聊之徒，謬託知己，是非蜂起，既以自衒，又以賣錢，連死尸也成了他們的沽名獲利之具，這倒是值得悲哀的。」〔註99〕更值得悲哀的是魯迅這番豈說在他本人死後不幸應驗了，他成了現代社會「最有利用價值」的幾位中國人之一。

四、死亡事件、死亡意象、死亡體驗

　　魯迅的作品時常有對死亡及相關事物的藝術表現。從致命的疾病到駭人的殺人場面，從僵硬的尸體到喪葬儀式到陰冷的墳地等等，都是魯迅反覆描寫的死亡意象。美籍華裔學者夏濟安認爲「魯迅是一個善於描寫死的醜惡的能手。……各種形式的死亡的陰影爬滿他的著作。」〔註100〕這一看法的確有其道理，但卻是不完整的。其實，魯迅不僅描寫了「死的醜惡」，而且也表現

〔註95〕梁實秋：《魯迅與牛》，《新月》第 2 卷第 11 期。
〔註96〕《魯迅全集》第 4 卷，第 540 頁。
〔註97〕《魯迅全集》第 3 卷，第 48 頁。
〔註98〕《魯迅全集》第 6 卷，第 315～316 頁。
〔註99〕《魯迅全集》第 6 卷，第 68 頁。
〔註100〕夏濟安：《魯迅作品的陰暗面》，樂黛雲編《國外魯迅研究集》，北京大學出版
　　　　 社，1981 年版，第 373 頁。

了死的「美麗」，寫出了他對死亡的「大歡喜」體驗。

在中國現代作家中，像魯迅這樣如此多地表現死亡場景和死亡事件的恐怕沒有第二人了。在他 3 部小說集的 33 篇作品中，至少有 11 篇寫到了 20 多個死亡事件。

小說集《吶喊》有 7 篇寫死亡：《狂人日記》寫到狂人妹妹的死和狼子村「大惡人」的被眾人打死；《孔乙巳》寫孔乙巳的窮愁而死；《藥》寫夏瑜的被官府害死和華小栓的得癆病而亡；《明天》寫單四嫂兒子寶兒的夭折；《阿 Q 正傳》寫阿 Q 在刑場山被處決的場景；《白光》寫陳士成第 16 次落榜後的瘋狂及溺水而死；《兔和貓》寫兩隻小白兔無聲的死去。

《徬徨》集有 6 篇小說寫死亡事件：《祝福》寫祥林嫂、及她的兒子阿毛、她的兩個丈夫的死；《在酒樓上》寫呂緯甫小弟的夭折和順姑的病死；《長明燈》寫到鄰村打死過一個瘋子；《孤獨者》寫魏連殳及其祖母的死；《傷逝》寫子君的抑鬱而死；《弟兄》寫張沛君夢見弟弟的病死。

《故事新編》集有 4 篇小說寫死亡：《補天》寫女媧的累死；《採薇》寫伯夷、叔齊的餓死首陽山；《鑄劍》寫眉間尺、黑衣人為復仇而死和國王的被刺死；《起死》寫一具屍體的死而復生。

散文詩集《野草》有小飛蟲的撲火而死；散文集《朝花夕拾》寫父親的病死和友人范愛農的溺水而死。在雜文作品中，魯迅寫到了劉和珍、楊德群、左聯五烈士的死；寫到了韋素園、劉半農、楊杏佛、陶元慶等友人和學生的死。

魯迅的作品出現了墳墓、死屍、地獄、斷頭臺、鬼魂等等眾多的死亡意象。

魯迅的散文詩《墓碣文》、《淡淡的血痕中》都描寫了荒墳，《過客》中有一片開著野百合、野薔薇的墳地。雜文《寫在〈墳〉後面》多次出現「墳」意象，《廈門通信》寫魯迅在廈門墳地中悠閒的散步，並聯想到「中國全國就是一個大墓場」。魯迅還在雜文中反覆寫南京中山陵和北京「四烈土墳」的荒蕪。

短篇小說《藥》的結尾對夏瑜和華小栓墳地死一樣沉寂氣氛的描寫堪稱是文學史上描寫墳墓意象的經典，它所渲染的那種淪肌浹髓的「陰冷」，透出了令人顫慄的恐怖美來。

魯迅不少作品中橫亙著一具具僵冷的死屍，但作家盡可能地寫出這些僵

尸的多姿多彩來。散文詩《墓碣文》的死尸是「胸腹俱破，中無心肝」；「而臉上卻絕不顯哀樂之狀，但濛濛如烟然」；最後，這僵尸「在墳中坐起，口唇不動，然而說——『待我成塵時，你將見我的微笑！』」〔註101〕雜文《爲了忘卻的紀念》寫到青年作家柔石中了 10 彈的尸體；《記念劉和珍君》寫到了劉和珍和楊德群兩具傷痕累累的女尸。

　　小說《孤獨者》是這樣來寫魏連殳的尸體的：「他在不妥帖的衣冠中，安靜地躺著，合了眼，閉著嘴，口角間彷彿含著冰冷的微笑，冷笑著這可笑的死尸。」〔註102〕作家著力捕捉的是魏連殳死尸嘴上的微笑和冷笑，以此來深化他那種憤世嫉俗的個性，寫出了一種獰厲的美。

　　散文詩《失掉的好地獄》表現的是天神和魔鬼爭奪地獄統治權的戰爭。雜文《智識即罪惡》寫的是夢遊地獄的特殊經歷，出現於這個地獄中的鬼怪形狀與別處不同：除了常見的「活無常」和「死有分」外，還出現了豬頭夜叉和羊面豬頭（非牛頭馬面）等怪物；在這個大地獄中，有一個特殊的地方，名叫「油豆滑跌小地獄」，它是用來懲罰有知識的人用的。

　　魯迅在《朝花夕拾》的「後記」中，不厭其煩地比較各種書籍中的活無常、死有分等鬼怪的形象，顯示了他從童年就形成的對鬼神的怪異審美情趣。魯迅的《女弔》一文先是爲讀者充分展現了紹興迎神賽會上出現的「火燒鬼、淹死鬼、科場鬼、虎傷鬼」等鬼怪形象；接著又以大量的篇幅寫他最喜歡的鬼魂女弔的凄美外貌，以及她的「跳弔」、「討替代」的動作。

　　在中外文學史上，像魯迅這樣如此迷醉於鬼魂世界的作家恐怕也是不多見的，這也使他的不少作品具有了特殊的美學風格——「鬼氣」。

　　魯迅在雜文《智識即罪惡》中是這樣來寫幻覺中的死亡的：「半夜，我躺在公寓的床上，忽而走進兩個東西來，一個『活無常』，一個『死有分』。但我卻並不詫異，因爲他們正如城隍廟裏塑著的一般。然而跟在後面的兩個怪物，卻使我嚇得失聲，因爲並非牛頭馬面，而卻是羊面豬頭！……我沒有想完，豬頭便用嘴將我一拱，我於是立刻跌入陰府裏，……」〔註103〕

　　《野草·題辭》全力渲染的是生命瀕臨死亡時的快樂體驗：「過去的生命已經死亡。我對於這死亡有大歡喜，……死亡的生命已經朽腐。我對於這朽

〔註101〕　《魯迅全集》第 2 卷，第 202 頁。
〔註102〕　《魯迅全集》第 2 卷，第 107 頁。
〔註103〕　《魯迅全集》第 1 卷，第 372 頁。

腐有大歡喜，……」「地火在地下運行，奔突；熔岩一旦噴出，將燒盡一切野草，以及喬木，於是並且無可朽腐。」「但我坦然，欣然。我將大笑，我將歌唱。」〔註104〕魯迅用以形容死亡快樂極境的「大歡喜」是從佛教用語中借用的，它指的是修行者達到目的後感到極度滿足的一種境界。而且這段對死亡大歡喜體驗的描寫，令人想起了佛教所形容的「涅槃」境界。

散文詩《復仇》描繪的是在刀鋒上的死亡體驗：「人的皮膚之厚，大概不到半分」，「但倘若用一柄尖銳的利刃，只一擊，穿透這桃紅色的，菲薄的皮膚，將見那鮮紅的熱血激箭似的以所有溫熱直接灌漑殺戮者；其次，則給以冰冷的呼吸，示以淡白的嘴唇，使之人性茫然，得到生命的飛揚的極致的大歡喜；而其自身，則永遠沉浸於生命的飛揚的極致的大歡喜中。」〔註105〕魯迅在這裏展示的是死神對人的誘惑，展示的是利刃擊破皮膚刹那間鮮血飛濺時生命處於極端亢奮狀態的死亡情景。令人想起了荷蘭畫家梵高在創作的迷狂狀態下，割下自己的耳朵而熱血四射時的場面。

散文詩《復仇》（二）表現的是耶穌被釘殺在十字架上時，夾雜著痛苦和歡欣、大悲憫與大歡喜的死亡狀態。

散文詩《死後》奇特地寫出了人死後的感覺狀態：人死後，運動神經廢滅了，但知覺尚在，一隻螞蟻在屍體上爬，他感到癢極了，想除去它，但一點也不能動彈；一隻蒼蠅飛到死屍的臉上嗡嗡地叫著，舐著，他氣憤之極，但卻無法動手趕走它……這屍體「憤怒得幾乎昏厥過去」〔註106〕。接著寫死屍聽到過路的人們對他的種種議論和他的心理活動。到最後，這屍體在快意中想哭出來，然而也沒有淚水流下來……

魯迅爲雜文集《墳》作的題記和後記把文學創作和造墳過程兩件事聯繫在一起描寫，很值得注意。魯迅在《墳·題記》中說：收在集子中的雜文，「還有一點小意義，就是這總算是生活的一部分的痕迹。所以雖然明知道過去已經過去，神魂是無法追躡的，但總不能那麼決絕，還想將糟粕收斂起來，造成一座小小的新墳，一面是埋藏，一面也是留戀。」〔註107〕在這段表述中，魯迅意識到自己每過一天，就是向人生最後的歸宿——墳墓靠近了一步；每寫一篇作品就等於爲自己的墳墓多挖了一塊泥土，每寫一篇作品，都是把過

〔註104〕 《魯迅全集》第 2 卷，第 159 頁。
〔註105〕 《魯迅全集》第 2 卷，第 172 頁。
〔註106〕 《魯迅全集》第 2 卷，第 209～210 頁。
〔註107〕 《魯迅全集》第 1 卷，第 4 頁。

往生活的一部分埋進了墳中。總之，創作過程和爲自己掘墓的過程兩者合二爲一，每一次寫作的過程也是不斷體驗自己生命走向死亡的過程。在這裏，死亡的恐懼和歡喜已被轉化、昇華爲創作的衝動。

魯迅的愛情和性學觀念

　　如同生與死一樣，情與欲構成了生命存在中兩個互相衝突而又互爲依託的對立項。魯迅在《我們現在怎樣做父親》中說，一切生物都「免不了老衰和死亡，爲繼續生命起見，又有一種本能，便是性欲」。可見，性欲是保存和延續生命的根基。魯迅還指出：「自然界的安排，雖不免也有缺點，但結合長幼的方法，卻並無錯誤。他並不用『恩』，卻給與生物以一種天性，我們稱他爲『愛』。」〔註108〕事實上，不僅「長幼結合」是「愛」的天性使然，而且「男女結合」中同樣包含著「愛」的天性。

　　與生理性的「性欲」相比，「愛」似乎是屬於心理、精神層面的。性欲與愛情的關係是比較微妙而複雜的。一方面，情與欲是互相依存的：心理層面的「愛」以生理層面的「性」爲基礎，「情」以「欲」爲生理依據，同時又超越著「欲望」的層次。世界上恐怕只有柏拉圖式的哲學家，只有修士、老處女之類人否認愛情與性欲的必然聯繫，而倡導什麼「精神戀愛」。另一方面，情與欲又是一對互相衝突的矛盾體：屬於本能範疇的性欲是一種原始生命能量，它常常衝破和超越「愛」的束縛和規範；欲望的烈火燒毀理性的柵欄，本能的洪水衝垮意志的堤壩，這是生命存在中常見的現象。

　　在情與欲這對矛盾體中，魯迅關注得更多的是它們互爲依託、互相聯繫的一面；相比較而言，魯迅更多地談論性欲問題。中國人一直比較避諱談性（道教房中術是例外），更缺乏的是科學地、大膽地討論性問題的「勇士」（道教房中術不僅是非科學的，而且就其片面強調對女性的性掠奪來說是不道德的），即使是到了「五四」以後人們也不大理直氣壯來探討這一與自身生命攸切相關的問題。魯迅不僅對中國傳統和現實中腐朽迂闊的種種性思想和性現象進行犀利的批判，而且深刻地思考並提出了他的「新性道德」觀。

　　魯迅也在作品中談論和表現著愛情，但他並不像五四時期的其他大多數青年作家那樣縱情謳歌愛情，不斷地描寫理想化的愛情。魯迅此時已經不是

〔註108〕《魯迅全集》第 1 卷，第 131～133 頁。

羅曼諦克的青年人，作爲一個中年人，魯迅更多地表現舊傳統對現代青年的愛情追求的巨大阻力，表現美麗的愛情之花是如何被邪惡勢力扼殺的。同時，作爲一名懷疑論哲學家，魯迅不僅表現著愛情美麗動人的一面，而且還揭示了愛情的負面價值，表現了愛情的盲目性和某種虛妄性，他甚至對現實生活中的某些愛情現象進行了諷刺。這在五四時代是非常罕見的。

一、呼喚愛情、質疑愛情

如前所述，魯迅在《我們現在怎樣做父親》一文中指出了「愛」是大自然賦與一切生物的「天性」。他具體分析道：「動物界中除了生子數目太多——愛不周到的如魚類之外，總是摯愛他的幼子，不但絕無利益心情，甚或至於犧牲了自己，讓他的將來的生命，去上那發展的長途。」〔註109〕魯迅在此所涉及的是「親子之愛」；還不是本論題所討論的男女之間的愛情。

魯迅在雜文《寡婦主義》中探討了作爲一種天性的愛情的開發和利用問題，他指出：「愛情雖說是天賦的東西，但倘沒有相當的刺戟和運用，就不發達。譬如同是手腳，坐著不動的人將自己的和鐵匠挑夫的一比較，就非常明白。在女子，是從有了丈夫，有了情人，有了兒女，而後眞的愛情才覺醒的；否則，便潛藏著，或者竟會萎落，甚且至於變態。」〔註110〕魯迅上述言談只是從理論上闡述了他對愛情的一般看法。

那麼他對當時社會現實中的愛情狀況是如何評價的呢？來看魯迅發表於1919年1月的《隨感錄・四十》一文，這篇雜文引用了一位少年人以散文詩形式寫給魯迅的信。這位少年人起首便哀歎道：「我是一個可憐的中國人。愛情！我不知道你是什麼。」接著，他敘述了無愛的婚姻給自己帶來的巨大痛苦：「我年十九，父母給我討老婆。於今數年，我們兩個，也還和睦。可是這婚姻，是全憑別人主張，別人撮合：把他們一日戲言，當我們百年的盟約。仿佛兩個牲口聽著主人的命令：『咄，你們好好的住在一塊兒罷！』愛情！可憐我不知道你是什麼！」〔註111〕

這封來信使魯迅感慨萬千，他說：「愛情是什麼東西？我也不知道。中國的男女大抵一對或一群——一男多女——的住著，不知道有誰知道。」魯迅本人的婚姻就是「父母之命，媒灼之言」的產物，這番感慨透露了魯迅自身

〔註109〕《魯迅全集》第1卷，第133頁。
〔註110〕《魯迅全集》第1卷，第264頁。
〔註111〕《魯迅全集》第1卷，第321頁。

蘊積多年的內心傷痛。接著，魯迅指出了一個悲劇性的事實，即：無愛情結婚的惡果，仍在不斷的毒害著中國人；這種惡果具體表現爲：「形式上的夫婦，既然都全不相關，少的另去姘人宿娼，老的再來買妾：麻痺了良心，各有妙法。」作爲啓蒙者，魯迅對他那個時代飽嘗無愛婚姻之苦的青年人是十分同情的，他以少有的樂觀態度安慰他們道：「可是魔鬼手上，終有漏光的處所，掩不住光明：人之子醒了；他知道了人類間應有愛情；知道了從前一班少的老的所犯的罪惡；於是起了苦悶，張口發出這叫聲。」最後，魯迅向青年人大聲疾呼：「我們還要叫出沒有愛的悲哀，叫出無所可愛的悲哀。」〔註112〕

在發表《隨感錄‧四十》之前的 1918 年 5 月，魯迅在《新青年》雜誌上發表了題爲《愛之神》的新詩，該詩表現的情境是比較有趣的，一位青年人被愛神丘比特的神箭射中，卻不知道他應該去愛誰：

> 一個小娃子，展開翅子在空中，／一手搭箭，一手張弓，／不知怎麼一下，一箭射著前胸。／「小娃子先生，謝你胡亂栽培！」／但得告訴我：我應該愛誰？……〔註113〕

在詩歌主人公「我」灰諧的詢問背後，實際上隱含了他對愛情對象之缺乏的焦慮，內在地抒發了「無所可愛的悲哀」情緒。

《愛之神》和《隨感錄‧四十》都創作於五四運動之前，那時，愛情問題還很少在中國現代文學中得到表現。魯迅在這兩篇作品中抒寫「無所可愛的悲哀」，呼喚著人間的眞愛，從一個特殊的角度對大多數仍處於半沉睡狀態中的中國青年進行情感的啓蒙。五四運動以後，愛情成爲現代文學作品中壓倒一切的主旋律，不愛「趕潮」的魯迅在創作中很少再去表現愛情主題。在他一生創作的 33 篇小說中，眞正表現愛情的只有《傷逝》，另有《幸福的家庭》和《離婚》表現了現代中國人的婚姻狀態。更值得注意的是，在這些爲數不多的婚姻愛情小說裏，魯迅已經改變了五四前夕在作品中對愛情的急切呼喚態度，他更多地是以懷疑論者的目光和態度注視、表現著現代社會裏的婚姻愛情窘境。

《傷逝》是中國現代愛情文學中的奇葩。它的與眾不同之處就在於：它不像當時絕大多數愛情題材作品僅僅表現已經覺醒了的青年知識分子，如何

〔註112〕《魯迅全集》第 1 卷，第 322～323 頁。
〔註113〕《魯迅全集》第 7 卷，第 30 頁。

衝破家庭和社會的重重束縛，勇敢地向傳統婚姻道德發動挑戰，最後以幸福美滿地結合在一起作爲結局。魯迅也表現了涓生和子君在追求愛情道路上的英勇無畏，也表現這對青年男女短暫的幸福家庭生活。但魯迅超越了現代愛情文學中的「大團圓」模式，他著力表現的是涓生和子君如何由相識、相愛到同居，再由心心相印走向心靈的隔閡，最終走向感情破裂的過程。

魯迅不僅揭示了涓生、子君愛情悲劇的社會根源，而且深刻地揭示了這對青年人（實際是整整一代五四青年）自身難以克服的弱點正是造成這場悲劇的根本原因。在子君和涓生身上，都程度不同地存在著把愛情絕對理想化的「愛情至上」傾向，只是涓生覺醒得更早一些罷了。子君在追求美好的愛情上是非常勇敢、非常令人肅然起敬的，她以大無畏的語調說出了「我是我自己的，他們誰也沒有干涉我的權利！」這樣的愛情宣言。但子君又是盲目的，愛情的溫馨使她閉上了雙眼，而未能正視現實的殘酷。她和涓生一樣，「大半年來，只爲了愛，——盲目的愛，——而將別的人生的要義全盤疏忽了。」他們忽視了一個最基本的道理，即「人必生活著，愛才有所附麗」〔註114〕。他們像是一對久居籠中的鳥兒，已經差不多忘記了如何扇動自己的翅膀，向著藍天作眞正自由的翱翔。

在五四時期，人們更多地把青年男女愛情悲劇歸因於傳統倫理道德和社會黑暗勢力的阻礙，魯迅卻能如此深刻地揭示涓生、子君悲劇中他們自身的弱點，揭示人性普遍的局限，顯示了清醒的現實主義者對愛情問題深邃的洞察力。

有一個細節值得讀者注意：《傷逝》的寫作時間是 1925 年 10 月 21 日；而據專家考證，魯迅與許廣平在這一年的端午節（公曆 6 月 25 日）正式確立了愛情關係〔註115〕。從那以後，魯迅陷入了二難選擇境地中，他當時的情緒和思想難免會帶入他的創作中。儘管魯迅在 1926 年 12 月 29 日寫給韋素園的信中聲稱《傷逝》寫的不是他本人的事〔註116〕，但我們未嘗不可以把這篇小說與魯迅當時的處境進行對讀，我們甚至可以把這篇小說看作是魯迅對自己與許廣平未來愛情進程的一種藝術構想。需要強調的是，魯迅和許廣平 1927年後在上海共同生活採取的是同居的方式，這與《傷逝》主人公是一致的；

〔註114〕《魯迅全集》第 2 卷，第 121 頁。
〔註115〕王得後：《〈兩地書〉研究》，天津人民出版社，1982 年版，第 324 頁。
〔註116〕《魯迅全集》第 11 卷，第 520 頁。

並且他們曾約定，如果有一天兩人沒法處下去了，那就各走各的路，這也是《傷逝》主人公的結局。

小說集《徬徨》中還有兩篇表現婚姻生活的作品值得注意。《離婚》表現的是舊式家庭中一位貌似具備了現代女權思想的婦女的反抗。作品女主角愛姑生性潑辣、敢作敢爲。當丈夫有了外遇後，她上演了一場大鬧天宮式的反對離婚的戲劇。然而，在城裏來的七大人的屁塞、鼻烟及其「來兮」面前，愛姑像是如來佛手中的孫悟空，最終還是被鎮住了，她只好答應離婚。事實上，愛姑仍是不覺悟的舊式婦女，她與丈夫的關係已名存實亡，卻爲了維護自己和娘家人的體面而竭力反對離婚。她從反方向證明，眞正以愛情爲基礎的現代婚姻的建立仍是很遙遠的夢。

短篇小說《幸福的家庭》更是以反諷的語調描寫了現代婚姻的尷尬局面。作品的男女主人公曾經是有理想、有追求的現代青年，然而結婚以後，繁鎖、平庸的家庭生活消解了他們想像中的羅曼蒂克夢境，他們爲一家三口衣食住行整天操勞著。男主人公是一名能寫幾篇文章的現代知識分子，他想通過寫小說來換取一點稿費。他費盡心思，按照那個時代青年的時尙，試圖表現一個幸福家庭的美滿生活。於是魯迅展現了作品主人公現實的家庭和他作品中理想的家庭強烈的對比和反照：這裏有白菜堆、劈柴、擁擠不堪的小平房與盛宴、佳肴、寬闊敞亮的大洋房的對照；有滿屋煤烟味與高雅的文學氣氛的對照；有一天到晚念叨「劈柴用完了，白菜沒有了」的粗俗妻子與滿口洋文、談吐文雅的摩登妻子的對比……這一系列的諷刺性對照描寫暗示讀者：幸福的家庭只存在於文學作品中，現實生活裏的家庭生活便是這般由柴米油鹽的煩惱和瑣碎構成的。

《野草》中的《我的失戀》一詩甚至用「打油詩」的方式直接諷刺現代社會的愛情時尙。魯迅在《〈野草〉英文譯本序》中介紹說，他「因爲諷刺當時盛行的失戀詩，作《我的失戀》」〔註117〕。他又在《我和〈語絲〉的始終》一文中介紹說這篇作品「不過是三段打油詩，……是看見當時『阿呀阿唷，我要死了』之類的失戀詩盛行，故意作一首用『由她去罷』收場的東西，開開玩笑的。」〔註118〕值得注意的是魯迅是以開玩笑的幽默態度來寫失戀，而這種幽默又是通過表現不協調、不合乎常規的動作而獲得的。按照傳統的愛

〔註117〕《魯迅全集》第 4 卷，第 356 頁。
〔註118〕《魯迅全集》第 4 卷，第 166 頁。

情習慣，戀人之間互贈禮品是很鄭重其事的，《詩經》有「投我以木桃，報之以瓊瑤」的描寫。但魯迅卻成心開玩笑，在他的《我的失戀》中，女主人公贈給愛人百蝶巾、雙燕圖、金表索、玫瑰花，男主人公卻回送給對方貓頭鷹、冰糖壺盧、發汗藥、赤煉蛇。最後，男主人公終於因自己「嬉皮士」式的態度惹惱了女方，並失去了戀人，但他並不在乎。在詩的最後，他故意裝傻：「從此翻臉不理我，不知何故兮——由她去罷。」〔註119〕

當然，並不是魯迅不珍惜愛情，他只不過是看不慣社會上和文學作品中感情的泛濫罷了，像這首打油詩所諷刺的那種矯情的確是比較肉麻的，給予諷刺並不爲過。魯迅、許廣平兩人合寫的《兩地書》的情感表達方式值得注意，他們盡量避免肉麻的言詞，盡量克制感情的渲染，這是飽經風霜的中年人的抒情方式。

魯迅甚至注意到了愛情的某些負面價值。他在 1925 年 4 月 11 日致趙其文的信中說：散文詩《過客》表達的是反抗絕望，「但這種反抗，每容易蹉跌在『愛』——感激也在內——裏，所以那過客得了小女孩的一片破布的布施也幾乎不能前進了。」〔註120〕他在同年 4 月 8 日致趙其文的信裏說：「你的善於感激，是於自己有害的，使自己不能高飛遠走。我的百無所成，就是受了這癖氣的害。」〔註121〕

在魯迅和許廣平之間真誠的愛情中，這種負面效果同樣存在。從魯迅一方來說，他害怕自己與許廣平的戀愛在社會上公開後，會影響自己已有的地位和名聲，他害怕流言，成了「流言的囚人」。從許廣平一方來說，爲了照顧魯迅，她必須作出許多的讓步和犧牲。定居上海後，許廣平想找一份工作，但魯迅請求她留在家裏，照料他的生活，協助他進行文學創作，她只好打消外出工作的念頭〔註122〕。可見愛情雙方不僅有真誠的奉獻，同樣有不容易察覺的互相牽制，甚至是互相掠奪。總之，愛情有時會使人不能大膽行事，使人不能高飛遠走。

婚姻是愛情的延續。魯迅對現代婚姻問題很少直接發表意見，只是在與朋友、學生的通信中有所涉及。1928 年 4 月 9 日，魯迅在寫給青年朋友李秉中的信中討論過婚姻的利弊，他認爲，結婚可以解決禁欲之苦；但是「結

〔註119〕《魯迅全集》第 2 卷，第 169～170 頁。
〔註120〕《魯迅全集》第 11 卷，第 442 頁。
〔註121〕《魯迅全集》第 11 卷，第 440 頁。
〔註122〕 許廣平：《許廣平憶魯迅》，廣東人民出版社，1979 年版，第 262 頁。

婚之後，也有大苦，有大累，怨天尤人，往往不免。」〔註123〕魯迅在 1930
年 5 月 3 日致李秉中的信中又寫道：「愛與結婚，確亦天下大事，由此而定，
但愛與結婚，則又有他種大事，由此開端，此種大事，則爲結婚之前，所
未嘗想到或遇見者，然此亦人生所必經（倘要結婚），無可如何者也。未婚
之前，說亦不解，既解之後，──無可如何。』」〔註124〕李秉中結婚後，遇
到一些麻煩，於是寫信向魯迅訴苦。魯迅於 1930 年 9 月 3 日給他回信說：
「來信收到。結婚之後，有所述的現象，是必然的。理想與現實，一定要衝
突。」〔註125〕

　　魯迅對婚姻的此番評價，既是他長期觀察現代婚姻生活的結果，也可以
看作是對他本人家庭生活的總結（魯迅寫這幾封信時，已與許廣平同居了幾
年）。

二、對傳統性道德、性文化的批判

　　性欲是與愛情、婚姻密切相關的範疇。中國正統文人一直小心翼翼地避
開這個話題，即使到了五四時期，人們還很不習慣坦率地談論這個問題，周
氏兄弟是當時深入地探討這一問題的作家。魯迅在他的創作中，不僅對傳統
的性道德、性文化進行了批判，而且還提出了自己新的性道德觀；此外，他
還探討了文學藝術中的性問題。

　　中國傳統的性道德是典型的男權道德，它們基本上是針對女性而言的，
對男性很少有約束。它們與國家權力話語相結合，幾千年來對女性實施著
殘酷的精神和肉體的掠奪。「五四」時期，對中國傳統男權意識支配下的性
道德的批判，構成了魯迅等啓蒙思想家對中國傳統文化批判的重要組成部
分。魯迅對傳統的貞節觀、「女禍論」的狙擊，他向著針對女性的性歧視、性
隔離和性變態等現象所進行的深刻批判，堪稱是現代中國婦女解放運動的
「福音」。

　　「五四」時期，對中國傳統的「貞節觀」批判得最爲有力、最爲徹底的
文章，恐怕當屬魯迅創作於 1918 年 7 月的《我之節烈觀》了。在文章中，魯
迅首先介紹了道學家們對「節烈」的界說：「據時下道德家的意見，來定界
說，大約節是丈夫死了，決不再嫁，也不私奔，丈夫死得愈早，家裏愈窮，

〔註123〕《魯迅全集》第 11 卷，第 619 頁。
〔註124〕《魯迅全集》第 12 卷，第 15～16 頁。
〔註125〕《魯迅全集》第 12 卷，第 21 頁。

他便節得愈好。烈可是有兩種：一種是無論已嫁未嫁，只要丈夫死了，他也跟著自盡；一種是有強暴來污辱他的時候，設法自戕，或者抗拒被殺，都無不可。」

其次，魯迅簡要地描述了節烈現象的起源和演變過程。他指出：「古代社會，女子多當作男人的物品。或殺或吃，都無不可；男人死後，和他喜歡的寶貝，日用的兵器，一同殉葬，更無不可。」在這裏，魯迅考察了父系氏族社會以來的歷史，描述了野蠻的「殉葬」習俗，實際上，「殉葬」便是後來節烈現象的最初源頭。他進一步指出：「後來殉葬的風氣，漸漸改了，守節便也漸漸發生。由漢至唐也並沒有鼓吹節烈。直到宋朝，那一班『業儒』的才說出『餓死事小失節事大』的話……此后皇帝換了幾家，守節思想倒反發達。皇帝要臣子盡忠，男人便要女人守節。到了清朝，儒者真是愈加屬害。看見唐人文章時有公主改嫁的話，也不免勃然大怒道，『這是什麼事，你竟不為尊者諱，這還了得！』魯迅發現了這樣的獨特歷史現象，即：「國民將到被征服的地位，守節盛了；烈女也從此看重。」他進一步分析：「然而自己是被征服的國民，沒有力量保護，沒有勇氣反抗了，只好別出心裁，鼓吹女人自殺。……他便待事定以後，慢慢回來，稱讚幾句」；同時再去娶別的女人，便都完事。中國男權社會的自私、卑劣、怯懦經魯迅的揭露而暴露無遺。

再次，魯迅對「節烈現」提出了種種的質疑和反駁，認為男人提倡節烈是一種不道德的行為，「道德這事，必須普遍，人人應做，人人能行，又於自他兩利，才有存在的價值」。婦女遇到強暴後，男人們（包括丈夫、父兄、鄰居、文人、道德家、統治者等等）不羞於自己的無力保護女子，不提如何懲治暴徒（也是男人），只會議論婦女是否節烈，這是非常不道德的（「道德家」不道德——這是一個有趣的悖論）。魯迅同時又指出，男人大多奉行多妻主義，卻極力要求女子從一而終，他們將自己不能遵守的貞節強加到婦女身上，這些不道德的多妻主義者是沒有表彰婦女節烈的資格的。魯迅揭示了一個事實：「即如失節一事，豈不知道必須男女兩性，才能實現」；社會輿論卻「專責女性」，「至於破人節操的男子，以及造成不烈的暴徒，使都含糊過去」。男權社會的醜陋就在於：節烈了，女人受表彰，男人不問責任；不節烈了，女人該受罪，男人無事。魯迅就是這樣充分展示了節烈觀這一男性社會權力話語的虛偽、卑劣的本質。

最後，魯迅向全體中國國民倡議：從此後，人人都應除去虛偽、殘暴，除去製造並賞玩婦女痛苦的節烈觀，讓人人都能夠去享受人類「正當的幸福」〔註126〕。

一部中國戰爭史，可謂是一部中國婦女飽受性虐待和迫害的歷史。魯迅在雜文《再論雷峰塔的倒掉》中指出，人們只要翻翻各地的縣志，便不難發現「每一次兵燹之後，所添上的是許多烈婦烈女的氏名。看近來的兵禍，怕又要大舉表揚節烈了罷。許多男人們都那裏去了？」〔註127〕他一方面對飽受兵災之苦的中國婦女寄予了深切的同情；另一方面也譴責了男人們的怯懦。

魯迅的雜文《堅壁清野主義》繼續討論著同一話題。他指出，自從宋代以來，中國男子在太平或還能苟安的時代，便向女子「儼然地教貞順，說幽嫻」；等到天下大亂，暴力襲來了，男人們便教她們做烈婦、烈女〔註128〕。這便是中國傳統文化中的「女教」，「女教」從根本上說是一種扼殺婦女自然本性，掠奪她們的青春和生命的男性社會的權力話語。

節烈、貞節觀在中國社會生活中四處彌漫開來，造成了許多令人啼笑皆非的滑稽現象，僅舉中醫的「藥引」為例。魯迅在《吶喊‧自序》中提到了紹興中醫所開藥引的「奇特性」：冬天的蘆根，經霜之年的甘蔗，還有「原對」的蟋蟀。「原對」的蟋蟀是怎麼回事？再看《父親的病》中的描述：紹興「名醫」給魯迅重病的父親開的「藥引」裏就有「蟋蟀一對」這一種，並且這位「名醫」總要在藥方上旁注小字道：「要原配，即本在一窠中者。」這簡直太荒唐了，人們甚至以人類的貞節觀來苛求蟋蟀等小動物，「似乎昆蟲也要貞節，續弦或再醮，連做藥資格也喪失了」〔註129〕。魯迅由此悟出中醫有意、無意都是一些騙子的道理來。

與貞節觀相關的是「女禍論」。自從人類進入男權社會（父系社會）後，婦女便成了各種宗教、哲學學說歧視甚至仇視的對象，它們大多都把女性看作是危害社會的禍水。魯迅在《關於女人》一文中指出：「一切國家，一切宗教都有許多稀奇古怪的規條，把女人看作一種不吉利的動物，威嚇她，使她奴隸般地服從；同時又要她做高等階級的玩具。正像現在的正人君子：他們

〔註126〕《魯迅全集》第 1 卷，第 117～125 頁。
〔註127〕《魯迅全集》第 1 卷，第 193 頁。
〔註128〕《魯迅全集》第 1 卷，第 258 頁。
〔註129〕《魯迅全集》第 2 卷，第 286 頁。

罵女人奢侈，板起面孔維持風化，而同時正在偷偷地欣賞著肉感的大腿文化。」
〔註130〕的確，世界上的主要宗教，如佛教、伊斯蘭教、基督教、道教，都或
者把婦女看作是「禍水」，或者把她們當作「玩物」，很少能夠把她們當作與
男人平等的「人」看待。

中國主流意識形態儒學的創始人孔子，便是一名十分歧視婦女的哲學
家，他曾在《論語・陽貨》中說過：「唯女子與小人爲難養也，近之則不遜，
遠之則怨。」〔註131〕魯迅在雜文《關於婦女解放》中引用了這一看法，並反
問道：「女子與小人歸在一起，但不知道是否也包括了他的母親。」他接著說
道：「後來的道學先生們，對於母親，表面上總算是敬重的了，然而雖然如此，
中國的爲母的女性，還受著自己兒子以外的一切男性的輕蔑。」〔註132〕

西方哲學家古代的不提，單是近現代就出現了叔本華、尼采、華寧該爾
等一批極端仇視女性的哲學家。尼采曾在一首詩中寫道：是去見女人嗎？別
忘了帶上皮鞭；他又曾攻擊那些爲女性不平等地位作辯護的男性哲學家和文
學家爲「被閹割了的公驢」。叔本華一生反對婦女解放，曾著有《婦女論》一
書，攻擊婦女的「虛僞」、「愚昧」，指責他們無是非之心云云。有趣的是，他
死後，人們在他的書籍裏發現了醫治梅毒的藥方。

奧地利學者華寧該爾（1880～1903），更是極端仇視女性，他曾寫有《性
和性格》一書，認爲女性是虛僞、說謊的動物，力圖證明婦女的地位應該比
男人低。魯迅在雜文《「碰壁」之餘》提到華寧該爾時說道：「他的痛罵女人，
不但不管她是校長，學生，同鄉，親戚，愛人，自己的太太，太太的同鄉，
簡直連自己的媽都罵在內。」〔註133〕一個連自己的母親都不放在眼裏的男人，
自然是不會尊敬其他女性的。

魯迅對婦女的同情，爲婦女受歧視地位的辯護在 20 世紀中國是應該眞正
值得珍視的人道主義遺產。魯迅爲現代婦女解放所作的最大貢獻在於他徹底
解構了壓迫中國婦女幾千年的「女禍論」，顚覆了一切強加到婦女頭上的男性
權力話語。

中國古代歷史經歷了幾十次的改朝換代，男性統治者江山不保，卻把亡
國責任全推給了女人。打開中國歷史，不難發現，許多王朝的滅亡總跟女人

〔註130〕《魯迅全集》第 4 卷，第 516 頁。
〔註131〕《諸子集成》第 1 冊，上海書店，1986 年版，第 386 頁。
〔註132〕《魯迅全集》第 4 卷，第 597 頁。
〔註133〕《魯迅全集》第 3 卷，第 117 頁。

扯在一起。據說夏桀因為寵幸妃子妹喜，商紂王因狐狸精妲己魅惑，周幽王因為寵幸妃子褒姒，招致了三朝的滅亡。唐代大詩人杜甫曾在《北征》中寫道:「不聞夏殷衰，中自誅褒妲。」〔註 134〕可見，偉大的詩人杜甫也不能免俗，他同樣把王朝覆滅的原因歸結到女人身上。至於「西施沼吳」、「楊妃亂唐」的傳說在中國更是家喻戶曉。總之，在正統的封建文化人和統治者眼中，女性被看作了亡國滅種的「禍水」。

　　魯迅在《華蓋集·補白》（三）中指出了中國男人對婦女兩種互相矛盾的心態，即他們把婦女看得很低賤，又把她們看得太高大、太了不起了。魯迅在本文中舉「木蘭從軍」、「緹縈救父」兩個典故來說明男人在守衛不了家園時，便把救國希望寄託到女人身上的惡習〔註 135〕。

　　其實，女性既不是「禍水」，也不是「救星」，她們是人。魯迅在《女人未必多說謊》一文中從妲己到楊貴紀的遭遇總結了一個看法，即:「女人的替自己和男人伏罪，真是太長遠了。」他在文中還引用一首五代詩:「君王城上豎降旗，妾在深宮那得知？二十萬人齊解甲，更無一個是男兒!」〔註 136〕這首詩揭露了一個歷史事實，即:亡國的責任在於男性的君王，而不是被鎖在深宮中的皇后、妃子和宮女，亡國後真正值得譴責的是那些丟盔卸甲的男人，而不是拿綉花針的女子。魯迅在《我之節烈觀》中代婦女抱不平:人們把「歷史上亡國敗家的原因，每每歸咎女子。糊糊塗塗的代擔全體的罪惡，已經三千多年了。」〔註 137〕

　　魯迅在《阿金》一文中分析了男性「神化」女人的這一特殊現象，他指出:「我一向不相信昭君出塞會安漢，木蘭從軍就可以保隋；也不信妲己亡殷，西施沼吳，楊妃亂唐的那些古老話。我以為在男權社會裏，女人是決不會有這種大力量的，興亡的責任，都應該男的負。但向來的男性的作者，大抵將敗亡的大罪，推在女性身上，這真是一錢不值的沒有出息的男人。」〔註 138〕

　　總之，由於權力話語是掌握在男人手裏，女人已喪失了開口說話的權力、讀書識字的權力，因此，即使把所有人間罪惡全歸因於她們，婦女也有口難

〔註 134〕　蕭滌非:《杜甫詩選注》，人民文學出版社，1981 年版，第 91 頁。
〔註 135〕　《魯迅全集》第 3 卷，第 105 頁。
〔註 136〕　《魯迅全集》第 5 卷，第 425～426 頁。
〔註 137〕　《魯迅全集》第 1 卷，第 123 頁。
〔註 138〕　《魯迅全集》第 6 卷，第 201 頁。

辯和有口不知如何自辯，甚至出現了東漢的班昭這樣積極參與男性歧視、詆毀女性的「女聖人」。

　　既然女人是禍水，把她們隔離起來便不失為一種有效的「防禍」措施；既然女人是男人財產中的一種，爲了防止她們被盜或受損（即失貞），把自己的女人收藏起來便是天經地義的事——這便是幾千年來中國男人的基本邏輯。魯迅對男權社會的性隔離現象作了犀利的批判。

　　我們曾聽說過歐美和南非的種族隔離政策，而「性隔離」這一名詞可能聽起來有些陌生。事實上，中國古代社會，一直到魯迅那個時代，女性往往像有色人種那樣被遠遠地與男性社會隔離開來。用《禮記・內則》的話說，就是「男子居外，女子居內」；「七年，男女不同席，不共食。」〔註139〕《孟子・離婁》更明確提出「男女授受不親，禮也。」〔註140〕這一切歸結起來就是要設置「男女之大防」。

　　講究「男女之大防」，把男女隔離起來，這是封建統治者和文人發明的，但對普通百姓也頗有影響。譬如阿Q是一名上無一片瓦、下無一分地的窮人，但他對於男女問題的看法也是「樣樣合於聖經賢傳的」，「他對於『男女之大防』卻歷來非常嚴」；阿Q的「學說」是：「凡是尼姑，一定與和尚私通；一個女人在外面走，一定想引誘野男人，一男一女在那裏講話，一定要有勾當了。爲懲治他們起見，所以他往往怒目而視，或者大聲說幾句『誅心』話，或者在冷僻處，便從後面擲一塊石頭。」〔註141〕

　　封建禮教的森嚴壁壘不僅體現在社會上，而且也體現在家庭內部。封建家庭內部也恪守「男女之大防」之古訓，魯迅在《堅壁清野主義》一文中就提到明朝著名的道學家霍渭厓是如何在家中分隔男女人等的。霍渭厓（1487～1540），官至嘉靖朝禮部尚書，他著的《家訓》中有《合爨男女異路圖說》，圖中以紅、黑兩色標明分隔男女進出所走的路。魯迅諷刺說：「至於一到名儒，則家裏的男女也不給容易見面。」〔註142〕

　　中國禮教講究男女隔離到了極端，卻也給人們造成了意想不到的麻煩。在道學家們看來，「講究男女之大防」的原則甚至也適合於父女、母子關係上；在日常生活中，這也許能夠做到，但一到特殊情境下就犯難了。著名的「百

〔註139〕《四書五經》中冊，中國書店，1985年版，第161頁。
〔註140〕《諸子集成》第1冊，上海書店，1986年版，第306頁。
〔註141〕《魯迅全集》第1卷，第499～500頁。
〔註142〕《魯迅全集》第1卷，第257頁。

孝故事」曹娥投江尋找父親尸體的故事就著實令道學家們十分尷尬。據《後漢書・孝女曹娥傳》記載:「孝女曹娥,會稽上虞人也。父盱,能絃歌,爲巫祝。漢安二年五月五日,於縣江沂濤迎婆娑神,溺死,不得尸骸。娥年十四,乃沿江號哭,晝夜不絕聲,旬有七日,遂投江而死。」〔註143〕又據三國魏邯鄲淳所作的《曹娥碑》碑文說:曹娥「經五日抱父尸出」〔註144〕。這個故事本來是很感人的,然而一個「抱」字卻與封建禮教的男女隔離教義相違背。魯迅在《朝花夕拾・後記》中記錄過曹娥故事的這樣一個版本:「死去的曹娥,和她父親的尸體,最初是面對面抱著浮上來的。然而過往行人看見的都發笑了,說:哈哈!這麼一個年青姑娘抱著這麼一個老頭子!於是那兩個死尸又沉下去了;停了一刻又浮起來,這回是背對背的負著。」魯迅深有感慨地寫道,「在禮義之邦裏,連一個年幼——嗚呼,『娥年十四』而已——的死孝女要和死父親一同浮出,也有這麼艱難!」〔註145〕

　　魯迅還注意到這樣的有趣現象,即:古代的宣講孝義的畫冊《百孝圖》和《二百卅孝圖》每當處理曹娥的故事時,都很「明智」地不去畫曹娥與父親死尸相接觸的場面,所畫的是曹娥還未跳入江中,只在江邊啼哭的情景,而近代畫家吳友如創作的《二十四孝圖》畫的正是兩具尸體一同浮出水面的一幕,不過是畫作父女兩人「背對背」的情景。中國人活得不容易,死後也很麻煩,死人也得時刻提防自己的姿態,以免有違男女隔離之古教義。

　　中國古人活得這麼累,現代人總該活得輕鬆一點吧!未必!現代中國的統治集團和道學家們同樣在提倡和實施著男女隔離教義。魯迅認爲中國社會自從近代以來一直在推行著「堅壁清野主義」和「寡婦主義」來隔絕男女兩性。

　　魯迅在雜文《寡婦主義》中指出,清末民初,一些教育家在中國教育界推行「賢母良妻主義」,然而主持教育的女教育家多半是獨身者,他們有著「寡婦」或「擬寡婦」式的心態。正像魯迅文中所描述的一樣,這些寡婦式的教育家對青春女性實施性隔離政策:「見一封信,疑心是情書了;聞一聲笑,以爲是懷春了;只要男人來訪,就是情夫;爲什麼上公園呢,總該是赴密約。」魯迅認爲,在這種「寡婦式」教育環境下,許多女子,都要「失其

〔註143〕《二十五史》第2冊,上海古籍出版社,1986年版,第286頁。
〔註144〕轉引自《魯迅全集》第2卷,第336頁注釋14。
〔註145〕《魯迅全集》第2卷,第324頁。

活潑的青春」,「個個心如古井,臉若嚴霜」,「成為精神上的『未字先寡』的人物」〔註146〕,這是很可怕的事。

魯迅在《堅壁清野主義》一文中提到 1925 年北京市教育當局禁止女學生去娛樂場所的新聞,這就是現代生活中典型的性隔絕事例。1925 年 11 月 14 日北京《京報》訊:北京教育當局因本地公園多次發生「有傷風化情事」,下令「各女學校學生遊逛,亟應取締。」〔註147〕魯迅把這種教育方式稱作「堅壁清野主義」。

到了 1934 年,廣東出現了這樣有趣的事:這年 7 月,國民黨廣東艦隊司令張之英等人向廣東省政府提議禁止男女同場游泳,該提議曾由廣州市公安局通令實施。同時,又有道學家黃維新,開列了隔離男女的 5 項措施,呈請國民黨廣東政治研究會採用。具體方法是:(一)禁止男女同車;(二)禁止酒樓茶肆男女同食;(三)禁止旅客男女同住;(四)禁止軍民人等男女同行;(五)禁止男女同學同演影片,並分男女遊樂場所〔註148〕。

魯迅在雜文《奇怪》中把上述新聞當作「怪事」看待,並用極其辛辣的筆調諷刺了對男女的分隔行為,他寫道:「這樣看來,我們的古人對於分隔男女的設計,也還不免是低能兒;現在總跳不出古人的圈子,更是低能之至。不同泳,不同行,不同食,不同做電影,都只是『不同席』的演義。低能透頂的是還沒有想到男女同吸著相通的空氣,從這個男人的鼻孔裏呼出來,又被那個女人從鼻孔裏吸進去,淆亂乾坤,實在比海水只觸著皮膚更為嚴重。」魯迅用邏輯學上的歸謬法徹底戳穿了男女隔離政策的荒誕性。接著,他用幽默的筆調勾勒了這樣荒誕的社會場景:為了防止男女互相吸進對方呼出的空氣,當局應該給每人配備一個防毒面具,一個氧氣箱子,「既免拋頭露面,又兼防空演習」,煞是好看〔註149〕。

更荒唐的是,有人認為不僅人類中的男女兩性要隔開,而且連雌雄動物與人類男女若不分開也可能有傷風化。魯迅的雜文《華德保粹優劣論》就引用過一段「查禁女人養雄犬」的奇聞。1933 年,北京市社會局呈請市政府查禁女人養雄犬文寫道:「……查雌女雄犬相處,非僅有礙健康,更易發生無恥穢聞,揆之我國禮義之邦,亦為習俗所不許,謹特通令嚴禁」云云。魯迅

〔註146〕《魯迅全集》第 1 卷,第 265~266 頁。
〔註147〕引自《魯迅全集》第 1 卷,第 260 頁注釋 4。
〔註148〕引自《魯迅全集》第 5 卷,第 543 頁注釋 3。
〔註149〕《魯迅全集》第 5 卷,第 542 頁。

在文中感歎道：「中華也是誕生細針密縷人物的所在，有時眞能夠想得入微……」〔註150〕

其實，這種性幻想才是眞正的有傷禮義之邦的面子，才眞正是無恥的。魯迅在雜文《馬上支日記》中寫道：中國人的不正經，「倒在自以爲正經地禁止男女同學，禁止模特兒這些事件上」〔註151〕。

女人與雄犬相處，道學家、政客們便會想到人畜雜交的景象，他們的性想像力的確太豐富了。不僅道學家如此，中國民族從整體上都富於性幻想。魯迅對人們過度發達的性幻想及其性變態心理進行了深入的剖析。

魯迅在《小雜感》一文中寫道：中國人「一見短袖子，立刻想到白臂膊，立刻想到全裸體，立刻想到生殖器，立刻想到性交，立刻想到雜交，立刻想到私生子。中國人的想像惟在這一層能夠如此躍進。」〔註152〕

這其中，文人學士的性想像尤爲發達，這可以從 1922 年詩集《蕙的風》事件中窺見一斑。這年 8 月，汪靜之的詩集《蕙的風》出版後，南京東南大學學生胡夢華發表文章，攻擊其中的一些情詩是「墮落輕薄」的作品，「有不道德的嫌疑」，他根據汪靜之的詩句「我一步一回頭瞟我意中人」，便認爲詩集是與《金瓶梅》一樣的淫書（《金瓶梅》卷首有「意中人」字樣）。魯迅在《反對「含淚」的批評家》一文中指出，「我以爲中國之所謂道德家的神經，自古以來，未免過敏而又過敏了，看見一句『意中人』，便即想到《金瓶梅》，看見一個『瞟』字，便即穿鑿到別的事情上去。」〔註153〕

魯迅的小說《阿 Q 正傳》和《肥皂》對上至封建衛道士，下至貧民百姓的性幻想都進行了諷刺性的表現。《阿 Q 正傳》「革命」一章敘述阿 Q 白天在未莊街上做完造反遊行壯舉後，夜裏回到土谷祠睡下，頭腦仍處於高度亢奮狀態，他在夢中見到了革命勝利後瓜分勝利成果的情景，其中一幕是寫阿 Q 瓜分女人的性幻想：「趙司晨的妹子眞醜。鄒七嫂的女兒過幾年再說。假洋鬼子的老婆會和沒有辮子的男人睡覺，嚇，不是好東西！秀才的老婆是眼胞上有疤的。……吳媽長久不見了，不知道在那裏，——可惜腳太大。」〔註154〕阿 Q 的性幻想濃縮了一部中國農民造反、起義成功後掠奪財物、瓜分女人的

〔註150〕　《魯迅全集》第 5 卷，第 210～211 頁。
〔註151〕　《魯迅全集》第 3 卷，第 331 頁。
〔註152〕　《魯迅全集》第 3 卷，第 533 頁。
〔註153〕　《魯迅全集》第 1 卷，第 403 頁。
〔註154〕　《魯迅全集》第 1 卷，第 515 頁。

歷史，也證實了中國下層民眾性想像力的豐富多彩。

短篇小說《肥皂》通過展示四銘的性幻想來揭穿現代道學家們的虛僞面目。四銘是位正人君子，他最痛恨的對象是剪了頭髮的女學生。他對太太說：「女人一陣一陣的在街上走，已經很不雅觀的了，她們卻還要剪頭髮。我最恨的就是那些剪了頭髮的女學生，我簡直說，軍人土匪還情有可原，攪亂天下的就是她們，應該很嚴的辦一辦……」有一天，四銘上街見到了祖孫兩位女乞丐，孫女是一個十八、九歲的大姑娘，這位姑娘情願自己餓肚皮而把一點點食物留給她的瞎了雙眼的老祖母吃。四銘認爲她是一位孝女。然而卻有兩個游手好閒的光棍打起這位孝女的主意來，其中一位說：「阿發，你不要看得這貨色髒。你只要去買兩塊肥皂來，咯支咯支遍身洗一洗，好得很哩！」這「咯支咯支」聲刺激和引發了四銘的性想像，他不由自主地到商店中，高價買來了一塊葵綠色的香皂來。從此，這塊小小的香皂不斷成爲引發四銘性幻想的觸媒。他從外面回家後，專看太太的脖子，看得太太臉上發熱。後來，他一直悶悶不樂，便對兒子大發脾氣，其實他心裏一直惦記著白天在街上看到的女丐。他的太太看出了他的那點心思，她讓四銘不必如此假模假式地教訓兒子：「他如果能懂事，早就點了燈籠火把，尋了那孝女來了。好在你已經給她買好了一塊肥皂在這裏，只要再去買一塊……」四銘趕緊辯解說他沒有光棍們那心思。四銘太太反駁說：「不見得。只要再去買一塊，給她咯支咯支的遍身洗一洗，供起來，天下也就太平了。」「這眞是什麼話？你們女人……」四銘支吾著說。四銘太太仍不饒過他：「我們女人怎麼樣？我們女人，比你們男人好得多。你們男人不是罵十八九歲的女學生，就是稱讚十八九歲的女討飯：都不是什麼好心思。『咯支咯支』，簡直是不要臉！」〔註 155〕在太太言辭鋒利的詰問面前，四銘內心醜陋、骯髒的性心理徹底暴露在光天化日之下。

與性幻想有關的是性變態現象。可以說性幻想是性變態、性壓抑的副產品。魯迅在《寡婦主義》中集中討論了性壓抑的形式和對人的精神狀況的影響。他說：「至於因爲不得已而過著獨身生活者，則無論男女，精神上常不免發生變化，有著執拗猜疑陰險的性質者居多。歐洲中世的教士，日本維新前的御殿女中（女內侍），中國歷代的宦官，那冷酷險狠，都超出常人許多倍。別的獨身者也一樣，生活既不合自然，心狀也就大變，覺得世事都

〔註 155〕《魯迅全集》第 2 卷，第 47～51 頁。

無味，人物都可憎，看見有些天眞歡樂的人，便生恨惡。尤其是因爲壓抑性欲之故，所以於別人的性底事件就敏感，多疑；欣羨，因而妒嫉。」〔註156〕魯迅這番分析是非常深刻的，在某種程度上，它也鎔鑄了魯迅本人的情感體驗。

據魯迅本人在《答有恒先生》一文中透露，他在廈門大學任教時，反對他的人攻擊他「因爲看見別人的家眷來了，心裏不舒服」〔註157〕。魯迅自然不願承認這一點。但他在1926年11月21日寫給章廷謙的信中介紹廈門大學的狀況時說：「我看凡有夫人的人，在這裏都比別人和氣些。」而他自己經常一人在電燈下孤坐，「越想越火冒」〔註158〕。看得出，魯迅當時與許廣平分居兩地，情感上是頗受壓抑的。

正是因爲飽受沒有愛情生活的痛苦，魯迅1928年4月9日在寫給青年朋友李秉中的信中說：「但據我個人意見，則以爲禁欲，是不行的，中世紀之修道士，即是前車。但染病，是萬不可的。十九世紀末之文藝家，雖曾贊頌毒酒之醉，病毒之死，但贊頌固不妨，身歷卻是大苦。於是歸根結蒂，只好結婚。」〔註159〕

魯迅在《上海的少女》一文中揭示了上流社會的性變態頃向：「在人類中的富戶豪家，也一向以童女爲侍奉，縱欲，鳴高，尋仙，採補的材料，恰如食品的饜足了普通的肥甘，就想乳豬芽茶一樣。」〔註160〕

魯迅也在《論「赴難」和「逃難」》一文中提到了現代中國軍人變態的性心理：「有一回，對著請願的學生畢畢剝剝的開槍了，兵們最愛瞄準的是女學生，這用精神分析學來解釋，是說得過去的，尤其是剪髮的女學生，……」〔註161〕。

三、新的性道德觀

魯迅在批判傳統的性道德的同時，也提出了自己的符合科學和人性的新性道德觀。

〔註156〕《魯迅全集》第1卷，第264頁。
〔註157〕《魯迅全集》第3卷，第455頁。
〔註158〕《魯迅全集》第11卷，第505頁。
〔註159〕《魯迅全集》第11卷，第619頁。
〔註160〕《魯迅全集》第4卷，第564頁。
〔註161〕《魯迅全集》第4卷，第472頁。

　　先秦時期，儒家還是肯定性欲是人的本性，孟子認爲「食色，性也」
〔註162〕；荀子認爲「性者，天之就也；情者，性之質也：欲者，情之應也」
〔註163〕。進入封建社會中後期，尤其是北宋以來，道學家才開始把性欲看作
「不淨」之物，看作是罪惡的源頭。「萬惡以淫爲首」，說的就是這個意思。
魯迅不贊成這種落後、迂腐的觀點，在雜文《我們現在怎樣做父親》中從生
命科學出發，提出了自己對性欲問題的新見解，他結合食欲來闡釋他的觀
點：「生物爲保存生命起見，具有種種本能，最顯著的是食欲。因有食欲才攝
取食品，因爲食品才發生溫熱，保存了生命。但生物的個體，總免不了老衰
和死亡，爲繼續生命起見，又有一種本能，便是性欲。因性欲才有性交，因
有性交才發生苗裔，繼續了生命。所以食欲是保存自己，保存現在生命的
事；性欲是保存後裔，保存永久生命的事。飲食並非罪惡，並非不淨；性交
也就並非罪惡，並非不淨。」〔註164〕可見，性欲非但不是不淨之物、罪惡之
源頭，相反，它是神聖的，它是人類能夠綿延不絕的根本保證。

　　歷史上和現實中的偉人、戰士常常被美化成「神」，似乎他們是不食人間
烟火的，他們沒有七情六欲。魯迅不主張把偉人和戰士「神靈化」，他在《「題
未定」草》（六至九）一文中指出：「譬如勇士，也戰鬥，也休息，也飲食，
自然也性交，如果只取他末一點，畫起像來，掛在妓院裏，尊爲性交大師，
那當然也不能說是毫無根據的，然而，豈不冤哉！」〔註165〕在這句話的後半
部分，魯迅強調的是在對具體人物進行評價時，最好顧及他的全人和全貌，
不能抓住一點，不及其餘，但「性交」也是戰士人間生活不可或缺的內容，
這是無需避諱的。

　　魯迅並不認爲對男女兩性實行隔離能夠淨化社會道德。他在《堅壁清
野主義》一文中指出，「要風化好，是在解放人性，普及教育，尤其是性教
育，這正是教育者所當爲之事，『收起來』卻是管牢監的禁卒哥哥的專門。」
〔註166〕可見，魯迅把普及科學的性知識當作是人類自身獲得解放，社會文明
獲得提高的基本途徑之一。

　　當然，性欲也需要有一定的理性作爲「監督者」，魯迅在《我們現在怎

〔註162〕　《諸子集成》第 1 冊，上海書店，1986 年版，第 437 頁。
〔註163〕　《諸子集成》第 2 冊，上海書店，1986 年版，第 284 頁。
〔註164〕　《魯迅全集》第 1 卷，第 130～131 頁。
〔註165〕　《魯迅全集》第 6 卷，第 422 頁。
〔註166〕　《魯迅全集》第 1 卷，第 258 頁。

樣做父親》中說：「我並不是說，──如他們攻擊者所意想的，──人類的性交也應如別種動物，隨便舉行；或如無恥流氓，專做些下流舉動，自鳴得意。」〔註167〕

魯迅反對當時一些人所提倡的「雜交說」。1926 年 10 月，高長虹在《狂飆》周刊上發表了《論雜交》一文，認爲「家庭和婚姻的束縛尤其是女子的致命傷」，「雜交對於女子解放是有可驚的幫助」，「是解放的唯一途徑」云云〔註168〕。魯迅在同年 12 月 5 日致韋素園的信中論及此說時指出：高長虹「那一篇《論雜交》，直是笑話。他說那利益，是可以沒有家庭之累，竟不想到男人雜交後雖然毫無後患，而女人是要受孕的」〔註169〕。

認爲性欲是「不淨」之物是錯的，但把性字一天到晚掛在嘴，開口談性，閉口講欲，也是不可取的。魯迅把這後一種人與叫春的野貓作比。他在散文《狗‧貓‧鼠》中交待自己畢生與貓作對的一個重要原因是「因爲它們配合時候的嗥叫，手續竟有這麼繁重，鬧得別人心煩，尤其是夜間要看書，睡覺的時候。當這些時候，我便要用長竹竿去攻擊它們。」魯迅由野貓鬧春的繁瑣儀式，聯想到了人類社會中某些相似的戀愛情形。他在文章中不無刻薄地寫道，「例如人們當配合之前，也很有些手續，新的是寫情書，少則一束，多則一捆；舊的是什麼「問名』『納採』，磕頭作揖」。魯迅甚至不避「粗俗」地寫道，他「在路上遇見人類的迎娶儀仗，也不過當作性交的廣告看」〔註170〕。可見魯迅一方面宣揚性欲是人類合理的本能天性，另一方面又反對把性事當作什麼稀罕事到處張揚的輕浮作風。

魯迅還帶著同情而非輕薄的態度（許多古代、現代文人正是這樣）來談論婦女賣淫問題。他在《關於女人》中寫道：「自然，各種各式的賣淫總有女人的份。然而買賣是雙方的。沒有買淫的嫖男，那裏會有賣淫的娼女。所以問題還在買淫的社會根源。這根源存在一天，也就是主動的買者存在一天，那所謂女人的淫靡和奢侈就一天不會消滅。男人是私有主的時候，女人自身也不過是男人的所有品。」〔註171〕魯迅的《男人的進化》一文也揭示了賣淫現象的經濟根源：「自從金錢這寶貝出現之後，男人的進化就真的了不得了，

〔註167〕　《魯迅全集》第 1 卷，第 131 頁。
〔註168〕　《狂飆》周刊第 2 期，1926 年 10 月 17 日。
〔註169〕　《魯迅全集》第 11 卷，第 513 頁。
〔註170〕　《魯迅全集》第 2 卷，第 234～237 頁。
〔註171〕　《魯迅全集》第 4 卷，第 516～517 頁。

天下的一切都可以買賣，性欲自然並非例外。」〔註172〕

魯迅散文詩《頹敗線的顫動》以非常藝術化的手法寫一位婦女為養活自己和小女兒而被迫賣淫的屈辱場景：「在光明中，在破榻上，在初不相識的披毛的強悍的肉塊底下，有瘦弱渺小的身軀，為飢餓，苦痛，驚異，羞辱，歡欣而顫動。」〔註173〕

對於那些為了自己和親人而被迫賣淫的婦女，魯迅一律給予深深的同情，而對於某些生活有溫飽保證，甚至是小康人家出身而卻喜歡搔首弄姿、流露出某種「娼性」的時髦女性，魯迅則給予毫不留情的批評。他在《上海的少女》一文中是這樣來描繪上海現代女郎的「風騷」姿態的：「凡有時髦女子所表現的神氣，是在招搖，也在固守，在羅致，也在抵禦，像一切異性的親人，也像一切異性的敵人，她在喜歡，也在惱怒。這神氣也傳染了未成年的少女，……」魯迅是這樣來表現上海少女的性早熟的：她們「精神已是成人，肢體卻還是孩子。俄國的作家梭羅古勃曾經寫過這一種類型的少女，說是還是小孩子，而眼睛卻已經長大了。然而我們中國的作家是另有一種稱讚的寫法的：所謂『嬌小玲瓏』者就是。」〔註174〕

魯迅在《關於婦女解放》一文中說，一些婦女往往因為是女性，甚至憑藉自己的姿色，而獲得老闆的重用，但其實她們只不過充當老闆的「花瓶」罷了，並沒有獲得真正的解放〔註175〕。魯迅在《男人的進化》一文中認為，掛在現代時髦女子脖子、手腕的項鏈和鐲子，以及戴在手指上的戒指雖然是金的、銀的，甚至是珍珠寶石製成，然而它們不過是「女奴的象徵」罷了。這些圈兒、環兒乃是由父系氏族公社時期女子被男人捆綁起來所用的鏈條、鐵環演變而來的，它不是女性高貴的象徵，事實上是被奴役的寫照〔註176〕。

四、文學藝術中的愛情、性欲表達問題

愛情、性欲是文學創作中永恒的母題。魯迅也在《小雜感》中指出：「創作總根於愛。」〔註177〕不僅愛情的歡欣是作家和詩人創作靈感的源泉，而且

〔註172〕《魯迅全集》第5卷，第284頁。
〔註173〕《魯迅全集》第2卷，第204頁。
〔註174〕《魯迅全集》第4卷，第563～564頁。
〔註175〕《魯迅全集》第4卷，第597頁。
〔註176〕《魯迅全集》第5卷，第283頁。
〔註177〕《魯迅全集》第3卷，第532頁。

愛情的痛苦也能成爲創作的內驅力。魯迅曾在《〈中國新文學大系〉小說二集序》中引用匈牙利詩人裴多菲題 B.Sz.夫人相片的詩，詩是這樣寫的：「聽說你使你的男人很幸福，我希望不至於此，因爲他是苦惱的夜鶯，而今沉默在幸福裏了。苛待他罷，使他因此常常唱出甜美的歌來。」〔註178〕

　　愛情並不是魯迅小說的基本主題（這在上文已有論述），然而在他的一些散文雜文對特殊狀態下的愛情的描寫值得注意。魯迅創作於去世前夕的《我的第一個師父》是一篇很優美的回憶性散文。作品表現了龍師父年輕時代大膽地衝破佛門戒律，與一個寡婦結婚的故事。龍師父第三個兒子也是和尚，也有了老婆，出身是小姐，後來當了尼姑。當魯迅小時候與三師兄開玩笑時，後者會露出「金剛怒目」般的神態向魯迅大喝一聲：「和尚沒有老婆，小菩薩那裏來！？」〔註179〕

　　魯迅在雜文《「京派」和「海派」》中較詳細地介紹了法國作家法朗士的小說《泰綺思》所表現的愛情與基督教衝突的主題。小說的男主人公是一位道行很高的牧師，他聽說亞歷山大城有一位名妓泰綺思，是貽害世道人心的尤物，於是決定去感化她。泰綺思在基督精神的召喚下，終於拋棄世俗的一切，成爲一名修女；但那位牧師卻愛上了泰綺思。在泰綺思臨死前，牧師向她表白了愛情。魯迅喜歡作品中的女主人公泰綺思，認爲「她在俗時是潑剌的活，出家後就刻苦的修」，她比起中國一些死氣沉沉的文人來至少更有「人樣」。魯迅說他「寧可向潑剌的妓女立正，卻不願意和死樣活氣的文人打棚（打棚，意即開玩笑——引注）」〔註180〕。

　　魯迅對梅蘭芳的京劇藝術與性變態關係問題的探討值得注意。魯迅在《論照相之類》、《廈門通信》、《最藝術的國家》等雜文中都對梅蘭芳的京劇進行了批評，其中《論照相之類》一文談論得比較詳細一些。在文中，魯迅先從照相館所掛的梅蘭芳的兩幅題爲「天女散花」和「黛玉葬花」的劇照說起，接著就以梅蘭芳的表演爲例，分析中國京劇的性心理問題。他說：京劇中男人扮女人的審美效果是很獨特的，「因爲從兩性看來，都近於異性，男人看見『扮女人』，女人看見『男人扮』」，所以梅蘭芳的照片就「永遠掛在照相館的玻璃窗裏，掛在國民的心中」。魯迅最後不無諷刺地寫道：「我們中國的

〔註178〕　《魯迅全集》第 6 卷，第 245 頁。
〔註179〕　《魯迅全集》第 6 卷，第 581 頁。
〔註180〕　《魯迅全集》第 6 卷，第 304～305 頁。

最偉大最永久，而且最普遍的藝術也就是男人扮女人。」〔註181〕或許有人會指責魯迅對梅蘭芳表演藝術的評價太偏頗了，但必須承認，魯迅的這番分析的確是勘破了中國傳統藝術的秘密，揭示了國民在藝術鑒賞中的那種「性變態」傾向。

在魯迅批評視野中的另一種現象是現代文學藝術的性包裝。他在舊體詩《教授雜咏四首》（之三）中用「世界有文學，少女多豐臀」〔註182〕的詩句來概括現代文藝中性主題、性意象被日益突出的事實。魯迅在雜文《書籍和財色》中批評了張競生倡導的「色情文化」。他在《上海文藝之一瞥》中對鴛鴦蝴蝶派小說對愛情的庸俗化描寫進行了諷刺。

魯迅還關注著 30 年代電影中的裸體鏡頭。他在雜文《「小童擋駕」》中指出了上海各影院大量放映外國「裸體運動大寫眞」行為背後的商業目的，和「小童擋駕」（少兒不宜）廣告詞所採用的「欲縱故擒」的手段之狡猾〔註183〕。魯迅在《未來的光榮》一文中分析了上海電影性鏡頭對小市民欣賞口味的迎合，他指出：「『性』之於市儈，是很要緊的。」〔註184〕

魯迅的這一番分析是值得我們深思的。事實上，20 世紀八、九十年代以來中國市民文化的審美追求與二三十年代以上海為代表的都市文藝有著一脈相承的關聯。以影視等大眾傳媒為主要傳播渠道，市民文化已基本完成了對當代中國民眾精神空間的全面佔領。在這種文化語境下，重溫魯迅在半個多世紀前對市民文藝的批判恐怕是不無裨益的。

在魯迅周邊世界的朱安——朱安年譜初稿

一、墙角下蝸牛的仰望（1879～1919.12.24）

> 「我好比是一隻蝸牛，從墙底一點一點往上爬，爬得雖慢，總有一天會爬到墙頂的。」〔註185〕

這隻蝸牛，身體瘦弱，面無血色，它伏在高大的墙角下痴痴的向上

〔註181〕《魯迅全集》第 1 卷，第 187 頁。

〔註182〕《魯迅全集》第 7 卷，第 435 頁。

〔註183〕《魯迅全集》第 5 卷，第 446 頁。

〔註184〕《魯迅全集》第 5 卷，第 423 頁。

〔註185〕引自俞芳：《我記憶中的魯迅先生》，浙江人民出版社，1981 年版（版本下同），第 142 頁。

仰望。這位以蝸牛自況的人就是魯迅的結髮妻子朱安。

1879 年（清光緒 5 年　己卯），1 歲

朱安，小名阿安，長輩又稱她爲安姑或安姑娘。1879 年生於浙江省紹興府山陰縣丁家弄一個比較富裕的家庭〔註 186〕，朱家有兩幢三進屋宇，帶有書房、池塘和花園，在當時的紹興城裏算是一個殷實之家。朱安的祖上曾在揚州一帶做過官吏，朱安的父親叫朱躍庭，胞弟叫朱可銘。

1899 年（光緒 25 年　己亥），20 歲

朱安有時跟隨嫁到紹興城東昌坊口周家的姑奶奶來做客，魯迅（周樟壽）的母親魯瑞喜歡上了朱安姑娘，想娶她作大兒媳，就請人去做媒〔註 187〕。魯迅當時在南京礦路學堂求學。

3 月 16 日（陰曆 2 月 5 日），朱家「出口」，表示願意結親，周家託本家長輩幫助擺酒席、送禮金。魯迅的二弟周作人在這天的日記中寫道：「朱宅出口，託惠叔備席，約洋五元。」〔註 188〕魯迅本人已於 1 月 5 日（戊戌陰曆 11 月 24 日）離家前往南京〔註 189〕。

〔註 186〕關於朱安的生年素來有多種説法：①生於 1878 年，《魯迅全集》對朱安的注釋中説她生於 1878 年（人民文學出版社，1981 年版，第 15 卷，第 379 頁）；②生於 1879 年，俞芳説「朱夫人（一八七九至一九四七年）是和大先生一起搬到磚塔胡同來的」（《我記憶中的魯迅先生》，第 135 頁）；③生於 1880 年，曾智中認爲朱安生於「辛巳年即清光緒六年，公元 1880 年」（《三人行──魯迅與許廣平、朱安》，中國青年出版社，1990 年版，第 24 頁注釋）。本年譜取朱安生於 1879 年的説法，主要依據是吳長華的《魯迅元配夫人生年小考》對朱安生於 1879 年的充分論證（《齊魯學刊》1996 年第 2 期）。

〔註 187〕周冠五：《我的雜憶》，《鄉友憶魯迅》，紹興魯迅紀念館，1986 年編印（版本下同），第 58 頁。補充：周作人提供了另一種説法，他認爲母親魯瑞上了極要好的妯娌伯撝夫人的當，他認爲伯撝夫人有「王鳳姐之風」，成心欺騙魯瑞娶進身材「極爲矮小，頗有發育不全的樣子」的兒媳朱安（《知堂回想錄》，群眾出版社，1999 年版，第 153 頁）。按周作人的説法，魯瑞在婚禮之前沒有見過朱安。但事實上，周家與朱家同在一個小城，兩家相距約一公里，魯瑞想見見未來的兒媳並不太難，何況朱安曾經跟隨姑奶奶來過周家新臺門做客。因此，周作人的説法值得商榷。

〔註 188〕周作人：《周作人日記》上冊，大象出版社，1996 年版（版本下同），第 42 頁。

〔註 189〕魯迅本人什麼時候得知家裏爲他訂親？當時他對訂親的態度如何？後人都無法得到確切的信息，因爲他本人從未談起此事，他 1896 年起至 1902 年赴日本留學時的日記也已經佚失。魯迅的親友事後的回憶提供了一些信息。魯瑞

1901 年（光緒 27 年　辛丑），22 歲

4 月 3 日（陰曆 2 月 15 日），周家派人到朱安家「請庚」〔註 190〕。「請庚」
為紹興舊時婚俗，由男方家去詢問女方的生辰八字，如果八字般配，就可以
考慮訂婚。周作人在 4 月 3 日的日記中寫道：「時請人往丁家弄朱宅請庚。」
〔註 191〕至此，朱安與魯迅訂婚，而回家過寒假的魯迅已於 3 月 15 日（陰曆正
月 25 日）離開紹興前往南京。

1902 年（光緒 28 年　壬寅），23 歲

4 月上旬，朱安的未婚夫魯迅前往日本留學。到日本後，魯迅曾經寫信給
家裏，提出讓朱安另外嫁人。魯迅的母親魯瑞堅決反對，理由是「求親求來，
不能退聘，否則，悔婚於周家朱家名譽都不好，朱家姑娘更沒人要娶了」。在
族叔周冠五的勸說下，魯迅回信提出了與朱安成親的兩個條件：一要朱安放
足，二要朱安進學堂讀書。朱安讓人答覆說小腳已經無法放大，她也不願意
進學堂讀書〔註 192〕。

1903 年（光緒 29 年　癸卯），24 歲

暑假八、九月間，剪去辮子、身著西服的魯迅回國探親，沒有材料證明

---

20 年代在北京與俞芳談起此事說道：「當時我為大先生訂了親，事後才告訴
大先生。他當時雖有些勉強，但認為我既作了主，就沒有堅決反對，也許他
信任我，認為我給他找的人，總不會錯的。」（俞芳：《我記憶中的魯迅先
生》，第 143 頁）魯迅的三弟周建人回憶說：「母親什麼時候為大哥定的親，
我根本不知道，當事人大哥也不知道，因為婚姻要由父母包辦，是不能過問
的。」（周建人：《魯迅故家的敗落》，湖南人民出版社，1984 年版，第 240
頁）

〔註 190〕 按紹興習俗，「請庚」緊接著「出口」後進行，為什麼周家在朱家「出口」後
兩年才「請庚」？多數研究者都以此為魯迅抗拒包辦婚姻的證據；但是香港
中文大學學者孔慧怡在其論文《字裏行間：朱安的一生》中，提出了因為周
家「家境困難，不能在短時間內籌到訂親所需的禮金」，所以「請庚」推遲了
兩年的新觀點（載《魯迅研究月刊》2002 年第 1 期）。

〔註 191〕 周作人：《周作人日記》上冊，第 206 頁。

〔註 192〕 周冠五：《我的雜憶》，《鄉友憶魯迅》，第 58 頁。補充：周冠五還在《我的雜
憶》交代說，後來家裏把朱安不願意放足和進學堂的情況告訴魯迅，「結果魯
迅回信很乾脆，一口答應了，說幾時結婚幾時到，於是定局結婚」（《鄉友憶
魯迅》，第 58 頁）。俞芳在轉述魯迅母親 20 年代的回憶時，提供的說法與周
冠五的回憶略有不同：「大先生不喜歡小腳女人，但他認為這是舊社會造成
的，並不以小腳為辭，拒絕這門婚事，只是從日本寫信回來，叫家裏通知她
放腳。」（《我記憶中的魯迅先生》，第 143 頁）

他繼續提出要與朱安退婚。

1906 年（光緒 32 年　丙午），27 歲

忽然有謠言傳到紹興，說魯迅已經在日本娶妻生子。周家和朱家都十分焦急，認爲有必要讓魯迅立即回來與朱安完婚。於是由周家給魯迅發電報，假託母親病了，讓他迅速回國〔註 193〕。

7 月，魯迅回到紹興，母親向他說明原委，他同意與朱安結婚〔註 194〕。

7 月 26 日（陰曆 6 月 6 日）結婚那天，花轎進門，掀開轎簾，從轎裏掉出一隻新娘朱安的鞋子。因爲朱安的腳很小，娘家替她穿了一雙大繡花鞋，腳小鞋大，一邁步鞋子就掉了下來，當時就有老人說新娘掉鞋爲不吉之兆〔註 195〕。

一切都按照傳統的婚禮儀式進行，魯迅身穿禮服，頭戴假辮，很順從地與朱安拜堂成親，但他對新娘和賓客都很冷漠，直到婚禮結束他都一言不發〔註 196〕。新郎魯迅在洞房只呆了一夜，第二夜就睡到書房裏去了〔註 197〕。新婚 3 天後，魯迅離開了朱安，回日本繼續他的學業。

回到日本後，魯迅對他的摯友許壽裳談起自己的婚姻時說：「這是母親送給我的一件禮物，我只能好好地供養它，愛情是我所不知道的。」〔註 198〕

〔註 193〕俞芳：《我記憶中的魯迅先生》，第 143 頁。

〔註 194〕魯迅爲什麼沒有反對家裏對他的婚事的安排？原因比較複雜，王得後認爲魯迅當時同意結婚的原因有三個：一是不願拂逆母親的心意，不願看到母親失望的樣子；二是會當革命時代，魯迅以爲自己死無定期，母親願意有個人陪伴，也就隨她去了；三是魯迅當時可能已經知道自己染上致命的肺結核病，反正活不了多久，婚事也就隨別人安排（《〈兩地書〉研究》，天津人民出版社，1995 年版，第 285～287 頁）。

〔註 195〕俞芳：《我記憶中的魯迅先生》，第 143 頁。

〔註 196〕見王鶴照《回憶魯迅先生》所引周冠五的回憶，周芾棠編：《鄉土憶錄——魯迅親友憶魯迅》，陝西人民出版社，1983 年版，第 5～6 頁。又見魯迅族叔周冠五對婚禮的回憶（《我的雜憶》，《鄉友憶魯迅》，第 58 頁）。補充：魯迅本人 30 年代向日本友人描述過自己結婚時的情況說過：「那時，家裏的人因爲聽說我是新派人物，曾擔心我可能不拜祖先，反對舊式的婚禮。可我還是默默地按他們說的辦了。」（鹿地亘：《魯迅傳記》）

〔註 197〕王鶴照：《回憶魯迅先生》，周芾棠編：《鄉土憶錄——魯迅親友憶魯迅》，第 5～6 頁。

〔註 198〕許壽裳：《亡友魯迅印象記》，人民文學出版社，1977 年版，第 60 頁。補充：魯迅後來對日本友人內山完造提到朱安時說：「她是我母親的太太，不是我的太太。」（內山完造：《我認識魯迅先生的經過》）

1909 年（宣統元年　己酉），30 歲

8 月，魯迅結束了在日本的學業回到紹興。9 月，魯迅赴杭州擔任浙江兩級師範學堂教員，並沒有把妻子朱安帶到杭州共同生活。

1910 年（宣統 2 年　庚戌），31 歲

9 月，魯迅回到紹興，擔任紹興府中學堂教職。朱安終於結束了與丈夫魯迅分居兩地的生活，但是夫妻兩人的關係未有什麼改善，他們既不吵嘴，也不打架，不像夫妻，平時很少交談，各忙各的，似乎生活在兩個不同的世界裏〔註 199〕。

朱安忙於操持家務和陪婆婆聊天；魯迅在授課之餘，除了經常帶學生到郊野遠足和採集植物標本外，開始忙於輯錄《古小說鈎沉》、《會稽郡故書雜集》的工作。魯迅在 11 月 15 日寫給摯友許壽裳的信中說，自己輯錄古書「此非求學，以代醇酒婦人者也」〔註 200〕，流露了對夫妻生活的失望情緒。雖然朱安與丈夫都生活在一個小城內，但魯迅平時在學校過夜，只是在星期六晚上才回家住〔註 201〕。

1912 年（民國元年），33 歲

2 月，魯迅到南京臨時政府教育部擔任部員。4 月，魯迅回紹興安頓家事。5 月，魯迅北上，到北京就任教育部部員，並未帶妻子朱安前往。在以後的 7 年多里，魯迅一直獨身居住在北京南城的紹興會館內，與朱安過著分居生活。

1913 年（民國 2 年），34 歲

6 月 19 日～8 月 7 日，魯迅回到紹興探親。魯迅歸來後，朱安曾經設宴

〔註 199〕 魯迅母親魯瑞 20 年代對俞芳說：「一別三年，大先生學滿回來，在杭州教書。不知為什麼，他們總是好不起來。他們既不吵嘴，也不打架，平時不多說話，但沒有感情，兩人各歸各，不像夫妻。……我曾問過大先生，她有什麼不好？他只搖搖頭說，和她談不來。問他怎麼談不來？他說和她談話沒味道，有時她還自作聰明。他舉了一個例子說：有一次我告訴她，日本有一種東西很好吃，她說是的，是的，她也吃過的。其實這種東西不但紹興沒有，就是全中國也沒有，她怎麼能吃到？這樣，談不下去了。談話不是對手，沒趣味，不如不談。……就這樣過了十幾年，他們兩人好像越來越疏遠，精神上都很痛苦。」（《我記憶中的魯迅先生》，第 143～144 頁）

〔註 200〕 《魯迅全集》第 11 卷，第 327 頁。

〔註 201〕 王鶴照：《回憶魯迅先生》，周芾棠編：《鄉土憶錄──魯迅親友憶魯迅》，第 14 頁。

款待親友，席間朱安當著親友的面指責魯迅的種種不是。魯迅一言未發，因此當時相安無事。事後，魯迅對來訪的學生孫伏園說：「她是有意挑釁，我如答辯，就會中她的計而鬧得一塌糊塗；置之不理，她也就無計可施了。」〔註202〕

1914 年（民國 3 年），35 歲

11 月 26 日，魯迅收到朱安請娘家人代寫的信件，此信如今已經佚失，但內容可能涉及朱安建議丈夫納妾的事〔註203〕。魯迅在當天的日記中記道：「下午得婦來書，二十二日從丁家弄朱宅發，頗謬。」〔註204〕魯迅對朱安此信的內容十分不以爲然，而且並未回信作答。朱安與分居異地的魯迅之間很少這樣直接通信，彼此的音訊只在魯迅與母親、弟弟的往來信件中間接傳達。

1916 年（民國 5 年），37 歲

12 月 3 日，魯迅因母親 60 壽辰回紹興探親。魯迅曾經在 12 月 28 日下午到朱安娘家探望〔註205〕，朱安是否一道前往，不詳。

1919 年（民國 8 年），40 歲

12 月 24 日，魯迅與朱安、母親、三弟及其一家離開紹興遷往北京居住。

〔註202〕這一事件在孫伏園的著作《魯迅先生二三事》（重慶作家書屋，1942 年版）中並未透露，本文所引用的材料來自孫伏園《朱安與魯迅的一次衝突》（《魯迅研究月刊》1994 年第 11 期），該文並未確指魯迅這次回紹興探親的時間，也未確指魯迅何時告訴孫伏園此事。筆者認爲，朱安與魯迅發生衝突，以及孫伏園獲知此事是在 1913 年魯迅回紹興探親期間，理由如下：自 1912 年 5 月前往北京教育部赴任到 1919 年 12 月把全家遷往北京，魯迅兩次回紹興省親。1913 年 6～8 月魯迅探親期間，作爲學生的孫伏園曾經於 7 月 21 日去拜訪老師魯迅，這天的《魯迅日記》有記載（《魯迅全集》第 14 卷，第 67 頁）；但魯迅 1916 年 12 月底至 1917 年 1 月初回紹興探親期間，《魯迅日記》中記載的來往友人並沒有孫伏園。因此可以推測，孫伏園回憶的魯迅夫婦衝突應該是發生在 1913 年魯迅回紹興探親期間。

〔註203〕孔慧怡分析説：「這時朱安有一塊心頭大石：她已近中年，無兒無女，不管作爲主婦如何稱職，作爲周家的媳婦卻未完成任務。1914 年 11 月，她回娘家探視時寫了一封信給在北京的丈夫，建議他納妾，一來生活有人照應，二來也希望能生下一男半女。」（《字裏行間：朱安的一生》，《魯迅研究月刊》2002 年第 1 期）

〔註204〕《魯迅全集》第 14 卷，第 135 頁。

〔註205〕《魯迅全集》第 14 卷，第 243 頁。

二、蝸牛在墻上的艱難爬行（1919.12.29～1926.8.26）

> 「過去大先生和我不好，我想好好地服侍他，一切順著他，將來總
> 會好的。」〔註206〕

這隻可憐的蝸牛不停的在墻上蠕動，艱難緩慢卻滿懷期待，期待著
自己的溫順和虔誠可以感動上蒼，期待著有一天能爬上堅硬冰冷的
墻頭，期待著自己能夠坐在墻頭觀賞花園裏的勝景。朱安好不容易
得到了與魯迅同住在一個屋簷下的機會。雖然不同住一個房間，但
她終於得到了對自己丈夫「好」的機會，這於朱安已是很滿足的了。
但這願望最終未能實現，魯迅帶著心愛的人離開了朱安。

（一）八道灣十一號（1919.12.29～1923.8.2）

1919 年（民國 8 年），40 歲

12 月 29 日下午，朱安與魯迅入住北京西直門八道灣 11 號。朱安被安排
住在第二進 3 間北屋中靠西的那間〔註207〕。從此以後的 5 年多時間裏，朱安
作爲妻子生活在魯迅身邊。

1920 年（民國 9 年），41 歲

對於朱安來說，北京的生活環境是陌生的。在家裏，除了婆婆魯瑞可以
交談外，二弟媳和三弟媳都是日本人，交流比較困難。

秋天，朱安的生活環境發生了一些變化，周建人的學生許羨蘇來到八道
灣 11 號寄住，她是從紹興前來報考北京女子高等師範學校的。考入女高師後，
許羨蘇和中學時代的同學俞芬每到星期天和假期就來八道灣 11 號，幫助朱安
和魯瑞採購各種家庭用品，陪她們聊天，陪她們做紹興菜吃〔註208〕，在娓娓
鄉音和可口的家鄉菜中，朱安漸漸有了家的感覺。

9 月 27 日（中秋節的次日），朱安的弟弟朱可銘來家裏做客〔註209〕，娘
家來人探視，朱安應該感到高興。

10 月 16 日，朱可銘離開北京前往許州〔註210〕，朱安心裏涌起的自是離

〔註206〕俞芳：《我記憶中的魯迅先生》，第 142 頁。
〔註207〕許羨蘇：《回憶魯迅先生》，《魯迅研究資料》第 3 輯，文物出版社，1979 年
版（版本下同）。
〔註208〕許羨蘇：《回憶魯迅先生》，《魯迅研究資料》第 3 輯。
〔註209〕《魯迅全集》第 14 卷，第 396 頁。
〔註210〕《魯迅全集》第 14 卷，第 398 頁。

情別緒。

1921 年（民國 10 年），42 歲

9 月 4 日，朱安與二弟媳羽太信子，以及幾位侄兒到北京西山探望在那裏臥病療養的周作人〔註211〕。

9 月 12 日上午，朱安接待來家做客的叔父朱鹿琴（又寫作朱六琴）和弟弟朱可銘〔註212〕。

1923 年（民國 12 年），44 歲

7 月 14 日，周作人夫婦與魯迅因家庭矛盾徹底鬧翻，魯迅改在自己屋裏吃晚飯，他在當日日記中所載的「自具一肴」〔註213〕，應該是朱安為他炒製的。

7 月 26 日，魯迅到西城磚塔胡同看所租的房子，並開始收拾書籍和物品，為自己和朱安遷出八道灣 11 號做準備〔註214〕。

在準備搬離八道灣時，魯迅與朱安曾經有過一次談話。魯迅告訴朱安，他決定搬到磚塔胡同暫住，並問朱安是繼續留在八道灣，還是回紹興娘家去住。魯迅說如果朱安回紹興，他將按月寄錢保障她的生活。朱安想了想回答魯迅說：「八道灣我不能住，因為你搬出去，娘娘（太師母）遲早也要跟你去的，我獨個人跟著叔嬸侄兒侄女過，算什麼呢？再說嬸嬸是日本人，話都聽不懂，日子不好過呵。紹興朱家我也不想去。你搬到磚塔胡同，橫豎總要有人替你燒飯、縫補、洗衣、掃地的，這些事我可以做，我想和你一起搬出去。」〔註215〕

（二）磚塔胡同六十一號（1923.8.2～1924.5.25）

1923 年（民國 12 年），44 歲

8 月 2 日下午，朱安隨魯迅離開八道灣 11 號，搬到磚塔胡同 61 號暫住。魯迅在這天的日記中記道：「下午攜婦遷居磚塔胡同六十一號。」〔註216〕磚塔胡同 61 號為紹興同鄉俞芬家租賃的小院落，俞家把 3 間北屋轉租給了魯迅，

〔註211〕周作人：《周作人日記》中冊，第 198 頁。

〔註212〕《魯迅全集》第 14 卷，第 428 頁。

〔註213〕《魯迅全集》第 14 卷，第 460 頁。

〔註214〕《魯迅全集》第 14 卷，第 460 頁。

〔註215〕俞芳：《我記憶中的魯迅先生》，第 139～140 頁。

〔註216〕《魯迅全集》第 14 卷，第 462 頁。

朱安住在東面一間，魯迅住在西面那間〔註217〕。

8月8日，魯迅的學生常維鈞來訪〔註218〕，朱安拿熱茶水和熱藕粉當點心來待客。當時天很熱，客人接了朱安的點心，顯得無所適從。魯迅對常維鈞搖搖頭，苦笑著說：「既然拿來了，就吃吧，無非是再出一身汗而已。」〔註219〕

8月18日（陰曆7月7日）中午，按照紹興習俗，朱安、魯瑞和俞芬、俞芳、俞藻3姐妹一道，往7天前準備好的一碗水裏投繡花針，以預測各人的命運〔註220〕。

9月下旬至10月上旬，因被周作人夫婦圍攻和遷居勞頓所累，魯迅肺病發作。生病期間，魯迅吃不下飯，只能喝粥。朱安每次燒粥前，先把米弄碎，燒成容易消化的粥糊，並託俞芬到稻香村等食品店，購買魯迅平時喜歡吃的糟雞、熟火腿、肉鬆等開胃菜下粥〔註221〕。

1923～1924年（民國12～13年），44～45歲

時代在變化，但朱安對這種變化顯得比較遲鈍。以婆媳兩人的剪髮為例，還是婆婆魯瑞剪髮在先，再現身說法講了剪髮的好處，朱安才剪去了髮髻〔註222〕。

某一星期天，朱安外出陪同婆婆去看越劇《紅樓夢》〔註223〕。但這樣的戶外活動並不多，朱安平時或者在廚房調理飯菜，或者在自己屋裏做針線活，或者靜靜地吸著水烟歇息一會〔註224〕，她輕易不去打攪丈夫的工作和生活。

朱安與魯迅在飯桌上很少說話，如果開口，無非是問菜肴的口味如何。但每當婆婆魯瑞來了，飯桌上卻又是另一番說笑不斷的熱鬧景象〔註225〕。

朱安也試圖努力縮小夫妻之間的差距，她暗中觀察魯迅教俞家小孩俞芳和俞藻做早操，並趁魯迅不在家，邁著她的小腳，很不協調地跟著俞家姐妹

〔註217〕許羨蘇：《回憶魯迅先生》，《魯迅研究資料》第3輯。
〔註218〕《魯迅全集》第14卷，第462頁。
〔註219〕俞芳：《我記憶中的魯迅先生》，第135～136頁。
〔註220〕俞芳：《我記憶中的魯迅先生》，第7頁。
〔註221〕俞芳：《我記憶中的魯迅先生》，第141頁。
〔註222〕俞芳：《我記憶中的魯迅先生》，第136頁。
〔註223〕俞芳：《我記憶中的魯迅先生》，第129頁。
〔註224〕俞芳：《我記憶中的魯迅先生》，第138頁。
〔註225〕俞芳：《我記憶中的魯迅先生》，第136～137頁。

練操〔註226〕。

冬天，北京的天氣很冷，朱安做了一條新棉褲，放在丈夫的床上，但魯迅沒有接受。朱安對丈夫的照顧是盡心的，只是她的心意不被丈夫領會，她的心情肯定是很沉重的〔註227〕。朱安是稱職的家庭主婦，她持家節儉，有空就做針線活，還能炒一手地道的家鄉菜，每當來了丈夫的客人，她總能以禮相待。

朱安的二房東俞家三姐妹中的俞芳和俞藻還都是未成年的孩子，她們自幼失去母親，朱安對她們相當的和善。有一天夜裏俞芳和大姐俞芬鬧僵了，被俞芬關在門外不讓進屋睡覺。朱安調解無效，就把俞芳帶到自己屋裏睡，滿腹委屈的俞芳哭了，她似乎找到了母愛，而人到中年仍然無兒無女的朱安也好像有了點做母親的感覺〔註228〕。

（三）宮門口西三條二十一號（1924.5.25～1926.8.26）

1924 年（民國 13 年），45 歲

5 月 25 日，朱安隨魯迅搬至宮門口西 3 條 21 號新家居住，從此到 1947 年去世爲止，朱安一直住在這裏。不久，魯瑞也從八道灣 11 號搬來同住。魯迅發薪水後經常買些點心回家，先送給母親挑選，再讓朱安挑選。魯迅每天晚飯後會到母親屋裏閒談一陣，朱安總是默然坐在藤椅上抽水烟〔註229〕。朱安住的屋子除了俞家三姐妹、許羨蘇或一些親戚外，是很少有人去光顧的，她除了服侍婆母、料理家務外，常常一人在自己屋裏抽水烟〔註230〕。

6 月 8 日，朱安與婆婆魯瑞在新居迎來了俞家三姐妹、許羨蘇等客人〔註231〕。朱安親自下廚，做紹興菜招待她所喜歡的俞家姐妹和其他客人〔註232〕。朱安和魯迅都把俞芳、俞藻視爲自己的孩子，魯迅還充當了這倆小姐妹的入學保證人〔註233〕。

〔註226〕俞芳：《我記憶中的魯迅先生》，第 139 頁。
〔註227〕俞芳：《我記憶中的魯迅先生》，第 141 頁。
〔註228〕俞芳：《我記憶中的魯迅先生》，第 140～141 頁。
〔註229〕許羨蘇：《回憶魯迅先生》，《魯迅研究資料》第 3 輯。
〔註230〕葉淑穗、楊燕麗：《從魯迅遺物認識魯迅》，中國人民大學出版社，1999 年版（版本下同），第 492 頁。
〔註231〕《魯迅全集》第 14 卷，第 500 頁。
〔註232〕俞芳：《我記憶中的魯迅先生》，第 50～53 頁。
〔註233〕《魯迅全集》第 14 卷，第 512 頁。

9 月 2 日，魯迅給朱安的弟弟朱可銘寄去信件和 50 元錢〔註 234〕。

1925 年（民國 14 年），46 歲

1 月 25 日中午，周家又邀請俞家三姐妹、許羨蘇等紹興籍女孩子來做客〔註 235〕，朱安少不得要爲午餐忙個不停，但她似乎樂在其中。

2 月 15 日下午，魯迅的紹興籍學生孫伏園請魯瑞看戲，魯迅的日記載錄了〔註 236〕此事，但沒有記載是否有朱安作陪，按常理推算，如果朱安沒有生病，她也應該在被邀請之列，因爲她畢竟是孫伏園的師母。

3 月 11 日，一個普通的日子，但對於朱安卻是個不平常的日子。在這一天，她丈夫一位名叫許廣平的女學生給老師寫來了第一封信，從此，許廣平由魯迅的一名普通學生，變爲他的知心朋友，最終成爲他的愛人。因著許廣平的出現，後來魯迅離開了朱安。

4 月 12 日，好奇的許廣平與同學第一次來魯迅的「秘密窩」探險，想必朱安對這不會太在意的，因爲那幾年來找魯迅的男男女女不在少數，客人來了，她會端茶遞水，客人走時，她會從自己的屋裏走出，說一聲「請走好」，但後來許廣平的頻繁到來不可能不引起朱安的注意。查魯迅日記及其有關資料，在 5 月至 8 月，許廣平至少有 10 次出現在周家。

6 月 10 日，朱安娘家的來信到達周宅〔註 237〕。

夏秋間，朱安生起病來，魯迅安排她住進自己有熟人的日本醫生開設的山本醫院治療〔註 238〕。據魯迅 9 月 29 日寫給許欽文的信中說，朱安得的是慢性胃病，有可能是胃癌〔註 239〕。

朱安生病期間，魯迅盡到了丈夫的責任。而朱安也想繼續當好稱職的主婦，在飯桌上，她很留意魯迅愛吃什麼菜，她能從碗裏剩菜的多少來推測魯迅的口味，魯迅愛吃的，她今後就多做些；魯迅不愛吃的，今後就少做些〔註 240〕。

〔註 234〕《魯迅全集》第 14 卷，第 511 頁。
〔註 235〕《魯迅全集》第 14 卷，第 531 頁。
〔註 236〕《魯迅全集》第 14 卷，第 534 頁。
〔註 237〕《魯迅全集》第 14 卷，第 549 頁。
〔註 238〕荊有麟：《魯迅回憶斷片》，《魯迅回憶錄》上冊，北京出版社，1999 年版（版本下同），第 168 頁。
〔註 239〕《魯迅全集》第 11 卷，第 455 頁。
〔註 240〕段國超：《魯迅家世》，教育科學出版社，1998 年版，第 186 頁。

但朱安從魯迅那裏獲得的僅有客氣和客氣背後的冷淡。每當朱安給魯迅送牛奶，或為告知買米、買煤等事來到魯迅桌前，魯迅總要站起身來以示有禮。但朱安親手給魯迅做的小褂、棉褲等衣裳，魯迅是從來不穿的〔註241〕。朱安曾對荊有麟的太太抱怨說：「老太太嫌我沒有兒子，大先生終年不同我講話，怎麼會生孩子呢？」〔註242〕

秋天，已經做了中學教員的許羨蘇搬到周家南屋寄住，直到年底才搬出周家〔註243〕。許羨蘇的到來使朱安和婆婆魯瑞有了談論故鄉的快樂。

10月，許廣平與魯迅確定了戀人的關係，並送給魯迅兩個綉有「安睡」和「臥遊」字樣的枕頭作為定情物〔註244〕。朱安應該能夠感覺到自己與魯迅的婚姻生活面臨著新的危機。

1926年（民國15年），47歲

3月6日夜，魯迅親自動手為許廣平剪髮〔註245〕，作為替許廣平慶祝28歲生日的特殊儀式。住在隔壁房間的朱安應該有所感知的，她可能為此而徹夜難眠。

3月18日，發生了震驚中外的「三・一八」慘案，劉和珍、楊德群等女師大的學生被槍殺，極為悲痛的魯迅一連幾天吃不下飯，睡不著覺，只是吸烟，終於病倒了，但他拒絕去醫院看病。朱安與魯瑞都束手無策，焦急萬分，最後魯迅還是在許羨蘇的勸說下去了醫院〔註246〕。

4月16日，魯迅得到消息，北洋政府可能要來抄家。朱安與魯瑞只好到俞芬家避難，暫住一晚〔註247〕，她們還曾經住到東安飯店避難，住了幾天覺得不適應，她們就搬出飯店回家去了〔註248〕。

5月，經林語堂推薦，廈門大學聘魯迅為教授，魯迅開始為南下廈門大學任教做準備。朱安心裏也清楚，丈夫要離開她而尋覓新的生活天地去了。

8月26日，魯迅與心愛的人許廣平結伴離開北京。沒有任何文獻記載了

〔註241〕葉淑穗、楊燕麗：《從魯迅遺物認識魯迅》，第492頁。
〔註242〕荊有麟：《魯迅回憶斷片》，《魯迅回憶錄》上冊，第167頁。
〔註243〕許羨蘇：《回憶魯迅先生》，《魯迅研究資料》第3輯。
〔註244〕楊燕麗：《「安睡」「臥遊」——魯迅許廣平定情之證》，《魯迅研究動態》1988年第11期。
〔註245〕《魯迅全集》第14卷，第591頁。
〔註246〕俞芳：《我記憶中的魯迅先生》，第68頁。
〔註247〕俞芳：《我記憶中的魯迅先生》，第84～85頁。
〔註248〕荊有麟：《魯迅回憶斷片》，《魯迅回憶錄》上冊，第137頁。

朱安的反應，但可以肯定：傷心絕望的情緒徹底籠罩了她的精神世界。

三、守望空心歲月的蝸牛（1926.8.26～1936.10.19）

「可是現在我沒有辦法了，我沒有力氣爬了。我待他再好，也是無用。」〔註249〕

蝸牛從高牆上掉下，重重地摔落到地上，唯一的防護物——蝸殼破碎了。蝸殼的破裂似心碎的聲音一般，細若游絲卻又驚天動地，使天地間的每一個角落都清晰可聞。在斗轉星移中，蝸牛蹉跎著荒蕪的、空心的歲月。

1926 年（民國 15 年），47 歲

暑假，許羨蘇再次住進周家〔註250〕，她一面在中學任教，一面幫助朱安管理家務。

11 月 22 日，身在廣州的許廣平致信任教於廈門大學的魯迅，建議他妥善處理舊社會留給他的「遺產」，爲自己將來的生活作打算〔註251〕。許廣平所謂的「遺產」，指的就是朱安。11 月 28 日，魯迅回信告訴許廣平，他要改變自己的的生活方式〔註252〕。

12 月 23 日（陰曆 11 月 19 日），朱安與許羨蘇、宋紫佩夫婦等人在北京北海公園漪瀾堂擺酒席，爲婆婆魯瑞老人過 70 歲生日〔註253〕。

1927 年（民國 16 年），48 歲

10 月 8 日，魯迅與許廣平入住景雲里 23 號，開始在上海的同居生活，但從名分上說，朱安仍然是魯迅的妻子。魯迅把自己與許廣平同居的事實通告母親後，朱安對別人說她早就想到了，因爲她看到魯迅是與許廣平結伴離開北京的。朱安看了從上海寄來的魯迅與許廣平的合影，並未顯露不快，只是感觸頗多。她向俞芳吐露心事，把自己比作蝸牛，她還預見到今後魯迅是會照顧她的生活的〔註254〕。

〔註249〕俞芳：《我記憶中的魯迅先生》，第 142 頁。
〔註250〕許羨蘇：《回憶魯迅先生》，《魯迅研究資料》第 3 輯。
〔註251〕魯迅、許廣平：《魯迅景宋通信集》，湖南人民出版社，1984 年版，第 241～242 頁。
〔註252〕魯迅、許廣平：《魯迅景宋通信集》，第 250 頁。
〔註253〕俞芳：《談談周作人》，《魯迅研究動態》1988 年第 6 期。
〔註254〕俞芳：《我記憶中的魯迅先生》，第 141～142 頁。

1928 年（民國 17 年），49 歲

俞芳、俞藻姐妹倆幾乎每個周末都去看望朱安和魯瑞，她們把朱安的家當作了自己的家〔註255〕。

1929 年（民國 18 年），50 歲

5 月 15 日，魯迅回到北平探親，6 月 3 日離開北平回上海。在這期間，沒有魯迅與朱安如何相處的任何記載，魯迅 5 月 17 日的日記中留下「夜濯足」的記錄〔註256〕，他的洗腳水該是朱安燒製的吧。

9 月 27 日，魯迅與許廣平的兒子海嬰出世。消息傳到北平，朱安十分高興，她認為魯迅終於有了後代，她本人「絕後」的「罪過」從此可以解除，自己死後也有人送「庚飯」、送「寒衣」了，而閻羅大王也不會把她當作孤魂野鬼，罰她下地獄，讓她挨餓受凍了，這使她精神上得到了莫大的安慰〔註257〕。

1930 年（民國 19 年），51 歲

9 月 6 日，魯迅委託周建人給紹興朱安娘家寄去 100 元錢，收款人是朱安的大侄兒朱積成〔註258〕。

秋天的一個上午，朱安和魯瑞同俞芳、俞藻一起遊北海公園〔註259〕。

1931 年（民國 20 年），52 歲

春天，許羨蘇應聘到外地任教，離開北平時，她把一大包魯迅的來信交給朱安保存，後來這批書信下落不明〔註260〕。許羨蘇走後，俞芳代替了她的角色，協助朱安管理家庭事務，並代魯瑞給在上海的魯迅寫信〔註261〕。

3～12 月，日本青年學者增田涉成為魯迅的入室弟子，有一天他們談到了生活在北平的朱安，魯迅說「因為是母親娶來的，所以送給母親了」，增田涉

〔註255〕俞芳：《我記憶中的魯迅先生》，第 73 頁。
〔註256〕《魯迅全集》第 14 卷，第 763 頁。
〔註257〕俞芳：《我記憶中的魯迅先生》，第 145 頁。
〔註258〕《魯迅全集》第 14 卷，第 837 頁。
〔註259〕俞芳：《我記憶中的魯迅先生》，第 131 頁。
〔註260〕許羨蘇：《回憶魯迅先生》，魯迅研究資料》第 3 輯。
〔註261〕俞芳：《我記憶中的魯迅先生》，第 73 頁。考辨：俞芳的回憶略有不確切之處，她說許羨蘇於 1930 年離開周家去河北任教，而她本人從那以後開始幫助朱安管理家務。但據許羨蘇回憶，她是 1931 年春天才離開北平赴河北任教的（《回憶魯迅先生》，《魯迅研究資料》第 3 輯）。

打趣說「愷撒的東西還給了愷撒」，魯迅含笑表示認可〔註262〕。

5月27日，朱安的弟弟朱可銘去世。5月29日，魯迅給朱可銘的長子朱積成（後改名爲朱吉人，在魯迅日記中又寫作「稷臣」）寄去100元錢以示慰問〔註263〕。

1932年（民國21年），53歲

6月4日，魯迅寫信給友人李秉中〔註264〕，提及5月20日前後，他曾經通過北平「朱寓」（即朱安的家），給李秉中轉寄了一張小海嬰的照片。接著，魯迅在信中說起過去在北京生活時，自己的意見從不被家人採納的苦惱〔註265〕。

11月13日，魯迅回北平探望生病的母親，他在寫給許廣平的兩封信中提到朱安的情況。15日的信介紹說，當年周作人的妻子羽太信子聽說魯迅與許廣平在上海同居後，曾經跑來挑唆朱安，要她想開些，多花些錢；後來聽說許廣平懷了孩子，羽太信子又義憤填膺地跑來告訴朱安這一消息。如今，朱安對魯迅一家表示了好感〔註266〕。20日的信介紹道，羽太信子虐待自己在北平一起生活的日籍父母，以至於兩位老人一見到朱安，就要哭訴自己的遭遇〔註267〕。

〔註262〕 增田涉：《魯迅的印象》，湖南人民出版社，1980年版，第45頁。補充：增田涉緊接著透露了他與魯迅談話中涉及的一件鮮爲人知的事：「我記得他（指魯迅——引注）說過，當他被段祺瑞政府通緝，在公使館區的醫院等地方忍著飢餓逃來逃去的時候，偶然也回到家裏，家里人感到爲難，叫他不要回家。我聽了這話的時候心裏想（這自然是聽他說這話時前後的模樣覺察到的），那恐怕就是他決心捨掉家，進而決心捨掉妻子的緣故吧。」（《魯迅的印象》，第45頁）增田涉所透露的魯迅避難時家人（主要是朱安）對魯迅的態度，雖然沒有旁證，也還有一定的價值。但是，他認爲家人對魯迅「嫌棄」的態度是魯迅離開家庭和離開朱安的原因，則主要是出於他的想像，恐怕沒有充足的根據，因爲魯迅離開家人和朱安的原因有很多，並且他早在1926年4月被段祺瑞政府通緝前就有這樣的打算了。

〔註263〕 《魯迅全集》第14卷，第879頁。

〔註264〕 據魯迅日記所載，此信的寫作時間是6月5日午後（見《魯迅全集》第15卷，第18頁）。

〔註265〕 《魯迅全集》第12卷，第87頁。補充：20年代中期，荊有麟曾聽過魯迅這樣評價家人：「她們的成見，比什麼都深，你費了九牛二虎之力，頂多只能改變十分之一二，但沒有多少時候，仍舊復原了。你若再想改革，那她們簡直不得了。真沒辦法。」（荊有麟：《魯迅回憶斷片》，《魯迅回憶錄》上冊，第124頁）魯迅所說的「她們」應該是指妻子朱安和母親魯瑞吧。

〔註266〕 《魯迅全集》第12卷，第120頁。

〔註267〕 《魯迅全集》第12卷，第121頁。

11 月後，因朱安身體常感不適，需加強營養，魯迅給她的零用錢從每月 10 元加到 15 元，而魯迅給母親的零用錢一直維持在每月 20 元；魯迅給朱安和母親每月 100 元的生活費，全由朱安當家支配〔註268〕。

魯迅回北平探親時，朱安曾經與他說到弟弟朱可銘去世後，娘家生活比較困難，要他設法幫助的事〔註269〕。12 月 29 日，魯迅給朱安紹興娘家寄去 80 元錢〔註270〕。

1933 年（民國 22 年），54 歲

1 月 31 日，魯迅給朱安紹興娘家寄去 50 元錢〔註271〕，朱家立即回贈魯迅糟雞、筍乾一簍〔註272〕。

7 月 11 日，魯迅給母親寫信，表明了他同意專門雇人侍侯身體不適的朱安之態度；魯迅在信中也希望母親和朱安能夠體諒他維持家庭生活的艱難〔註273〕。朱安當時患病，病名俗稱「五十肩」，右手擡不起來，但不很嚴重，醫生診斷是婦女更年期疾病〔註274〕。

1934 年（民國 23 年），55 歲

5 月 20 日，魯迅收到 5 月 16 日從北平母親處寄來的信〔註275〕，其中附有一封朱安徵求魯迅對家事安排意見的信。在信中，朱安說弟弟朱可銘的次子朱積功體弱多病，難以勝任在上海的差事，她想讓朱積功到北平家裏來居住，同時在這邊找事做。魯迅並沒有直接給朱安回信，他在 5 月 29 日給母親的回信中轉告朱安，他和三弟周建人曾經努力為朱可銘在上海的 3 個兒子找事做，至於讓老二朱積功去北平生活，可以由朱安自己決定，他沒有意見，也沒有任何主張〔註276〕。

〔註268〕俞芳：《我記憶中的魯迅先生》，第 137 頁。
〔註269〕張自強：《伯宜公遺言兒子留學，其經費作如何安排？——與日本學者尾崎秀樹商榷》，《魯迅研究動態》1988 年第 4 期。
〔註270〕《魯迅全集》第 15 卷，第 45 頁。
〔註271〕《魯迅全集》第 15 卷，第 61 頁。
〔註272〕《魯迅全集》第 15 卷，第 64 頁。
〔註273〕《魯迅全集》第 12 卷，第 197 頁。
〔註274〕俞芳：《我記憶中的魯迅先生》，第 117 頁。
〔註275〕《魯迅全集》第 15 卷，第 149 頁。
〔註276〕《魯迅全集》第 12 卷，第 437 頁。補充：據熟悉周家內情的俞芳觀察，魯迅對朱安娘家是一直以禮相待的：「他曾幫助大師母的弟弟朱可銘的兒子找工作，有時還寄錢資助朱宅。」（俞芳：《我記憶中的魯迅先生》，第 137 頁）

1936 年（民國 25 年），57 歲

10 月 19 日早晨 5 時 25 分，朱安的丈夫魯迅因病在上海去世。

四、走向生命衰竭的蝸牛 （1936.10.19～1947.6.29）

高墻轟然倒塌。傷痕累累的蝸牛無助地躺在廢墟旁，和著眼淚舔舐
自己的傷口，在無情歲月的風霜中它漸漸乾枯，最終走向死亡。

1936 年（民國 25 年），57 歲

魯迅病故的噩耗很快傳到朱安處，她陷入了悲痛之中，但她考慮到年邁的婆婆可能接受不了兒子去世的沉重打擊，就努力克制自己的悲傷，並把家裏那些報導魯迅去世消息的報紙收藏起來。

10 月 22 日，全身帶孝的朱安將南房的東屋布置爲靈堂，將陶元慶畫的魯迅像作爲遺像掛在東墻上，她還在供桌上擺滿了自己親手做的魯迅平時愛吃的食品，以寄託對死者的哀思〔註277〕。

10 月下旬，朱安給小叔子周建人寫信，要他轉告許廣平，她歡迎許廣平母子搬到北平與祖母和她同住，她在信中說：「許妹及海嬰爲堂上（祖母——海嬰注）所鍾愛，倘肯莅平朝夕隨侍，可上慰慈懷，亦即下安逝者。」〔註278〕

魯迅去世後，除了太平洋戰爭爆發後有幾年失去聯繫外，帶著體弱多病的海嬰生活在上海的許廣平，一直爲生活在北平的朱安提供生活費，直至朱安去世爲止〔註279〕。

〔註277〕王惠敏：《漫話北京西三條故居》，《魯迅研究動態》1986 年第 12 期。

〔註278〕周海嬰：《魯迅與我七十年》，南海出版公司，2001 年版（版本下同），第 98 頁。

〔註279〕余一卒在《朱安女士》（《魯迅研究資料》第 13 輯，天津人民出版社，1984 年版）一文中指出，從魯迅去世到 1938 年 6 月，許廣平每月籌款 100 元，供給在北平的朱安和魯瑞作生活費用，其中 1937 年 7 月前是取自魯迅著作的版稅，此後 1 年所寄的費用是許廣平在沒有收入的情況下借貸而來的。1938 年 7 月至 1940 年 4 月，許廣平從《魯迅全集》初版、再版、三版所得的稿費 4000 餘元中，抽出 1300 餘元用來支付朱安和魯瑞的生活費，所餘款項尚無法償還幾年來所欠的 1 萬餘元的債務。1941 年 12 月底至 1942 年 3 月，許廣平被日本憲兵隊投入監獄受盡折磨，這一時期，她中斷了給北平寄生活費，以至引起魯瑞和朱安的誤會。考辨：從許廣平、周海嬰與魯瑞、朱安 1936 年 11 月至 1947 年 6 月朱安去世的往來書信（見《許廣平往來書信選》，《魯迅研究資料》第 16 輯，天津人民出版社，1987 年版，以下簡稱《往來書信》）看：魯迅去世後至 1938 年 10 月，北平的魯瑞和朱安沒有向許廣平催促寄款。在 1938 年 11 月 8 日致許廣平的信中，魯瑞提出「希斟酌現狀，每月能籌出

　　11 月 1 日，《實報》等新聞媒體上刊登了朱安爲魯迅守靈和哭靈的照片〔註280〕。

　　11 月 3 日，魯迅的母親魯瑞首次以婆婆的身份給許廣平寫信，聲稱「以後我與你既係婆媳，兩不客氣」，「只要海嬰一長大成人，你就是我周家的功臣」；在信中，魯瑞還把朱安對待他們母子的態度告知許廣平：「我的大媳婦很明白，也很想念你和海嬰呢。」〔註281〕

1937 年（民國 26 年），58 歲

　　3 月 25 日，魯迅在紹興任教時期的學生宋琳致信許廣平，聲明「大師母」朱安與「太師母」魯瑞一樣，對於許廣平「決無異視」，並說朱安曾經表示，要把自己的將來託付給海嬰，而魯迅的所有遺著她都交由許廣平來管理〔註282〕。

　　4 月，周作人未經與在上海的三弟周建人和許廣平商議，與不識字的寡嫂朱安訂立八道灣房產議約，把原戶主名周樹人改爲周作人〔註283〕。

若干寄我轉付家用」的要求，在 1939 年 2 月 2 日的信中，魯瑞告知收到了許廣平籌來的 50 元生活費，3 月 1 日的通信只提及收到生活費，估計是 50 元。從 1939 年 4 月～1940 年 5 月，許廣平給魯瑞和朱安每個月寄的生活費是 40 元，1940 年 6 月～9 月爲每月 50 元，10 月爲 40 元，1940 年 11 月～1941 年 10 月爲每月 50 元。《往來書信》中沒有 1941 年 10 月至 1944 年 7 月的信件，生活費的寄送也隨通信的中斷而停止。1943 年魯瑞去世，朱安的生活日漸困窘。1944 年 8 月，在上海的許廣平聽說了朱安準備出售魯迅藏書的消息後，立即致信朱安，勸阻她出售魯迅藏書，並承諾繼續給朱安提供生活費。由於物價飛漲，許廣平此後寄給朱安的錢款數目變化很大：1945 年 11 月寄了法幣 1 萬元，到 1947 年朱安去世前寄的數目已達 100 萬元。

〔註280〕在《實報》半月刊第 2 卷第 2 期上，刊登了兩幅照片，一爲魯瑞與朱安的合照，注明「在平故居之魯迅老母魯氏」與「魯迅之元配妻朱氏」；二爲朱安哭靈圖，注明「魯迅北平故居之書室現已爲靈堂矣。」

〔註281〕《許廣平往來書信選》，《魯迅研究資料》第 16 輯，天津人民出版社，1987 年版（版本下同），第 3～4 頁。

〔註282〕《許廣平往來書信選》，《魯迅研究資料》第 16 輯，第 10 頁。

〔註283〕《八道灣房產議約》全文如下：「立議約人周朱氏、周作人、周建人緣有浙江紹興城內覆盆橋祖遺房產一所，曾於民國八年全家移居北平，將房出售，即以所得之款換購北平內西區新街口八道灣十一號住房，仍歸三房共有。經公同議定，嗣後只准居住，未得三房同意，不得單獨典賣。惟其戶名則由長房樹人出名，倘有事故，再以次房作人、三房建人挨次輪具。所需老太太生養死葬之費，亦在其中。酌留全部四分之一以資公用，有餘部分作爲百年之後輪流值祭之用。恐口無憑，立約各執存證。立議約人周朱氏、周作人、周建人（周芳子代），見中鄉長壽鵬飛，公親阮文同，代筆宋琳。」（《魯迅研究月

5月3日，魯迅生前的摯友許壽裳致信許廣平，認爲他編寫的魯迅年譜不可不提魯迅與朱安結婚之事，希望許廣平能夠諒解〔註284〕。許壽裳的《魯迅先生年譜》是這樣記載婚事的：1906年6月（指陰曆），魯迅「回家與山陰朱女士結婚」〔註285〕。

7月2日，朱安致信許廣平，委託她全權處理《魯迅全集》出版事宜——「景宋女士：聞先夫魯迅遺集全部歸商務書館出版，姊甚贊成，所有一切進行以及訂約等事宜，即請女士就近與該書館全權辦理爲要。」在信中，朱安還詢問許廣平回北平探親的日期〔註286〕。

11月，朱安患痢疾住進同仁醫院治療〔註287〕。

1938年（民國27年），59歲

由於物價上漲，朱安和魯瑞的生活費用拮据。從1月起，周作人每月提供50元，用作母親魯瑞的部分生活費〔註288〕。

12月，朱安和魯瑞的生活變得相當艱難，在15日的信中，魯瑞要許廣平立即匯款以濟家用〔註289〕。

1939年（民國28年），60歲

1月，許廣平託魯迅生前好友李霽野轉交給朱安生活費40元〔註290〕，由於上海與北平匯兌十分不便，在隨後兩年中，許廣平一直委託在北平的李霽野每月給魯瑞、朱安送去生活費，許廣平再集中錢款託人捎帶，或者匯寄給

刊》1997年第12期）

〔註284〕 許壽裳對許廣平說：「年譜上與朱女士結婚一層，不可不提，希弟諒察。」（《許壽裳致許廣平信二十七封》，《魯迅研究資料》第14輯，天津人民出版社，1984年版）許廣平贊同許壽裳的做法，她後來評述道：「至於朱女士的寫出，許先生再三聲明，其實我絕不會那麼小氣量，難道歷史家的眼光，會把陳迹洗去嗎？」（許廣平《〈魯迅年譜〉的經過》，《魯迅研究資料》第1輯，文物出版社，1976年版）。

〔註285〕 許壽裳：《魯迅先生年譜》，《我所認識的魯迅》，人民文學出版社，1952年版。

〔註286〕 《許廣平往來書信選》，《魯迅研究資料》第16輯，第22頁。

〔註287〕 《許廣平往來書信選》，《魯迅研究資料》第16輯，第34頁。

〔註288〕 《許廣平往來書信選》，《魯迅研究資料》第16輯，第46頁。另據周海嬰說：「自魯迅逝世至1937年底共14個月，太師母和朱安的生活費全部由許廣平承擔。直到1938年1月開始，周作人才承擔太師母的生活費五十元。」（《魯迅與我七十年》，第75頁）。

〔註289〕 《許廣平往來書信選》，《魯迅研究資料》第16輯，第48頁。

〔註290〕 《許廣平往來書信選》，《魯迅研究資料》第16輯，第49頁。

李霽野。

　　7 月 4 日，魯瑞致信告訴許廣平，半年來，她從周作人每月給她提供的 50 元中留下 20 元零花，其餘 30 元交給朱安作爲家用〔註 291〕。

　　7 月 17 日，許廣平在信中請魯瑞告知朱安節省家用開支，至於爲買煤再去借款，她認爲自己難以承受，並發出「長此以往，賣身也無補，眞不知如何是好耳」的沉重感歎〔註 292〕。

1940 年（民國 29 年），61 歲

　　3 月 22 日，在成都任教的許壽裳收到魯迅母親魯瑞的來信，描述北平物價昂貴和朱安生活困難的窘境，許壽裳於 23 日致信許廣平，請她設法給北平籌款，以解朱安和魯瑞的生活之急〔註 293〕。

1941 年（民國 30 年），62 歲

　　1 月 23 日，魯瑞致信許廣平，說她和朱安每月的生活費用超過了 200 元〔註 294〕。

　　9 月下旬，許廣平給朱安和魯瑞寄去 10 月份的生活費 50 元〔註 295〕。

　　12 月底，許廣平被捕，受盡日本憲兵的折磨，許廣平與北平的一切聯繫都中斷。在隨後的兩年多里，朱安只能靠小叔子周作人的接濟爲生〔註 296〕。

〔註 291〕《許廣平往來書信選》，《魯迅研究資料》第 16 輯，第 57 頁。
〔註 292〕《許廣平往來書信選》，《魯迅研究資料》第 16 輯，第 58 頁。
〔註 293〕《許廣平往來書信選》，《魯迅研究資料》第 16 輯，第 61 頁。考辨：1940 年 5 月 9 日，許壽裳再次致信許廣平，說他接連收到魯瑞來信，信中確有「不當之處」，他已經給老人回信，說她的信傷害了寡媳許廣平。許壽裳還安慰許廣平說魯迅生前就視她爲妻，她的這種地位「無論何人，不能動搖」（《許廣平往來書信選》，第 63 頁）。從許壽裳這兩封來信看，魯瑞與許廣平婆媳之間發生了衝突（大約在 1939 年下半年至 1940 年 3 月份），魯瑞可能對許廣平說了一些過激的話。但老人具體說了什麼過激的話，以及婆媳衝突緣何而起，後人比較難以確知，因爲婆媳衝突期間的一些信件沒有在這批「往來信件」中出現（或者已經遺失）。筆者根據許壽裳信中的暗示推測，魯瑞很可能對許廣平某些言行不滿（比如魯瑞看了許廣平在 1939 年 7 月 17 日信中「長此以往，賣身也無補」的抱怨會很惱火），因此，說了些諸如許廣平不是魯迅的妻子之類的氣話。因爲戰時生活的艱辛，魯迅的遺族之間產生一些誤解和衝突，也屬正常，算得上是「凡人的悲哀」之一種。
〔註 294〕《許廣平往來書信選》，《魯迅研究資料》第 16 輯，第 68 頁。
〔註 295〕《許廣平往來書信選》，《魯迅研究資料》第 16 輯，第 70 頁。
〔註 296〕1944 年 10 月 14 日，唐弢等人見到了生活陷於極端困頓中的朱安，唐弢描述了朱安回顧自己靠周作人接濟度日的困窘：「『每月拿他一百五十元』，朱夫人

1943 年（民國 32 年），64 歲

4 月 22 日，朱安的婆婆魯瑞去世。臨終前，魯瑞留下遺囑，將周作人每月提供給她的 150 元錢，轉給侍侯了她半輩子的長媳朱安。朱安本想拒絕婆婆的這份好意，但魯瑞要求朱安一定得收下，因爲這是她本人的錢，與別人無關。朱安只能接受婆婆的好意，因爲她覺得自己「生爲周家人，死爲周家鬼」，因此，「娘娘（婆婆）怎樣說，我怎樣辦，決不違背」〔註297〕。

魯瑞去世後，朱安遷入婆婆原先住的北房東頭居住，而她原來的居室辟爲魯迅藏書室〔註298〕。魯瑞臨終前曾委託東鄰的表侄阮家照顧朱安，阮家人也就搬進周家宅院居住。在隨後的 3 年裏，朱安在親戚的幫助下，支撐著病弱的身體看護魯迅的遺物和整個魯迅故居〔註299〕。

1944 年（民國 33 年），65 歲

夏天，朱安陷入極度的生活貧困中，她只好伸手向周作人借錢。周作人給寡嫂朱安出主意：變賣魯迅的藏書以度時日。8 月 25 日，《新中國報》刊載了「魯迅先生在平家屬擬將其藏書出售，且有携帶目錄向人接洽」的消息。在上海的許廣平很快獲悉了這一驚人的消息〔註300〕。

8 月 31 日，許廣平致函朱安，希望她不要出售魯迅的藏書，認爲保存魯迅遺物是家屬應盡的責任，並承諾自己今後將盡最大的努力來維持朱安的生活〔註301〕。

10 月 14 日，唐弢、劉哲民代表許廣平來北平探望朱安。他們看到朱安的生活的確十分窘困，朱安晚餐吃的是湯水似的稀粥，菜碟裏只有幾塊醬蘿蔔。聽了唐弢勸阻她出售魯迅藏書的話後，朱安衝著陪同客人而來的宋紫佩說：「你們總說魯迅遺物，要保存，要保存！我也是魯迅遺物，你們也得保存保

低下頭，細聲說，『我的眼淚一直往肚裏咽。』『的確太少了』，『不！』她望了望我說，『我不是這意思，你知道，大先生生前，從來沒有要過老二一分錢』。」（唐弢：《〈帝城十日〉解》，《新文學史料》1980 年第 3 期）

〔註297〕唐弢：《〈帝城十日〉解》，《新文學史料》1980 年第 3 期。

〔註298〕葉淑穗、楊燕麗：《從魯迅遺物認識魯迅》，第 493 頁。

〔註299〕王惠敏：《漫話北京西三條故居》，《魯迅研究動態》1986 年第 12 期。

〔註300〕周海嬰：《魯迅與我七十年》，第 130 頁。考辨：周海嬰說許廣平得到周作人慫恿朱安出售魯迅藏書的消息是 1944 年秋天，其實應該是在夏天，因爲許廣平得到消息後立即給朱安寫的第一封信是 1944 年 8 月 31 日（見《許廣平往來書信選》，《魯迅研究資料》第 16 輯，第 71 頁）。

〔註301〕《許廣平往來書信選》，《魯迅研究資料》第 16 輯，第 71～72 頁。

存我呀！」及至唐弢說起海嬰的情況，朱安的臉上才漸漸有了笑意。最後，唐弢告訴朱安，她今後的生活費仍由許廣平負擔，如有困難，朋友們願意幫助支付〔註 302〕。

1945 年（民國 34 年），66 歲

11 月 24 日，朱安寫信給周海嬰，告知收到許廣平轉送來的法幣 1 萬元，表示感謝，並希望許廣平早日回到北平〔註 303〕。

11 月 27 日，朱安再次致信周海嬰，通報前一日魯迅生前老友沈兼士派女兒送來「準備票」5 萬元（折合法幣 1 萬元）的事情，並對自己淪落到受人憐恤的地步深表羞愧，她希望海嬰「能早自努力光大門楣，汝父增色，亦一洗我一生之恥辱也」〔註 304〕。

11 月 30 日，周海嬰給朱安回信，稱呼她為「姆媽」。海嬰告訴朱安，沈兼士路過上海，許廣平託他給北平捎帶 1 萬元生活費，但沈先生說服生活困難的許廣平留下這筆錢，由他回北平籌款給朱安。海嬰還說他們母子也像朱安一樣，寧肯受苦，也不願隨意接受別人的憐恤〔註 305〕。

在 12 月 27 日的信中，朱安告訴海嬰，她先後拒絕了北平《民強報》朱學郭和朝鮮藝術劇團徐姓理事長的贈款，聲明自己「寧自苦，不願苟取」。朱安還讓人收集登載有倡導「為魯迅遺族募捐」文章的《世界日報》給海嬰寄上，與他商量應對策略〔註 306〕。

1946 年（民國 35 年），67 歲

1 月 13 日，朱安告知周海嬰，北平物價飛漲，她每月生活費需要 4 萬元，眼下她的錢已用盡，只好「腆顏實告」，請海嬰和許廣平為她籌寄生活費〔註 307〕。

1 月 16 日，許廣平致函朱安，告知已給她籌寄法幣 9 萬元，對朱安「寧自苦，不願苟取」深表欽佩〔註 308〕。

1 月 24 日，國民黨中央黨部秘書長鄭彥芬來看望朱安，代表蔣介石饋贈

〔註 302〕 唐弢：《〈帝城十日〉解》，《新文學史料》1980 年第 3 期。
〔註 303〕 《許廣平往來書信選》，《魯迅研究資料》第 16 輯，第 72～73 頁。
〔註 304〕 《許廣平往來書信選》，《魯迅研究資料》第 16 輯，第 73 頁。
〔註 305〕 《許廣平往來書信選》，《魯迅研究資料》第 16 輯，第 74 頁。
〔註 306〕 《許廣平往來書信選》，《魯迅研究資料》第 16 輯，第 75 頁。
〔註 307〕 《許廣平往來書信選》，《魯迅研究資料》第 16 輯，第 76 頁。
〔註 308〕 《許廣平往來書信選》，《魯迅研究資料》第 16 輯，第 77 頁。

法幣 10 萬元。起初，朱安謝絕捐贈，鄭彥芬說別人的可以不收，但這筆錢是委員長給朱夫人治病和貼補家用的，一定要領受，他回去向委員長代朱夫人致謝就可以了。朱安覺得鄭彥芬說得有理，也就接受了。2 月 1 日，朱安致函許廣平，告知她接受鄭彥芬送來的贈款之事。在信中，朱安說如果許廣平那邊需要錢，可以兌回一部分去，她還表示，自己已經 70 來歲，會省吃儉用的。朱安也十分關心海嬰對無線電的興趣，認為「凡人有一藝之長便可以立足」〔註309〕。

1 月，朱安通過北平地方法院訂立《贈予契約》，將北京西 3 條 21 號房產地基，以及其他房產、書籍、用具、出版權等魯迅遺留的動產與不動產，轉贈給周海嬰，並寫明朱安生養死葬之費用，全部由周海嬰的法定代理人許廣平承擔〔註310〕。

夏季，朱安患了腳氣病。7 月 6 日，朱安致信海嬰，談起自己得腳氣病的情況，並請許廣平籌集生活費〔註311〕。

8 月 22 日，朱安致信海嬰，談及物價飛漲帶來的生活壓力，並表示總讓許廣平費心，自己花起錢來實在難受，朱安說她很想念海嬰和母親，希望給她寄一張母子的合照〔註312〕。

9 月 30 日（陰曆 9 月 6 日），朱安在家招待參加魯迅去世 10 週年紀念活動的親友〔註313〕。

10 月 18 日，朱安致函許廣平，說她收到海嬰和許廣平母子的照片，心裏

〔註309〕 《許廣平往來書信選》，《魯迅研究資料》第 16 輯，第 79～80 頁。
〔註310〕 該《贈予契約》全文如下：「周樹人公（即魯迅先生）遺產業經周朱氏與周淵（即周海嬰——引注）分割無異，周朱氏所得北平宮門口西三條胡同貳拾壹號房產地基以及其他房產書籍用具出版權等一切周樹人公遺留動產與不動產之一部，情願贈與周淵，周淵其法定代理人許廣平允諾接受並承擔周朱氏生養死葬之一切費用責任，為免日後糾紛特立此約為據。贈與人：周朱氏，受贈人：周淵，法定代理人：許廣平，證人：沈兼士、張榮乾、吳昱恒、徐盈、阮文同、宋紫佩。」（錄自葉淑穗、楊燕麗：《從魯迅遺物認識魯迅》，第 486 頁）
〔註311〕 《許廣平往來書信選》，《魯迅研究資料》第 16 輯，第 81 頁。
〔註312〕 《許廣平往來書信選》，《魯迅研究資料》第 16 輯，第 82 頁。
〔註313〕 《許廣平往來書信選》，《魯迅研究資料》第 16 輯，第 85 頁。考辨：魯迅於 1936 年 10 月 19 日去世，朱安為什麼在 1946 年 9 月 30 日舉行魯迅去世 10 週年活動呢？原因在於魯迅是 1936 年陰曆 9 月 5 日去世的，朱安從此把這天當作丈夫的忌日。經查，1946 年陰曆 9 月 5 日是公曆的 9 月 29 日，那麼朱安是在魯迅忌日的第二天 9 月 30 日舉行的紀念活動。

非常高興，她還爲海嬰提供了用麻雀蛋治氣喘病的偏方〔註314〕。

秋冬之交，朱安心臟病加重。10 月 20 日，在魯迅逝世 10 週年之際，許廣平回到北平整理魯迅遺物，並爲朱安尋醫問藥〔註315〕，離京前，她託老同學劉清揚照料朱安的生活及魯迅故居〔註316〕。

許廣平回到上海後，朱安於 11 月 24 日致信道謝，她頗爲動情地對許廣平說：「你走後，我心裏很難受，要跟你說的話很多，但當時一句也想不起來，承你美意，叫我買點吃食補補身體，我現在正在照你的話辦。」〔註317〕

1947 年（民國 36 年），68 歲

1 月，朱安氣喘不已，夜不能眠，經醫生診斷，她患有心臟病。朱安治病用去大筆錢，她於 1 月 8 日寫信向許廣平索要生活費，許廣平當即給朱安籌集了 90 萬元的兩筆錢款〔註318〕。

2 月 9 日，朱安致函許廣平，說她希望得到一本《魯迅書簡》，預備送人做人情〔註319〕。

3 月 1 日，朱安全身浮腫，病情加重，她預感到自己將不久於人世，於是致信許廣平，留下關於如何處理她後事的遺囑，她要求用好的壽材，要求死後與魯迅合葬，並對壽衣的款式規格作了詳盡的說明〔註320〕。

3 月 3 日，許廣平立即給朱安寄去 100 萬元錢治病，並勸她不要心急，慢慢調養病情會好轉的。同時，許廣平告知朱安，由於海嬰被確診爲肺病初期，需要護理，她無法去北平探視，請鄰居阮家（魯迅表兄）和宋琳暫時照顧朱

〔註314〕《許廣平往來書信選》，《魯迅研究資料》第 16 輯，第 87～88 頁。

〔註315〕周海嬰：《魯迅與我七十年》，第 98～100 頁。考辨：周海嬰說許廣平是在 10 月 22 日抵達北平，可能有誤；按許廣平本人的自述，她是 10 月 20 日（魯迅去世 10 週年的後 1 天）回到北平的（許廣平《北行觀感》，轉引自葉淑穗：《魯迅藏書是怎樣保存下來的》，《魯迅研究動態》1985 年第 7 期）。

〔註316〕葉淑穗：《魯迅藏書是怎樣保存下來的》，《魯迅研究動態》1985 年第 7 期。

〔註317〕《許廣平往來書信選》，《魯迅研究資料》第 16 輯，第 89 頁。

〔註318〕《許廣平往來書信選》，《魯迅研究資料》第 16 輯，第 92～93 頁。

〔註319〕《許廣平往來書信選》，《魯迅研究資料》第 16 輯，第 95 頁。

〔註320〕該遺囑的具體內容是：「身後所用壽材須好，亦無須在北平長留，至上海須與大先生合葬。衣服著白色小衫褲一套，藍棉襖褲一套，小腳短夾襖一件，小常青夾襖一套，褲袍一件，淡藍絲綢一件，紅青外套一件，藍裙一條，大紅被一條，開領黃被一條，粉被一條，長青圓帽一頂，衾一件，招魂袋一個。須供至七期。」（《許廣平往來書信選》，《魯迅研究資料》第 16 輯，第 96 頁）

安〔註321〕。

4月1日，許廣平對北平的友人提出了處理朱安後事的原則：朱安喪事從簡，就近安葬在魯迅母親魯瑞的墓旁；朱安治病和身後喪葬費用，她已經先後寄去350萬元，還將盡力籌款續寄〔註322〕。

5月14日，朱安寫信給許廣平，說自己的病復發並加重，每到半夜發病尤爲厲害，氣喘不過來，非常難受，感覺自己的病是不可能治好了，還說自己的病花了很多錢，忙壞許多親友，她除了感謝之外只有慚愧〔註323〕。

6月23日，朱安致函許廣平，她對許廣平說，「您對我的關照使我終身難忘，您一個人要負擔兩方面的費用，又值現在生活高漲的時候，是很爲難的」，「我聽說海嬰有病，我很記掛他，您要給他好好地保養。同時您的健康也很重要。別的話等下次再告訴您吧！」〔註324〕但是，朱安再也沒有機會給許廣平寫信了，這是她寄給許廣平母子的最後一封信。

6月24日，照顧朱安的阮紹先（魯迅的表侄）致信許廣平，描述朱安去世前幾日的慘狀：「她的全身已全腫，不能仰臥，翻身亦須有人幫忙，時常在床上就大小便起來了，夜中時時胡語，醒後云曾見到去世之各親友等事……」〔註325〕

6月28日，朱安接受記者的採訪，對魯迅和許廣平進行了評價，她說：「周先生對我並不壞，彼此間沒有爭吵，各有各的人生。……許先生待我極好，她懂得我的想法。她肯維持我，不斷寄錢來。……她的確是個好人。」〔註326〕

同一日，朱安感到自己就要離開人世，神志十分清楚的她召見宋琳至病榻前，讓宋琳轉告許廣平兩點：一、她要與魯迅合葬，二、每七須供水飯，至五七日給她念點經。宋琳在寫給許廣平的信中描述了朱安與他見面時的情態，「她病時一無親故可靠之人，情實可憐，一見琳終是淚流滿面，她念大先生，念先生（指許廣平——引注）又念海嬰」〔註327〕。

〔註321〕《許廣平往來書信選》，《魯迅研究資料》第16輯，第97頁。
〔註322〕《許廣平往來書信選》，《魯迅研究資料》第16輯，第100～101頁。
〔註323〕《許廣平往來書信選》，《魯迅研究資料》第16輯，第103頁。
〔註324〕《許廣平往來書信選》，《魯迅研究資料》第16輯，第104～105頁。
〔註325〕《許廣平往來書信選》，《魯迅研究資料》第16輯，第105頁。
〔註326〕《朱夫人寂寞死去》，1947年7月29日《新民報》（南京）。
〔註327〕《許廣平往來書信選》，《魯迅研究資料》第16輯，第107～108頁。

6月29日早晨，朱安死於心臟衰竭等疾病，走完了她孤獨的人生之路〔註328〕。

五、尾聲：悠悠身後歲月（1947年6月以後）

「生爲周家人，死爲周家鬼。」〔註329〕如果有來世，朱安還會做蝸牛，還會如此癡心地攀附在「高牆」上做犧牲品嗎？

1947年（民國36年），68歲

6月29日，朱安的葬禮辦得比較儉樸，總的花費約三、四百萬元，但主持葬禮的宋琳和阮家表親等親友還是遵照遺囑，爲死者請來和尚念經〔註330〕。

7月1日，朱安的靈柩埋入北平西直門外保福寺周作人所屬的墓地，她並沒有與婆婆埋在一起，更不可能與埋在上海的魯迅合葬〔註331〕。

7月5日，周作人妻子羽太信子等人來到魯迅故居，說她要搬走朱安「借用」的物品。過了幾天，羽太信子帶著四、五人來魯迅故居撬開房門搬運物品，與其他魯迅親友發生劇烈衝突，直至親友招來警察，才制止了他們的搶奪行爲〔註332〕。

〔註328〕1947年6月29日，與朱安比鄰而居的魯迅表侄阮紹先給上海的許廣平發去電報：「表嬸晨病故後事如何速覆轉喬峰阮。」（引自王得後《〈兩地書〉研究》，天津人民出版社，1995年版，第265頁）。

〔註329〕唐弢：《〈帝城十日〉解》，《新文學史料》1980年第3期。

〔註330〕《許廣平往來書信選》，《魯迅研究資料》第16輯，第106～107頁。

〔註331〕《許廣平往來書信選》，《魯迅研究資料》第16輯，第106頁。補充：據燕麗的《朱安埋在哪裏》交代：「1947年7月9日朱安死後的第10天，在宋琳致許廣平信中寫到『大師母喪事已由謝阮兩位太太會同主持辦理完畢，亦甚簡單，暫借西直門外保福寺二先生家私地安葬。』另外1947年7月3日阮紹先致許廣平信中也提到：『徐盈先生曾派人或電話均未找到塋地，由謝太太、宋先生、家母與豐一商洽，結果暫葬於二先生所有另一塊墳地中……』由於信中提到豐一，所以我們又訪問了周豐一同志，據他所講，朱安的確如宋琳信中所講，埋在了西直門外保福寺，這裏只埋了朱安一人，並沒有陪伴在婆婆身邊。」而魯迅母親則是埋葬在北京西郊板井村（《魯迅研究動態》1985年第6期）。

〔註332〕《許廣平往來書信選》，《魯迅研究資料》第16輯，第110～111頁。這裏所引的是魯迅的表侄阮紹先的回憶。周海嬰的《一份八道灣「議約」》也有記載：「周作人家乘喪事來西三條強取傢具等物品，她（常瑞麟）和幾位朋友仗義共同制止，甚至由法院執法，他們才悻悻而退。」（《魯迅研究月刊》1997年第12期）

8 月初，宋琳、阮家等親友爲朱安做「五七」紀念，請來 7 名和尙念經，並給死者送燒了傘花等冥物〔註333〕。

1948 年（民國 37 年），69 歲

因朱安的墓地原屬周作人家的私地，在這一年曾被當作漢奸財產沒收〔註334〕。

1950 年，71 歲

3 月，許廣平將北京魯迅故居，以及魯迅的手稿和藏書全部捐獻給了國家。

5 月，文物部門在許廣平的指導下，開始布置北京魯迅故居，他們將朱安在婆婆去世後住的北房東間，復原爲魯迅母親魯瑞的居室，而朱安的原住房，則按朱安生前的布置，作爲魯迅的藏書室〔註335〕。在此後的 30 多年裏，作爲魯迅結髮妻子的朱安，在北京魯迅故居和在魯迅的生平傳記中逐漸被遺忘。

1966 年，87 歲

在文革破「四舊」運動中，朱安的墳地被毀壞〔註336〕。

1986 年，107 歲

10 月 15 日，魯迅逝世 50 週年前夕，在北京魯迅故居中消失了長達 36 年的朱安居室經布置後，得以與觀眾見面〔註337〕。

北京魯迅故居從室內布置上恢復了朱安居室的原貌：一進門靠北墙，是一張四尺竹床，這是 1924 年魯迅買的，床上掛著一張白麻粗布的帳子，床上鋪的是補花床單，放著一床紫色鑲花邊的被子，床後放一馬桶，西墙邊放著一個高五尺的大黑櫃，也是從紹興老家帶到北京的。櫃的旁邊放著一個書格，窗下放著一個二屜桌，桌邊放著兩個圓凳。東墙邊放著一個面盆架〔註338〕。

到此時，作爲魯迅結髮妻子的朱安才眞正開始從湮沒了 30 多年的歷史深

〔註333〕 《許廣平往來書信選》，《魯迅研究資料》第 16 輯，第 113 頁。
〔註334〕 段國超：《魯迅家世》，教育科學出版社，1998 年版，第 202 頁。
〔註335〕 葉淑穗、楊燕麗：《從魯迅遺物認識魯迅》，第 493 頁。
〔註336〕 段國超：《魯迅家世》，第 202 頁。
〔註337〕 葉淑穗、楊燕麗：《從魯迅遺物認識魯迅》，第 494 頁。
〔註338〕 葉淑穗、楊燕麗：《從魯迅遺物認識魯迅》，第 494 頁。

處走來，並出現在公眾面前。

1996 年，117 歲

10 月，北京魯迅博物館在魯迅逝世 60 週年之際，舉辦「魯迅生平展」，比較客觀地再現了魯迅的妻子朱安在魯迅家庭生活中的地位〔註 339〕。

（本文作於 2003 年，與李嵐合作撰寫）

〔註 339〕劉麗華、崔少英：《大型「魯迅生平展」轟動京城，引起觀眾強烈反響》，《魯迅研究月刊》，1997 年第 1 期。

第二編　民國時空裏魯迅的悲劇性體認

生命輪迴與歷史循環
——魯迅對人生和歷史的悲劇性體認

一、質疑一個「定論」

　　魯迅研究領域存在著許多「定論」，其中一個「定論」認為：魯迅一生的思想呈現著由進化論向階級論、革命論發展的軌迹。早在 1933 年，瞿秋白在為《魯迅雜感選集》作序時就「創造性」地提出了這一觀點：「魯迅從進化論進到階級論，從紳士階級的逆子貳臣進到無產階級和勞動群眾的真正友人，以致於戰士，……」〔註 1〕40 年代初，胡風在《作為思想家的魯迅》一文中進一步強化了這一思想，他說：「魯迅先生一生所走的思想路線，是由進化論發展到革命論。」〔註 2〕瞿秋白、胡風的觀點在中華人民共和國成立後的 30 多年裏通過眾多大學中文系現代文學史教材而被確立為「定論」，並發展出這樣為眾多現代文學研究者所接受的「史識」：魯迅在 1927 年大革命失敗前後實現了由進化論向階級論的轉變，魯迅的思想發展歷程指明了中國新文化運動的發展方向。

　　在瞿秋白、胡風以及一般的研究者眼中，進化論與階級論相比，是魯迅思想體系中一種不成熟的思想，由進化論向階級論的轉變是由低級向高級思

〔註 1〕 李宗英、張夢陽編：《六十年來魯迅研究論文選》上冊，中國社會科學出版社，1982 年版，第 122 頁。

〔註 2〕 同上，第 493 頁。

想體系的進化。然而，上述研究者恰恰就是運用這種「不成熟的」、「較低級的」進化論眼光來描述魯迅思想的變化的（瞿秋白用的是「進到」，胡風用的是「發展到」）。

　　青年時代的魯迅的確深受進化論的影響。據魯迅的散文《瑣記》介紹，他在南京礦路學堂求學時就接觸了嚴復翻譯的《天演論》，書中「物競天擇、適者生存」的新鮮思想令這位勤於思考的青年感到深深的震撼。留學日本後，進化論思想對魯迅繼續產生著影響，他撰寫了介紹進化論思想源流的《人之歷史》一文。他還在《科學史教篇》中提出了螺旋式的進化史觀：「所謂世界不直進，常曲折如螺旋，大波小波，起伏萬狀，進退久之而達水裔（水裔：指更高的階段——引注），蓋誠言哉。」〔註3〕像清末大多數有志之士一樣，魯迅主要是出於對中國社會落後的認識以及由此引出的民族的危機意識而接受「物競天擇」進化觀的；而在五四新文化運動中，進化論又成了魯迅和他的盟友們向迂腐守舊的文化保守派發動批判的思想武器。當時，魯迅從進化論出發，提出了一種嶄新的生命觀，向傳統的「祖先崇拜」生命觀發起挑戰，他在創作於 1919 年 10 月的《我們現在怎樣做父親》一文中不無天真地宣稱：「……後起的生命，總比以前的更有意義，更近完全，因此也更有價值，更可寶貴；前者的生命，應該犧牲於他。」〔註4〕

　　然而，中國近現代歷史和現實不斷使魯迅的進化理想落空。魯迅目睹了辛亥革命和二次革命的興起和失敗，他見過袁世凱稱帝，見過張勳復辟，見過一批又一批軍閥在中國政壇上的爭權奪利……用他本人寫在《〈自選集〉自序》的話說，「看來看去，就看得懷疑起來，於是失望，頹唐得很了」〔註5〕。20 年代中期各種政治勢力的互相殘殺更令他的進化論思想受到現實的質疑。他在《三閒集·序言》中坦誠相告他本人 1927 年大革命失敗時期的心迹：「我一向是相信進化論的，總以為將來必勝於過去，青年必勝於老人，……然而後來我明白我倒是錯了。這並非唯物史觀的理論或革命文藝的作品蠱惑我的，我在廣東，就目睹了同是青年，而分兩大陣營，或則投書告密，或則助官捕人的事實！我的思路因此轟毀，後來便時常用了懷疑的眼光去看青年，不再無條件的敬畏了。」〔註6〕

〔註3〕　《魯迅全集》第1卷，第28頁。
〔註4〕　《魯迅全集》第1卷，第132頁。
〔註5〕　《魯迅全集》第4卷，第455頁。
〔註6〕　《魯迅全集》第4卷，第5頁。

　　許多現代文學研究者根據這一陳述，認定魯迅從 1927 年起由進化論者變成了階級論者。但事實上，魯迅早在 1924 年寫的《又是「古已有之」》一文中就說過，由於歷史與現實具有驚人的相似之處，他是「不甚相信歷史的進化的」〔註 7〕。「古已有之」是魯迅對現實與歷史的相似性的概括，不過，魯迅並不像那些守舊派那樣以「古已有之」來反對變革，反對創新，他是在深刻地洞察了歷史的惰性和歷史的循環特徵之後得出這一認識的。

　　進化論把生命和歷史看作是不斷由低級向高級的發展；階級論把歷史的發展完全歸因於階級衝突，這些「喜劇式」的歷史觀，同魯迅對人生、歷史複雜性，曲折性的悲劇性體認有著較大的差別。魯迅對人生、歷史充滿洞見的悲劇性體認主要表現在他對生命存在和歷史運行基本軌迹的獨特把握上。

二、生命的「輪迴」圓圈

　　「輪迴」是佛教的基本詞彙，又稱「六道輪迴」。「六道」指的是天道、人道、阿修羅道、地獄道、餓鬼道、畜生道。佛家以「六道輪迴」來描述世上一切生物的命運軌迹。佛家認為，一切生命各依照其所修的「業」（「業」指作惡的大小、積德的多寡、修行的深淺），永世在「六道」中生死循環、轉化不已。這「六道」中的生死輪迴構成了一切生物的命運軌迹，它呈現為一個封閉型的圓圈。

　　魯迅對人類命運的感悟和理解與佛家有驚人的相似性，他創作於 1933 年 4 月的《中國人的生命圈》一文所描述的中國人的生命運行軌迹與佛教的「六道輪迴」圖式呈現出相同的結構特徵。這篇雜文涉及了這樣的社會事件：1933 年 2 月至 4 月，國民黨軍隊發動對紅軍根據地的第四次軍事圍剿，并出動飛機轟炸根據地軍民；同年 3 月，日本軍隊在河北承德一帶進攻中國軍隊，出動飛機狂炸，人民死傷慘重。魯迅在這篇文章中把紅色根據地稱作「腹地」，把日軍進攻的前線稱作「邊疆」。他看到邊疆上是炸、炸、炸，腹地裏也是炸、炸、炸，他想到中國民眾（「蟻民」）命運的悲慘而勾勒出了「中國人的生命圈」。他這樣描述道：「想來想去，想到了一個『生命圈』。這就是說，既非『腹地』，也非『邊疆』，是介乎兩者之間，正如一個環子，一個圈子的所在，在這裏倒或者也可以『苟延性命於 X 世』的。」不過，魯迅又指出，隨著「邊

〔註 7〕　《魯迅全集》第 7 卷，第 230 頁。

疆」上的日炸夜轟，中國民眾企求「苟延性命於 X 世」也成爲不可實現的幻想，因爲隨著日軍「再從外面炸進來，這『生命圈』便收縮而爲『生命線』；再炸進來，大家便都逃進那炸好的『腹地』裏面去，這『生命圈』便完結而爲『生命○』」〔註 8〕。魯迅用「生命圈」、「生命線」、「生命○」三種圖式揭示了現代中國民眾日益惡化的命運。

總之，在魯迅看來，中國民眾不管如何逃難，如何掙扎，他們其實都是生活在死神佈下的圓圈之內，只不過是三個圓圈有大小之別罷了。

對於「六道輪迴」之類的佛教生命觀，飽受過現代科學洗禮的魯迅自然是不會接受的，然而，他的作品反覆地寫主人公由生走向死的輪迴。在《吶喊》和《徬徨》的 25 篇作品中（包括《不周山》），至少有 11 篇叙述了生命（包括人和動物）走向死亡的悲劇。魯迅很少像「五四」時期的「浪漫派」作家（如郭沫若、徐志摩、「湖畔」詩人）那樣謳歌青春、禮贊生命，他更關注的是普通民眾的苦難和死亡。他似乎有些熱衷於表現死的豐富性：他寫人們的窮困而死（如孔乙己、祥林嫂）；他寫小孩的病死（如華小栓和單四嫂的兒子）與小動物的夭折（如《兔和貓》中的小兔子）；他寫人們的瘋狂而死（如陳士成）；他寫人們的憂鬱而死（如子君和魏連殳）；當然他更關注人們被處以死刑（如阿 Q 和夏瑜）……魯迅對死亡不厭其煩地進行藝術表現，似乎暗示了生命由生走向死的不可逆轉性，正如他在《寫在〈墳〉後面》一文中所指出的那樣：在人生之旅中，「我只很確切地知道一個終點，就是：墳」〔註 9〕。魯迅寫這篇文章時，正在廈門大學任教，當時，他在課餘經常駐足於學校附近的墳地中。從他當時拍攝的一張照片看，那些墳墓的形狀是圓型的，與他在小說《藥》中所寫的那些層層疊疊，「宛然闊人家裏祝壽時候的饅頭」似的墳墓形狀大體相似。圓型的墳墓意象就內在地包含了魯迅這樣的直覺性體認：生命由起點（子宮）走向終點（墳墓），其實就是從一個圓圈走向另一個圓圈。所以，在魯迅不厭其煩地表現死亡的背後，潛在地隱伏著生死輪迴、更替不已的生命存在母題。

在魯迅筆下，不僅死亡是不斷重複的，而且主人公活著時的命運也往往呈現著循環重複的軌跡。在《傷逝》這篇作品中，子君仗著涓生對她的愛而逃出家庭的牢籠，然而剛滿一年後，這對過早覺醒的青年的愛便被無情的現

〔註 8〕 《魯迅全集》第 5 卷，第 98～99 頁。
〔註 9〕 《魯迅全集》第 1 卷，第 284 頁。

實所摧毀，子君只好重新回到父親的家裏，最後她「獨自負著虛空的重擔，在灰白的長路上前行，而又即刻消失在周圍的嚴威和冷眼裏了」〔註10〕。涓生也經歷了從會館離開又回會館的命運。他原是一名寄居在會館裏的外省青年，充分體味了破屋中寂靜、空虛的單身生活；後來他與子君戀愛了，不久他搬出會館，在吉兆胡同建立了一個溫暖的小家。殘酷的命運女神跟他開了一個玩笑，一年後，子君死了，他又重新回到這破舊的會館中來，過從前那種孤寂的單身生活。

小說《白光》的主人公陳士成為了獲得秀才的功名，從一名青春少年考成了頭髮斑白的老夫子，他一共進了16次考場，最終結局是一樣的，他仍然是個「老童生」；最後，他不堪命運的反覆捉弄而發了瘋，並溺死於湖中。《祝福》主人公祥林嫂的命運更耐人尋味：她兩次出嫁，兩次死了丈夫，兩次守寡，兩次來魯四老爺家當女傭人，而且作品中寫祥林嫂兩次站在魯四老爺家堂前時的打扮也基本相同。作品中第二次寫祥林嫂外貌時這樣敘述道：「她仍然頭上紮著白頭繩，烏裙，藍夾襖，月白背心，……而且仍然是衛老婆子領著，……」〔註11〕在小說中，作家與命運聯手合作，「殘酷」地把祥林嫂送進輪迴的圓圈中，導演了一場驚天動地的人間慘劇。

小說《明天》的主人公單四嫂也是一名寡婦，她的丈夫於前年死去，她靠自己的一雙手紡紗來養活自己和三歲的兒子，兩年的時光在她手上那圓圓的紗輪上被搖走了。她過著很窮的日子，但生活得還比較充實，因為她的寶兒是那麼的可愛。然而，造物主偏偏奪去了單四嫂最心愛的寶兒，孩子病死後，她覺得自己那間破屋特別的空，特別的靜。從今以後，單四嫂還要在這間又空又靜的小屋中生存下去，她的生命仍繼續如那紡車的輪子那樣機械單調地轉下去，她的痛苦也如那紗線那樣綿延不絕……在這篇小說中，單四嫂的生存狀態與她手中的紡車轉輪有著不易被人察覺的同構性，它們都呈現著不斷旋轉、循環的圓圈。

魯迅小說塑造了一批覺醒的知識分子，但他們的文化命運也呈現出「不斷地向出發點復歸」的循環運行態勢。小說《在酒樓上》主人公呂緯甫那個著名的比喻非常形象地道出了「五四」以後新一代知識分子「回歸」傳統文化的悲劇遭遇。呂緯甫說：「我在少年時，看見蜂子或蠅子停在一個地方，給

〔註10〕《魯迅全集》第2卷，第129頁。
〔註11〕《魯迅全集》第2卷，第15頁。

什麼一嚇，即刻飛去了，但是飛了一個小圈子，便又回來停在原地點，便以為這實在可笑，也可憐。可不料到現在我自己也飛回來了，不過繞了一點小圈子。又不料你也回來了。你不能飛得更遠些麼？」〔註12〕蒼蠅或蜜蜂被驚而飛起，繞一個圈子，又飛回原處，它們的運行圖式正好是一個或幾個圓圈；呂緯甫用蜜蜂、蒼蠅的飛行圓圈來象徵他本人及他那代知識分子的人生遭遇和文化命運，的確是非常形象而且令人深思的。

在清末、在五四前後，許多受西方文化影響的知識分子開始自覺地脫離傳統文化母體，在精神高空中自由地翱翔。但過不了多久，或者出於對在精神高空飛翔的孤獨的恐懼，或者出於對傳統母體文化的依戀，或者由於暴風雨的衝擊，那些追求自由的精靈紛紛降落到大地上，並向傳統母體文化靠攏。「浪子回頭」構成了二三十年代現代中國知識分子的基本文化姿態。「五四」新文化運動闖將錢玄同、劉半農、周作人，甚至包括陳獨秀，以及比他們更年輕的俞平伯、聞一多等等新知識分子，在「五四」退潮後都程度不同地重新回到傳統文化的懷抱，他們的文化指向與呂緯甫所描述的蜜蜂和蒼蠅的飛行軌跡都顯示了「向出發點回歸」的圓形軌跡。

呂緯甫是 20 世紀初中國知識分子的典型。在學生時代，呂緯甫曾沖進城隍廟裏拔掉神像的鬍鬚；他與朋友們縱橫評說中國的改革方略，因意見不同而老拳相向，總之，他那時是一名充滿青春朝氣、富有理想、敢作敢為的年輕人。然而生活的變故足以使一個人變得面目全非。劇烈的社會變革既可能毀掉一代人，也可能造就一代人；最可怕的是社會的平和穩定造成的瑣碎、無聊，它們驅使一代有理想、有作為的知識分子僅僅為了生存而過著灰色的生活，變成平庸的一代，這也屬於魯迅常說的「幾乎無事的悲劇」〔註13〕。呂緯甫十年前從 S 城前往濟南，後又奔波到太原，僅僅是為了混一口飯吃。為了混一口飯吃，他放棄了青年時代的叛逆立場，學會了敷衍，學會了隨隨便便。他成了一名教孩子讀《論語》、《孟子》、詩經、《女兒經》的家庭教師，他完成了從破壞傳統（拔掉神像的鬍鬚）到屈服於傳統（教「子曰詩云」）的文化回歸，他像蒼蠅和蜜蜂一樣飛離地面（傳統）又回歸原地（傳統），用他自己的話說，就是「無非做了些無聊的事情，等於什麼也沒有做」〔註14〕，

〔註12〕 《魯迅全集》第 2 卷，第 27 頁。
〔註13〕 《魯迅全集》第 6 卷，第 370 頁。
〔註14〕 《魯迅全集》第 2 卷，第 26～27 頁。

這就是一個宿命的圓圈。呂緯甫是因惡劣的客觀物質環境謀生而屈服、回歸傳統的，這種變故給予了他沉重的精坤打擊，他由一位敏捷精悍、神采飛揚的青年變成了一位行動遲鈍、神情頹唐的中年人。

對舊傳統的屈服、回歸甚至可能毀掉有爲青年的生命，小說《孤獨者》主人公魏連殳就是被舊勢力壓死的，魏連殳是一位受現代文明洗禮而成長起來的知識分子，他喜歡管社會上的「閒事」，他常常毫無顧忌地在報紙發表議論，說一些諸如「家庭應該破壞」的話題。在封閉、保守的 S 城，魏連殳被看作是異端，舊勢力都認爲他是名「吃洋教」的「新黨」。迫於強大的社會輿論，魏連殳所任教學校的校長只好辭退了這位「新黨」分子。生活的變故使魏連殳歷盡苦難，在失業的半年多里，他幾乎淪落到「求乞」而生的窘境。爲了自己能生存下去，爲了他的祖母，只好向舊勢力妥協，去做軍閥杜師長的顧問，他從此有了豐厚的薪水，也有了很高的社會地位。魏連殳總結自己的這段經歷時說道：「我已經躬行我先前所憎惡，所反對的一切，拒斥我先前所崇仰，所主張的一切了」〔註 15〕。從反傳統到回歸傳統，從向舊勢力宣戰到加盟舊勢力，魏連殳的人生遭遇和心路歷程呈現出「向出發點回歸」的圓圈圖式。魏連殳違背自己的心願，與舊傳統、舊勢力作了妥協，他成了真正的失敗者，最後，在極度抑鬱中吐血身亡。

如果說魏連殳、呂緯甫對舊傳統、舊勢力的妥協是出於謀生的無奈的話，那麼「狂人」對傳統文化的回歸則可能是主動選擇的結果。

《狂人日記》一向是被當作中國新文學中最強有力的反對封建主義的傑作。從「可見的文本」上看，反封建自然是這篇小說的光輝主題；然而從「潛在的文本」上看，作品隱含地表現了一位英勇無畏的反封建鬥士向著封建文化母體回歸的重大文化命題。《狂人日記》正文分十三節，它們清清楚楚地敘述了「狂人」與舊傳統、舊勢力作對的行狀：「狂人」20 年前曾把古久先生的「陳年流水簿」踹了一腳；他研究中國歷史，在滿紙的「仁義道德」背後敏銳地看出了封建禮教「吃人」的本質；他向家裏以及社會上一切「吃人者」宣戰；最後，他帶著「我未必無意之中，不吃了我妹子的幾片肉」的切膚之痛，把希望寄託於未來，發出了「救救孩子」的吶喊。根據這一系列「行狀」，「狂人」的確堪稱是向封建傳統文化宣戰的先驅者、戰鬥者，魯迅本人後來也在爲《中國新文學大系》小說二集作序，論及《狂人日記》時指

〔註15〕《魯迅全集》第 2 卷，第 101 頁。

出了作品「意在暴露家族制度和禮教的弊害」的傾向〔註 16〕。然而,仔細閱讀《狂人日記》那段用文言寫成的「前言」,便會發現情況並不如我們以前想像的那麼簡單。

這則短短的「前言」背後隱藏著一個關於「狂人」從「狂病」中康復(即對封建禮教的妥協),以及康復後赴外地「候補」(回歸傳統文化)的文本。這個「潛在的文本」是通過寥寥數語暗示給我們,稍不留意就會與它失之交臂。我們先看「狂人」兄長與敘述者「余」敘舊時所說的幾句話:「……言病者其弟也。勞君遠道來視,然已早愈,赴某地候補矣。因大笑,出示日記二冊,謂可見當日病狀,不妨獻諸舊友。」〔註 17〕這裏真正值得我們重視的是「然已早愈,赴某地候補矣」。「候補」是一種官吏任用方式,按照清朝官制,只有官銜而沒有實際職務的中下級官員,由吏部分發到某部或某省,聽候委任,稱為「候補」。這裏有一個值得追問的問題:「狂人」病愈後,究竟是怎樣獲得這一「候補」官員資格的呢?按照清代官制,各級官員是通過科舉考試選拔出來,得秀才頭銜的文人還不具備擔任官吏的條件,只有中了舉人和進士才可能成為各級官吏的候選人。當然清末以來吏治腐敗,人們也可以通過捐資方式獲得貢生等資歷,從而進入官場。狂人獲得了「候補」官員的資格,這表明他不是參加了科舉考試中了舉人,就是花大筆錢捐官去了,我認為他參加科舉考試的可能性更大一些(魯迅青年時代也參加過科舉考試)。不管怎樣他成了「候補」官員,這就充分表明他已屈服於舊勢力,屈服於傳統文化。而他原先的那些「瘋狂」言行,則被親友和世人原諒(注意他兄長「因大笑,出示日記二則,謂可見當日病狀,不妨獻諸舊友」),他的反封建往事也僅僅被當作「文人逸事」流傳。

那麼是否存在「狂人」乃因為迫於生計,像魏連殳一樣向舊勢力、舊文化妥協的可能呢?這種可能性是不能完全排除的,但更大的可能是「狂人」乃心甘情願地投入傳統文化的懷抱,作了一名傳統文化的回頭「浪子」。小說「前言」有一句話值得注意:「至於書名,則本人愈後所題,不復改也。」〔註 18〕這就說明:「狂人」已在「康復」(妥協、回歸)後,也認定他本人原先確實得了「瘋」病,並把自己的反封建禮教和傳統文化的言行看成是瘋狂

〔註 16〕 《魯迅全集》第 6 卷,第 239 頁。
〔註 17〕 《魯迅全集》第 1 卷,第 422 頁。
〔註 18〕 《魯迅全集》第 1 卷,第 422 頁。

之舉。從上述分析可以推斷：《狂人日記》的「前言」隱含地敘述了「狂人」回歸傳統文化，認同傳統文化的故事，值得關注的是這個隱含著「狂人」回歸故事的「前言」是用純粹的文言文寫成的，這與小說正文中的 13 則白話故事構成某種對立，而文、白語言對立更暗示了「狂人」病愈前和病愈後對傳統文化截然不同的兩種態度。

當然，我們也必須承認這樣的可能性，即魯迅給《狂人日記》加上這一「前言」，目的是爲了增強小說的眞實性、可信度，這是爲不少現代小說家所採取的敘述策略。可是，我認爲，魯迅寫「狂人」由站在反封建禮教立場走向對封建傳統文化的回歸之路，未嘗不是出於他對 20 世紀初的中國知識分子軟弱性，妥協性的深刻洞察（也包括對自己某種動搖性的體認）。魯迅在隨後幾年的小說中明確表現了呂緯甫、魏連殳等五四新文化退潮時代的知識分子，對傳統宿命式的回歸趨向，然而 1918 年魯迅寫作《狂人日記》時似乎就已經預見了這一趨向，這才是令人驚異的！「狂人」的文化回歸預示了本世紀中國知識分子的共同命運，即：不管他們曾有過什麼樣叛逆的思想，做出過什麼樣叛逆的舉動，最終大多數人還得重歸傳統文化的母體進而獲得心靈的安寧、生活的穩定；否則就難以生存下去。

與所表現的人物循環命運相對應，魯迅一些小說的結構也呈現出「不斷回歸起點」的圓圈圖式。《孤獨者》開局寫魏連殳祖母的「入殮」儀式，寫「我」在送殮儀式上與魏連殳的相識；接著，作品次第展開了「我」與魏連殳的友誼，並以我的所見所聞爲敘述焦點，串連起魏連殳的命運變化過程；小說的結局寫魏連殳死去，「我」參加了他的入殮儀式，與他作永遠的訣別。在小說故事情節結構的安排上，「竟是以送殮始，以送殮終」〔註19〕，這就構成了一個封套式的圓環狀結構模式。

小說《示眾》篇幅很短，只有二三千字，卻有聲有色地勾勒了一幅北京市西城某一條馬路上，人們圍觀被示眾者的「戲劇看客」活動圖景。小說起筆於盛夏上午街頭上的寂靜；接著以饅頭鋪胖孩子的叫賣聲來打破這沉寂的氛圍：「熱的包子咧！剛出屜的……」，再接著就詳盡地描摹街頭示眾的一幕：被示眾者剛剛出現在街上，就被看客們團團圍住，看客們熱熱鬧鬧、喜氣洋洋地鑒賞他人，同樣也成爲被他人鑒賞的一片風景。最後，看客們逐漸散去，街頭在胖孩子的「熱的包子咧！荷阿！……剛出屜的……」

〔註19〕《魯迅全集》第 2 卷，第 86 頁。

〔註 20〕單調叫賣聲中復又漸漸趨於沉寂。在結構上，小說起於沉寂又歸於沉寂，這一圓型結構圖式內在地揭示了 20 年代中國社會的基本特徵：它有如一潭死水，民眾在沉默中苟延殘喘著；一點小小的變故，一段微不足道的插曲，有如一塊石頭在潭水中激起了一陣漣漪；末了，一切又恢復原狀，整個湖面又復歸死一般的沉寂。

小說《風波》敘述的是因為辮子的去留而引起的風波：民國初，主人公七斤撐船進城被人剪去辮子；後來有辮子的張大帥擁立皇帝回到龍庭，沒有辮子的人便有了被殺頭的危險，七斤一家惶惶不可終日；最後，皇帝又坐不成龍庭，七斤的頭可以保住了，一場辮子風波暫告平息。小說開頭寫風波到來之前鄉村平靜的田園牧歌景象；小說結尾寫風波過後，鄉村重新回到原有的生活軌道，恢復了往日那種「農家樂」景象。在布局上，魯迅再次用圓環狀結構方式來強化他對中國社會靜如一潭死水的體認。

《祝福》始於爆竹聲，終於爆竹聲。《故鄉》始於坐船，終於坐船。阿 Q 死前努力畫圓一個圓圈，他說的最後一句話「過了二十年又是一個……」以上這些都呈現出圓形軌迹。

三、代際命運的重複循環

在魯迅眼中，不僅個體生命的命運呈現著輪迴循環的圓形軌迹，而且下一代人也往往重複著上一代人的命運模式。他在《隨感錄‧二十五》中展示了這種代際命運的轉圈現象：「窮人的孩子蓬頭垢面的在街上轉，闊人的孩子妖形妖勢嬌聲嬌氣的在家裏轉。轉得大了，都昏天黑地的在社會上轉，同他們的父親一樣，或者還不如。」〔註 21〕魯迅以一個「轉」字非常貼切而形象地揭示了代際命運的重複實質。這一認識與他的「青年一定勝過老年」的進化論代際觀形成了尖銳的對比，並構成了進化論思想的「解構」力量。

代際命運循環重複的觀念在魯迅頭腦中留存得很深，以致於他在日常生活會做出一些令常人費解，甚至令人「掃興」的推測來。魯迅在雜文《從孩子的照相說起》提到了自己的孩子幼時的表現：「他有時對於我很不滿，有一回，當面對我說：『我做起爸爸來，還要好……』」俗話說：童言無忌。一般的人聽完孩子這類大話往往哈哈一笑了事；但魯迅偏不是這樣，他非要對兒

〔註20〕 《魯迅全集》第 1 卷，第 68～73 頁。
〔註21〕 《魯迅全集》第 1 卷，第 295 頁。

子的話有所「計較」。他說：「我不相信他的話。做兒子時，以將來的好父親自命，待到自己有了兒子的時候，先前的宣言早已忘得一乾二淨了。」〔註22〕魯迅的這一看法在現實生活中一再得到證實，兒子變成了父親，媳婦熬成了婆婆，照理，年長的一輩應該從自己原先的經歷中總結教訓，學會保護、關心年幼的一輩；可是事實往往是：年長的一輩重複地做著比他們更年長的一輩對他們曾做過的「蠢事」——欺壓下一代。於是，社會就在一代欺壓另一代的循環中不斷重走著老路子。

魯迅在《這個與那個》一文中提到了這樣的日常人生經驗：「試到中央公園去，大概總可以遇見祖母帶著她孫女兒在玩的。這位祖母的模樣，就預示著那娃兒的將來。所以倘有誰要預知令夫人後日的丰姿，也只要看丈母。不同是當然要有些不同的，但總歸相去不遠。」〔註23〕對於祖孫同樂的情景，對於年輕的夫人，偏要作種種「令人掃興」的推測，魯迅的確是常常令人難堪的人，然而，情感法則代替不了現實法則，魯迅所指認的代際人生重複現象確實是有目共睹的事實。

魯迅的小說《孤獨者》藝術地再現了魏連殳祖孫兩代人悲劇命運的循環。從表面上看，魏連殳與他的祖母是那樣的不同：老祖母是一位命運坎坷、目不識丁、靠做針線活養活自己和孫子的傳統型老太太；而魏連殳卻是一名接受西學影響，思想活躍的現代知識分子。甚至他們之間也沒有血緣關係，她只是魏連殳的繼祖母。然而他們的命運卻是非常的相似：在艱難的生存環境裏，他們總是默默地承受著一切苦難，他們「親手造成」自己的孤獨，又把這孤獨放進自己的嘴裏去咀嚼，紹興方言把這類自甘孤獨的人稱作「獨頭」；而小說中的敘述者「我」則說魏連殳「你實在親手造了獨頭繭，將自己裹在裏面了」。蠶兒吐絲作繭，將自己裹在裏邊是一種日常現象，這裏是以蠶兒作繭來比喻魏連殳的命運；而她祖母所活的一生，同樣也是把自己裹在蠶繭裏的一生。所以魏連殳比較自己與祖母的命運時頗有感慨地說：「我雖然沒有分得她的血液，卻也許會繼承她的運命。」〔註24〕的確如此，這祖孫兩代人都把自己放在一個像蠶繭那樣圓形的命運圈子裏，他們的相似遭遇證明了命運循環法則的殘酷性。

〔註22〕　《魯迅全集》第 6 卷，第 80 頁。
〔註23〕　《魯迅全集》第 3 卷，第 139 頁。
〔註24〕　《魯迅全集》第 2 卷，第 96 頁。

　　魯迅小說《端午節》的主人公方玄綽的口頭禪「差不多」，簡潔而深刻地概括了代際命運重複輪迴現象。正像方玄綽所看到的那樣，社會上這類循環現象是層出不窮的：老一代欺壓青年一代，等這青年一代有了兒孫，便也會擺出長者的架子來面對下一代；大街上，士兵痛打人力車夫，但如果這人力車夫當了兵，這士兵當了車夫，前者大抵也會這樣毆打後者的；學生在校時都把痛罵官僚當作時髦，但學生畢業後也有不少人成為官僚。愁方玄綽這「差不多」三字冷酷地揭示了某種命運代代相襲，歷史在命運的重複輪迴中循環不已的悲劇性事實。魯迅在《隨感錄二十五》中道出了他從「代」的重複中窺見「歷史」的循環這一人生經驗：「所以看十來歲的孩子，便可以逆料二十年後中國的情形；看二十多歲的青年，——他們大抵有了孩子，尊為爹爹了，——便可以推測他兒子孫子，曉得五十年後七十年後中國的情形。」〔註 25〕這又是魯迅一個誅心之論。

四、歷史的循環往復軌迹

　　進化論者堅定地認為，歷史總是由低級形態向高級形態發展（由原始社會……到資本主義社會……）。魯迅的代際生命觀曾經深受進化論思想的影響，他在《三閒集・序言》中回憶說他那時「總以為將來必勝於過去，青年必勝於老人」〔註 26〕。進化的歷史觀和生命觀對歷史和生命的延續作了簡單化處理，它們認為歷史和生命總是呈現出一維的、線性的向前發展軌迹，後續的歷史和生命總比以往的歷史和生命更完美，其實，在這無數次不斷重複的進化中，就內存地包含了歷史和生命的循環輪迴運作態勢。而在生物界中，進化與退化，遺傳與變異往往共存著；在人類歷史上，進步與倒退，發展與逆轉常常同時出現著，所以，那種簡單的、不斷重複的「進化」，實質上是「循環」的一種特殊形態，那種機械的進化史觀，實質上是循環史觀的一種特殊形態。

　　魯迅並沒有固守機械的「進化」史觀，他在民族特性和文化品格的形成發展過程中，看出了傳統力量對後世的生命和歷史巨大的牽製作用。1918年，他在《隨感錄・三十八》裏指出：「昏亂的祖先，養出昏亂的子孫，正是遺傳的定理。民族根性造成之後，無論好壞，改變都不容易」；接著，他

〔註25〕　《魯迅全集》第 1 卷，第 295 頁。
〔註26〕　《魯迅全集》第 4 卷，第 5 頁。

引法國心理學家勒朋的話說，「我們一舉一動，雖似自主，其實多受死鬼的牽制」。在生命的延續過程中，民族的根性、祖先的素質通過遺傳基因，在後代的身上經常重現著，所以，魯迅說「我們現在雖想好好做『人』，難保血管裏的昏亂分子不來作怪」〔註27〕。這就是種族生命延續中的歷史循環現象。

在文化品格的形成過程中，傳統勢力的牽制，舊的文化品格的重複出現也是值得注意的歷史循環現象。魯迅1928年所寫的《寫在〈墳〉後面》在剖析自己的文化品格時曾指出：自己曾經看過許多古書，「因此耳濡目染，影響到所做的白話上，常不免流露出它的字句，體格來。但自己卻正苦於背了這些古老的鬼魂，擺脫不開，時常感到一種使人氣悶的沉重」〔註28〕。古老的鬼怪借現代人還魂，這當然是不符合科學原理的，但從象徵的層面上說，傳統文化的「鬼魂」的確時常會在後世文化中重複顯現，這就是文化史上的循環現象。

魯迅尤為關注中國社會現實與歷史的重複循環現象，他發現中國雖然已進入民國時代，但現實中的許多醜惡現象簡直就是歷史上此類現象的重版。在五四新文化運動方興未艾之時，復古派文人慷慨激昂地指責文化領域中的新氣象，叫嚷什麼「世道澆漓，人心不古，國粹將亡，此吾所為仰天扼腕切齒三歎息者也！」〔註29〕對於這番感歎和議論，魯迅有似曾相識之感，他去翻閱《史記》，發現《趙世家》中記載的趙公子反對其父趙武靈王改穿胡服的話，與五四時期守舊勢力的反對革新的議論十分相似。趙公子（名成）激動萬分地對其父王說：「臣聞中國者，蓋聰明徇智之所居也，萬物財用之所聚也，賢聖之所教也，仁義之所施也，《詩》《書》禮樂之所用也，異敏技能之所試也，遠方之所觀赴也，蠻夷之所義行也；今王捨此而襲遠方之服，變古之教，易古之道，逆人之心，……」〔註30〕五四時期，守舊派勢力也是以中國地大物博、文明優越來反對變革的，他們的議論與趙公子的此番演說有著驚人相似之處。

魯迅在讀《北史》時，又看見了歷史現象在現實中重現的事實。據《北史》的《后妃列傳》載，隋文帝有一位嫉妒心強、處處限制他自由的獨孤后

〔註27〕　《魯迅全集》第1卷，第313頁。
〔註28〕　《魯迅全集》第1卷，第285頁。
〔註29〕　《魯迅全集》第1卷，第351頁。
〔註30〕　《二十五史》第1冊，上海古籍出版社，1986年版，第215頁。

〔註31〕，「后性尤妒忌，後宮莫敢進御。尉遲迴女孫有美色，先在宮中，帝於仁壽宮見而悅之，因得幸。后伺帝聽朝，陰殺之。上大怒，單騎從苑中出，不由徑路，入山谷間三十餘里；高穎楊素等追及，扣馬諫，帝太息曰，『吾貴為天子，不得自由。』」〔註32〕魯迅認為：「這又不是與現在信口主張自由和反對自由的人，對於自由所下的解釋，絲毫無異麼？」〔註33〕「自由」，在魯迅那個時代的一些人看來，是由別人施捨給你的一點方便，若你利用這點「方便」去做超越施捨者許可的範圍的事，那麼連這一點可憐的「方便」也會被收回去，只能像那位可憐的隋文帝一樣拿馬撒氣。因此魯迅發現，現在的社會人心不古的說法是不能成立的；他說「但即此看來，已可見雖然經過了這許多年，意見還是一樣。現在的人心，實在古得很呢。」〔註34〕

魯迅在雜文《老調子已經唱完》中總結了中國自中世紀以來「老調子」總唱不完，而國家已被重複唱完了好幾次的歷史循環現象：宋朝人講道學，講理學，尊孔子，唱著千篇一律的「老調子」，一直到被蒙古人滅亡；元朝雖是異族統治，後來統治者也迷上了漢人的「老調子」，才唱了幾十年就唱完了；明朝皇帝接著唱「老調子」，又是八股，又是道學，一直唱到滅亡；清朝同樣是異族人掌握統治權，他們覺得這「老調子」很新鮮，於是，又是八股考試，又是做古文，看古書，一直唱到清的滅亡。總之，魯迅總結道：「老調子將中國唱完，完了好幾次，而它卻仍然可以唱下去。」〔註35〕這種宿命式的歷史循環何日才能終結呢？我們不禁要問。

魯迅還發現，民國時期社會上的醜陋、腐敗現象在中國歷史上也是「古已有之」。他在《忽然想到》（四）裏指出：「試將記五代，南宋，明末的事情，和現今的狀況一比較，就當驚心動魄於何其相似之甚，彷彿時間的流逝，獨與我們中國無關。現在的中華民國也還是五代，是宋末，是明季。」面對這種循環往復、綿延不息的歷史輪迴，魯迅悲憤地感歎道：「難道所謂國民性者，真是這樣地難於改變的麼？倘如此，將來的命運便大略可想了。」〔註36〕

不僅是民國在重複著五代、南宋、明末的腐敗，這一歷史慣性仍在後來

〔註31〕 魯迅在《人心很古》一文中把隋文帝和獨孤后誤作周靜帝和司馬后。
〔註32〕 《二十五史》第4冊，第58～59頁。
〔註33〕 《魯迅全集》第1卷，第351頁。
〔註34〕 《魯迅全集》第1卷，第352頁。
〔註35〕 《魯迅全集》第7卷，第309頁。
〔註36〕 《魯迅全集》第3卷，第17頁。

的時代裏起著作用，具體來說，魯迅看出了清朝末年和民國前後、甚至五四前後中國社會的黑暗、醜陋，仍在二、三十年代延續著、重複著。

魯迅在寫於 1925 年的《華蓋集・通訊》中指出，「看看報章上的論壇，『反改革』的空氣濃厚透頂了，滿車的『祖傳』，『老例』，『國粹』等等，都想來堆在道路上，將所有的人家完全活埋下去，……但據我所見，則有些人們──甚至於竟是青年──的論調，簡直和『戊戌政變』時候的反對改革者的論調一模一樣。你想，二十七年了，還是這樣，豈不可怕。」〔註37〕

在 20 年代中期這種濃厚的反對改革的社會氛圍裏，現代改革者不可避免地重複著歷史上那無數改革者的命運──失敗，再失敗。魯迅在雜文《記談話》中說「民國以前，以後，我們有許多改革者，境遇和綏惠略夫很相像」；他又進一步指出：「豈但那時，譬如其中的改革者的被迫，代表的吃苦，便是現在，──便是將來，便是幾十年以後，我想，還要有許多改革者的境遇和他相像的。」〔註38〕幾十年後的今天無數的事實證明，改革者的確仍在重複循環著歷史上改革者的吃苦、被迫害、不斷失敗的命運，這是現代中國歷史的悲劇之所在。

魯迅總是立足現實，在當下的現實問題中尋找歷史的「同構物」、「對應物」；同時，他還能通過歷史與現實的比照，預見社會未來的發展趨勢。魯迅之所以能有這種比較能力和預見能力，除了他個人對歷史、現實、未來的深刻穿透力外，更主要的原因還在於歷史──現實──未來的循環重複模式的存在。正是基於這種預見力和洞見力，魯迅在《〈阿 Q 正傳〉的成因》中充滿自信地宣稱「但此後倘再有改革，我相信還會有阿 Q 似的革命黨出現」〔註39〕。

也正是基於這種深刻的洞察力，魯迅在迥然不同的新、舊社會現象中看出了它們的相通之處。魯迅在雜文《我的態度氣量和年紀》中指出，創造社青年作家對他的「態度」、「氣量」、「年紀」進行了「東拉西扯」式的攻擊，這其實是向他施行人身攻擊。他發現這些「革命」作家的做法與五四時期保守文人林琴南對新文化運動提倡者所採用的方法有相似之處。他說林紓「因為反對白話，不能論戰，便從橫道兒來做一篇影射小說，使一個武人痛打改

〔註37〕　《魯迅全集》第 3 卷，第 21 頁。
〔註38〕　《魯迅全集》第 3 卷，第 356～357 頁。
〔註39〕　《魯迅全集》第 3 卷，第 379 頁。

革者，……」他最後指出：「林琴南先生就早已死去了。可怕的是將爲將來柱石的青年，還像他的東拉西扯。」〔註40〕

從過去到現在，從現在邁向未來，中國歷史就不斷地作著輪迴式的循環，那麼中國歷史的具體循環模式又是怎樣的呢？魯迅是從中國人的奴隸根性這一特殊角度來描述歷史的循環模式的。他在雜文《燈下漫筆》中深刻地指出，「但實際上，中國向來就沒有爭到過『人』的價格，至多不過是奴隸，到現在還是如此」；頻繁的戰亂使老百姓飽受災難，「百姓就希望有一個一定的主子，拿他們去做百姓」，使他們可上奴隸的軌道；縱觀中國歷史，「大概是群盜如麻，紛亂至極之後，就有一個較強，或較聰明，或較狡猾，或是外族的人物出來，較有秩序地收拾了天下。釐定規則：怎樣服役，怎樣納糧，怎樣磕頭，怎樣頌聖。……於是便『萬姓臚歡』了；用成語來說，就叫『天下太平』。魯迅不相信這套「天下太平」的鬼話，他說，「任憑你愛排場的學者們怎樣鋪張，修史時候設些什麼『漢族發祥時代』、『漢族發達時代』、『漢族中興時代』的好題目，好意誠然是可感的，但措辭太繞彎了。有更其直捷了當的說法在這裏——一，想做奴隸而不得的時代；二，暫時做穩了奴隸的時代。這一種循環，也就是『先儒』之所謂『一治一亂』」〔註41〕。

總之，魯迅從傳統的「一治一亂」（「分久必合，合久必分」）循環史觀出發，創造性地勾畫了中國歷史的循環軌跡，它呈現爲「想做奴隸而不得」與『暫時做穩了奴隸」的兩個時代的更迭交替。

魯迅在現代社會中同樣看到這種宿命式循環的踪影，在《燈下漫筆》中他指出：「百姓是一遇到莫名其妙的戰爭，稍富的遷進租界，婦孺則避入教堂裏去了，因爲那些地方都比較的『穩』，暫不至於想做奴隸而不得，」〔註42〕魯迅筆下的祥林嫂就是一個積極爭取當奴隸的國民典型。她兩度守寡，被魯四老爺視作「異類」，做不成了奴隸；後來她聽從善女人柳媽的「忠告」，拿出自己所有的積蓄，在廟裏捐了一條門檻，讓千人踏，萬人踩，想以此贖清自己有兩個丈夫的罪惡。小說寫她捐完門檻後「神氣很舒暢，眼光也分外有神」；當然，最終她在魯四老爺家的奴隸地位仍不穩，而被掃地出門，成爲乞丐。

〔註40〕 《魯迅全集》第 4 卷，第 111～112 頁。
〔註41〕 《魯迅全集》第 1 卷，第 212～213 頁。
〔註42〕 《魯迅全集》第 1 卷，第 213 頁。

　　魯迅的小說《頭髮的故事》圍繞中國人頭上的髮辮的變化，描述了中國封建社會後期歷史的循環軌迹：清兵入關前，中國人的髮式較自由；清兵入關後，統治者立下嚴格的剃頭留辮子的規矩（「留頭不留髮，留髮不留頭」），清初漢民族反抗滿清統治的許多次鬥爭都是由不願剃髮留辮子引發的。後來，「頑民都殺盡了，遺老都壽終了，辮子早定了，洪楊又鬧起來了。我的祖母曾對我說，那時做百姓才難哩，全留著頭髮的被官兵殺，還是辮子的便被長毛殺！」「我不知道有多少中國人只因爲這不痛不癢的頭髮而吃苦，受難，滅亡。」〔註 43〕清末留學生在國外紛紛剪頭髮，回國後受盡世人的嘲笑和迫害，只好戴假辮子。民國初年，全國百姓的辮子紛紛剪去，不久張勛帶辮子兵復辟，中國又鬧了一回辮子的恐慌。圍繞著一根辮子的去與留，中國近代 300 多年歷史就這樣幾度循環著，而無數中國人的性命就在這循環中白白喪失了。

　　《僞自由書》中的《現代史》是一篇寓意隱藏得很深的雜文，可以把它當作一篇寓言來解讀。它的題目很大，叫「現代史」，寫的卻是「變戲法」這一在日常生活中常見的街頭小景。「戲法人人會變，各有巧妙不同」。魯迅在文中告訴我們，他所看到的戲法卻大致只有兩類：一類相當於西方的「馬戲」，無非是讓猴子騎在羊上，耍幾通刀槍，或讓一隻精瘦的狗熊玩一些把戲，然後向觀眾要錢；另一類是石頭變白鴿，嘴裏吐烟火的「魔術」把戲，完了也是向觀眾要錢。戲法變完，表演者和看客都散去。過了一些時候，又來這一套，「總是這一套，也總有人看，總有人 Huazaa，不過其間必須經過沉寂的幾日」。魯迅在文章結尾特別聲明：「到這裏我才記得寫錯了題目，這眞成了『不死不活』的東西。」〔註 44〕照他這話字面的意思，該把本文的標題改作「變戲法」才是；其實魯迅是在說反話。在他看來，「現代史」與「變戲法」兩個題目貌似隔著十萬八千里，可是一聯繫事實，便不難發現中國現代史其實就是反覆上演著變戲法活劇的歷史。從袁世凱篡權、稱帝到張勛復辟，從直系、奉系、皖系軍閥輪留執政到國民黨各派勢力在政壇上的爭奪，在局外人（看客）看來，中國社會政權這一系列更迭的確像是一幕又一幕接連不斷、循環反覆的「變戲法」表演。魯迅正是以寓言的方式深刻地揭示了中國現代史停滯不前，在軍閥爭權奪利中循環不已的歷史本質。

〔註 43〕　《魯迅全集》第 1 卷，第 462～463 頁。
〔註 44〕　《魯迅全集》第 5 卷，第 89～90 頁。

歷史的這種循環性使人能夠通過閱讀史書而獲得智慧。魯迅的雜文《這個和那個》中指出:「史書本來是過去的陳帳簿,……倒也可以翻翻,知道我們現在的情形,和那時的何其神似,而現在的昏妄舉動,胡塗思想,那時也早已有過,並且都弄糟了。」〔註45〕

魯迅還從自己雜文所抨擊的醜惡現象一再在後來重現,看出了歷史可怕的循環來,他在 1925 年創作的《熱風·題記》中寫道:「所以我應時的淺薄的文字,也應該置之不顧,一任其消滅的;但幾個朋友卻以為現狀和那時並沒有大兩樣,也還可以存留,給我編輯起來了。這正是我所悲哀的。我以為凡對於時弊的攻擊,文字須與時弊同時滅亡,因為這正如白血輪之釀成瘡癤一般,倘非自身也被排除,則當它的生命存留中,也即證明著病菌尚在。」〔註46〕看得出來,魯迅為歷史的循環、為自己的民族而感到悲哀,而讀者也因此而深感悲哀。

不過,魯迅的雜文《記「發薪」》似乎想安慰一下他自己和讀者,他指出:「但歷史雖說如同螺旋,卻究竟並非印版,所以今之與昔,也還是小有不同。」〔註47〕這令快窒息的我們可以喘一口氣了。

徬徨於眞話與謊言之間
——魯迅對知識分子「言說」困境的體認

人類社會進入文明階段以後,各行各業的分工日趨精細。在社會各行業中,知識分子扮演著「批判者」的角色。因之,「思考」和「言說」(形之於文字便成為著作)就成了他們參與社會實踐的基本途徑,同時,「思考」和「言說」也是知識分子賴以謀生和實現自我價值的基本方式。眞正的知識分子總是力求無畏地抒發自我的心聲,「任意而談,無所顧忌」〔註48〕,其「思考」和「言說」的動力都來自於對眞理的虔信和忠貞。正如魯迅在《關於知識階級》一文中所言:「眞的知識階級是不顧利害的,如果想到種種利害,就是假的,冒充的知識階級。」〔註49〕魯迅本人就是一位貨眞價實的現代知識分子。

〔註45〕 《魯迅全集》第 3 卷,第 139 頁。
〔註46〕 《魯迅全集》第 1 卷,第 292 頁。
〔註47〕 《魯迅全集》第 3 卷,第 350 頁。
〔註48〕 《魯迅全集》第 4 卷,第 167 頁。
〔註49〕 《魯迅全集》第 8 卷,第 190 頁。

他以豐富而深邃的思想，犀利而冷峻無比的「言說」，顯示了現代知識分子在轉型時期的中國社會所具有的強大能量，及其不可替代的社會地位。魯迅在他的創作中激烈地批判中國國民裝模裝樣的做戲習性，和不敢正視現實、不敢直而人生的劣根性，激烈地抨擊中國文學的「瞞和騙」的傳統和自欺欺人的「大團圓」民族審美心理。魯迅在《論睜了眼看》一文中向現代文學藝術家發出倡議：「世界日日改變，我們的作家取下假面，直誠地，深入地，大膽地看取人生並且寫出他的血和肉來的時候早到了；早就應該有一片嶄新的文場，早就應該有幾個凶猛的闖將！」〔註50〕

　　魯迅就是這樣一位典型的「新文場」上的闖將。終其一生，魯迅都力圖眞誠地生活，眞誠地思考，眞誠地「言說」。他曾在《華蓋集·題記》中這樣描述自己的生存和寫作狀態：「我以爲如果藝術之宮裏有這麼麻煩的禁令，倒不如不進去；還是站在沙漠上，看看飛沙走石，樂則大笑，悲則大叫，憤則大罵，即使被沙礫打得遍身粗糙，頭破血流，而時時撫摩自己的凝血，覺得若有花紋，也未必不及跟著中國的文士們去陪莎士比亞吃黃油麵包之有趣。」〔註51〕

　　這是魯迅眞性情的完好寫照，也表明魯迅與虛偽、做作、善於做戲的中國文人傳統毅然告別的絕決態度。然而在現實生活和創作實踐中，魯迅卻又經常要面對眞話與謊言的二難抉擇。他在去世前不久寫了《我要騙人》一文，聲稱要借助「騙人」的方式來獲得心靈「暫時的平安」〔註52〕。可是，眞正的騙子從不把自己的心思公之於眾，像魯迅這樣公開亮出「騙人」旗號的實際上倒是眞正的老實人。況且「我要騙人」本身就是一句大老實話，它對說謊行爲具有雙重的破壞和解構作用：其一，言說者一旦宣稱「我要騙人」，那麼他所說的謊話便不會再有人去相信；其二，「我要騙人」內在地包含了對自身具有顛覆力的涵義——既然你是要騙人的，那麼你說「我要騙人」也可能是在說謊，其實，你並不騙什麼人。

　　總之，「我要騙人」這句話充滿著矛盾和悖論，它富有象徵性概括了魯迅一生的言說和寫作狀態，他經常在欲說眞話與難以道出眞話之間搖擺不定、猶豫徬徨；他的作品因之形成了欲言又止、欲說還休的晦澀含蓄的語言

〔註50〕《魯迅全集》第1卷，第241頁。
〔註51〕《魯迅全集》第3卷，第4頁。
〔註52〕《魯迅全集》第6卷，第485頁。

風格。而且他小說中的人物也時常陷入既不想說謊，又說不了真話的尷尬境地中。

一、魯迅視野中的謊話與假話

　　首先，魯迅認識到謊言具有撫慰苦難者心靈的功能。他在《娜拉走後怎樣》一文中對此進行了闡釋：「你看，唐朝的詩人李賀，不是困頓了一世的麼？而他臨死的時候，卻對他的母親說，『阿媽，上帝造成了白玉樓，叫我做文章落成去了。』這豈非明明是一個謊，一個夢？然而一個小的和一個老的，一個死的和一個活的，死的高興地死去，活的放心地活著。說謊和做夢，在這些時候便見得偉大。」〔註53〕

　　魯迅發現，從終極意義上看宗教、哲學等文化形態能起到製造夢境、撫慰痛苦的功效。他在寫給許廣平的第一封信中說：「記得有一種小說裏攻擊牧師，說有一個鄉下女人，向牧師瀝訴困苦的半生，請他幫助，牧師聽畢答道：『忍著罷，上帝使你在生前受苦，死後定當賜福的。』其實古今的聖賢以及哲人學者之所說，何嘗能比這高明些。他們之所謂『將來』，不就是牧師之所謂『死後』麼。」〔註54〕「將來」和「死後」的命運是難以預測的，但人們聽了牧師或聖人的勸慰後，便往往會忘卻現世的苦難，漸漸步入一個虛幻的夢境。在此，魯迅觸及到了宗教、哲學等文化形態的本質：從某種程度上看，一切文化形態都在編織「謊話」，只不過這些「謊話」往往有利於世道人心，有利於緩解人們在現實中所遭受的痛苦罷了。

　　其次，在對敵鬥爭中，為了保護自己和團體的利益，說假話和說謊話也是在所難免的。魯迅在雜文《半夏小集》（五）中從這一特殊的角度，對真話與謊話問題進行了饒有興味的表現。這段文章由 A 和 B 兩個人的對話構成：

　　　A：B，我們當你是一個可靠的好人，所以幾種關於革命的事情，都沒有瞞了你。你怎麼竟向敵人告密去了？

　　　B：豈有此理！怎麼是告密！我說出來，是他們問了我呀。

　　　A：你不能推說不知道嗎？

　　　B：什麼話！我一生沒有說過謊，我不是這種靠不住的人。〔註55〕

在這段對白中，A 和 B 兩個人的主要分歧在他們對「可靠」這一人的品性有

〔註53〕　《魯迅全集》第 1 卷，第 159～160 頁。
〔註54〕　《魯迅全集》第 11 卷，第 15 頁。
〔註55〕　《魯迅全集》第 6 卷，第 596 頁。

不同的看法，而這實際上涉及的是眞話與謊言的問題，A認爲一個「可靠」的人對同志、朋友是應該說眞話的，但爲革命事業著想，對敵人則不妨說假話、說謊話。B則狡辯道：一個「可靠」的人應該對所有人說眞話，所以當敵人問他「關於革命的事情」時，他就一五一十地如實相告。

然而，這只是叛徒的邏輯。B對「可靠的人」的界定是有問題的。事實上，一個「可靠的人」不僅不說謊，而且也不應該出賣朋友和同志，不應該背叛自己的事業，否則，他怎麼能算是「可靠的人」呢？魯迅設置這樣一個具體情境，意在表明：在特殊的環境裏（如對敵鬥爭），人是可以說假話和說謊話的。你的敵人根本無視誠實、可靠這些人類的美德，你若跟他們講什麼美德，他們就會利用你的弱點去破壞正義的事業，去屠殺你的同志、朋友。因此，從理論上說，人是應該說眞話的，然而在現實中，還得看你的對手是否值得說眞話。

再次，在日常生活領域，人們往往因感情、道德等因素的限制而說不了眞話。就魯迅本人而言，他對自己所關愛的親人、朋友、青少年也並不總是講眞話。有時，他不願說出自己的心理話，甚至也說點「假話」。

魯迅在1924年9月24日寫給青年友人李秉中的信中透露：「我不願意使人失望，所以對於愛人和仇人，都願意有以騙之，亦即所以慰之，然而仍然各處都弄不好。」〔註56〕

舊時代的老人大多希望自己死後能進入天堂，魯迅的母親大約也不例外。魯迅在《我要騙人》一文中坦誠相告：「倘使我那八十歲的老母親，問我天國是否眞有，我大約是會毫不躊躕，答道眞有的罷。」〔註57〕作爲一名深受西方現代科學薰染的啓蒙主義者，魯迅自然是不會相信有什麼「天國」的存在。然而爲了不給處於遲暮之年的老母親增添精神壓力，爲了能讓老母親以輕鬆的心境走向死神，他只能違背自己的意願，說了「謊話」。

兒童是天眞無邪的。魯迅最喜歡的對象是兒童和月亮。即使對待自己兒子，魯迅也能平等相處，坦誠相見。然而魯迅也有過對兒童不說眞話的經歷。作於1936年2月的《我要騙人》就記載了一件令魯迅「難堪」的往事：有一天，魯迅去看電影，在影院門口，一名鼻子凍得通紅的小學生請求他給災區的災民捐款。魯迅推說沒有零錢，小姑娘眼中流露出了失望的神情。魯迅只

〔註56〕《魯迅全集》第11卷，第431頁。
〔註57〕《魯迅全集》第6卷，第487頁。

好捐了一塊錢，小姑娘立刻高興起來，並稱讚他是「好人」。看完電影後，魯迅又想起了募捐的事，進而聯想到成人社會中貪污腐敗的醜惡，聯想到統治集團的對受災民眾的彈壓，於是，他為那位小學生、為他自己而感到悲哀。他認識到自己捐的那一元錢「是連給水利局的老爺買一天的烟捲也不夠的。我明明知道著，卻好像也相信款子真會到災民的手裏似的。付了一塊錢，實則不過買了這天真爛漫的孩子的歡喜罷了。我不愛看人們的失望的樣子。」魯迅覺得自己不該騙那位小女孩，曾打算寫一封公開信，說明自己捐錢的本意，向小女孩去消釋誤解，但因想到沒什麼地方能刊登這樣的公開信，於是只好作罷。一直到深夜 12 點，魯迅還被募捐的事攪得心緒不佳，心裏像「嚼了肥皂或者什麼一樣」不舒服〔註 58〕。

面對他創作的主要讀者群的青年人，魯迅說話更謹慎一些。他在《三閒集‧通信》一文中對青年讀者 Y 君說：「真話呢，我也不想公開，因為現在還是言行不大一致的好。」在信中，魯迅還向 Y 君透露了自己不對青年人講真話的苦衷：魯迅原先是相信青年人勝於老頭子，下等人勝於上等人的；後來經過事實的教育，他痛切地認識到青年人、下等人有時與老頭子、上等人是沒什麼兩樣的。然而在創作中，魯迅並沒有真實地表現出存在於青年人和下等人身上的「黑暗」，根本原因在於他們在社會上畢竟是受壓迫者，他本人不願意加入到欺凌弱者的行列中去〔註 59〕。可見，魯迅沒太多地去揭露青年人、下等人身上的「黑暗」，並不是他刻意要說謊，乃是出於對弱小者的同情。

1932 年底，魯迅在為《魯迅自選集》所作的序言中重新提及自己在創作中說不得真話的苦處。他說自己在創作中一方面免不了要暴露「舊社會的病根」，目的是「催人留心，設法加以療治」；另一方面他又擔心對舊社會的病態過多的暴露會引起人們的失望情緒。因此，他在創作中總是努力地「刪削些黑暗，裝點些歡容，使作品比較的顯出若干亮色」。魯迅把自己的創作稱作「遵命文學」。接著他又辯解道：「不過我所遵奉的，是那時革命的前驅的命令，也是我自己所願意遵奉的命令，決不是皇上的聖旨，也不是金元和真的指揮刀。」〔註 60〕

〔註 58〕 《魯迅全集》第 6 卷，第 487 頁。
〔註 59〕 《魯迅全集》第 4 卷，第 100、97 頁。
〔註 60〕 《魯迅全集》第 4 卷，第 455～456 頁。

　　然而，既然是遵命而寫作，就必然會有自我內在的欲求與他人的要求之間或者協調，或者衝突的問題。就難免有希望直抒胸臆與強迫自己不道出內心眞實感受的衝突問題。在一些場合，魯迅煞費苦心地處理自己那些眞實地流露悲哀情緒的作品，以免給廣大讀者帶來消極影響。他在1932年編選「自選集」的舉措就頗爲值得關注。從魯迅編選「自選集」的情況看，他選擇的作品並非都能代表他的創作成就，並非就是自己所喜愛的作品；他所捨棄的也並非都是他本人不欣賞的作品。他取捨的基本尺度是看這些作品是否有利於社會變革，是否會影響或「毒害」青年讀者。看來，魯迅的行爲並不完全受支配於自己的意志。

二、魯迅視野中的眞話

　　俄國作家陀思妥耶夫斯基在《惡靈》一文中歎息道：「人生中最困難的是不說謊而生活，同時不要相信自己本身的謊言。」高爾基也曾深有感慨地說，「我們爭取言論自由，是爲了能夠說出和寫出眞情。然而說出眞實情況是一切藝術中最困難的一門藝術」〔註61〕。

　　眞話爲什麼如此難得？換言之，說眞話爲什麼那麼不容易？

　　首先，眞話往往不那麼動聽，動聽的可能是假話、謊話；人們往往樂於接受動聽的謊話，而排斥不那麼動聽的眞話——這正是人性的弱點之一。《紅樓夢》有詩云：「良藥苦口利於病，忠言逆耳利於行。」「忠言逆耳」揭示的正是眞話不那麼動聽的事實。

　　魯迅也曾深有感觸地說：「事實常沒有字面這麼好看。」〔註62〕魯迅是從自身經歷出發得出這一結論的，他的銳利無比的言說刺痛了中國社會的神經，因而被論敵稱作「紹興師爺」、「刀筆吏」。魯迅還注意到了羅素、泰戈爾、蕭伯納、愛羅先珂四位外國著名作家、學者到中國訪問、演講時不同的遭遇：蕭伯納、愛羅先珂不會說客套話，只說眞心話而成爲「不受歡迎的人」，羅素、泰戈爾對中國文化大加讚美而到處受到禮待。

　　其中尤其值得注意的是蕭伯納的遭遇。1933年，英國作家蕭伯納乘船周遊世界，2月17日來到中國的上海。中國社會各界出於某種心理慣性，期待著蕭伯納也像大多數來華訪問的外國作家一樣說些客套話和動聽的話。然

〔註61〕　高爾基：《不合時宜的思想》，江蘇人民出版社，1998年版，第1頁。
〔註62〕　《魯迅全集》第5卷，第12頁。

而，蕭伯納這位諷刺文學的大師讓中國人的期望落空了，他只按自己的意志說話，他甚至厭惡中國人對他的過分殷勤的歡迎，因而激怒了中國人。大批文人、記者紛紛撰文攻擊、指責蕭伯納，把他當作一名「可惡」的人看待。魯迅的《誰的矛盾》一文記錄了當時中國社會各界對蕭伯納的批評態度：對於這位只說真話而不說假話的英國作家，中國人覺得他「身子長也可惡，年紀大也可惡，鬚髮白也可惡，不受歡迎也可惡，逃避訪問也可惡，連和夫人的感情好也可惡。」〔註63〕

其次，真話不可避免地受到權力話語的壓制。換句話說，在一個缺乏言論自由的社會裏，說真話即是褻瀆統治集團的權威，真誠的言說者與權力集團的衝突是必然的。蕭伯納說「一切偉大的真實都開始於冒犯神聖。」魯迅在《漫談「漫畫」》中說漫畫「因為真實，所以也有力」〔註64〕。同樣，真話因為真實，所以充滿力量，它必然會對權力集團的統治構成威脅。一個道理很淺顯但常常為人們所忽視的事實是：由於真正的知識分子都是「不可改悔」的真話的言說者，因此，他們自然難以為權力集團所容，而成為四處碰壁、命運多舛的一個特殊群體。

魯迅在《關於知識階級》一文中揭示了歷代知識分子的悲劇命運，他說：「知識和強有力是衝突的，不能並立的；強有力不許人民有自由思想，因為這能使權力分散，在動物界有很顯的例：猴子的社會是最專制的，猴王說一聲走，猴子都走了。」魯迅認為，在現代社會，知識階級的「思想自由和生存還有衝突」，他們必須在「發表傾向於民眾的思想」和「在指揮刀下聽令行動」之間作選擇；然而，「真的知識階級是不顧利害的」，他們想到什麼就說什麼，他們「對於社會永不會滿意的，所感受的永遠是痛苦，所看到的永遠是缺點」〔註65〕。

20年代中期，魯迅與周作人、林語堂、孫伏園等人一道創辦《語絲》雜誌，形成了著名的「語絲派」作家群。魯迅在《我和〈語絲〉的始終》中是這樣來描述這一創作群體的基本傾向的：「不願意在有權者的刀下，頌揚他的威權，並奚落其敵人來取媚，可以說，也是『語絲派』一種幾乎共同的態度。」「任意而談，無所顧忌，要催促新的產生，對於有害於新的舊物，則竭力加

〔註63〕《魯迅全集》第4卷，第492頁。
〔註64〕《魯迅全集》第6卷，第234頁。
〔註65〕《魯迅全集》第8卷，第189～191頁。

以排擊」〔註 66〕。這就是魯迅所揭示的「語絲派」作家共同的言說和寫作姿態。這種自由灑脫的言說方式必然會危及權力集團的利益而遭迫害。段祺瑞「執政」的威嚇在前，張作霖「大帥」的封禁在後，《語絲》終於在 1927 年被查封。《語絲》的命運充分表明：在權力集團的高壓之下，知識分子要想保持真誠的言說狀態是多麼的艱難。

再次，真話在傳播和傳達過程中很容易被歪曲、很容易走形，這是講真話的三難。

現代社會是話語傳播渠道非常複雜的信息社會，話語（信息）一旦說出，便很難保證它在傳播過程中不變形、走樣。魯迅從蕭伯納身上看到了話語被扭曲的命運。他在《看蕭和「看蕭的人們」記》一文中分析道：蕭伯納在上海發表講演時，新聞記者們是帶著各自的目的去的。蕭伯納「在同一的時候，同一的地方」，所說的「同一的話」在報紙上披露後卻各不相同。譬如，在對中國政府的評價問題上，上海的英文報紙說蕭伯納認為「中國人應該挑選自己佩服的人，作為統治者」；日文報紙報導說蕭伯納以為「中國政府有好幾個」；中文報紙則振振有詞地說蕭伯納聲稱「凡是好政府，總不會得人民的歡心的」〔註 67〕。

魯迅在《〈蕭伯納在上海〉序》中描述了中外各種利益集團對蕭伯納演講五花八門的心理期待：「瘸腳願意他主張拿拐杖，癩子希望他贊成戴帽子，塗了脂粉的想他諷刺黃臉婆，民族主義文學者要靠他來壓服了日本的軍隊。」〔註 68〕然而蕭伯納只說自己想說的話，讓各類聽眾的期待撲了個空，於是，他便成了各家報紙爭相攻擊的對象，他說的話受到費盡心思的「曲解」。魯迅的《誰的矛盾》寫道：蕭伯納在上海演講時說的全是真話，人們偏要說他是在講笑話；「他說的是直話，偏要說他是諷刺，對他哈哈的笑，還要怪他自以為聰明；他本來是來玩玩的，偏要逼他講道理，講了幾句，聽的又不高興了，說他是來『宣傳赤化』了。」〔註 69〕

面對這類冥頑不化而且極其無賴的聽眾，演講者真誠的言說是根本打動不了他們的。沒有合格的聽眾（讀者），言說者（作家）說真話與說假話似乎都沒什麼區別，這恐怕就是真誠的言說者的悲劇之所在。

〔註 66〕　《魯迅全集》第 4 卷，第 167～168 頁。
〔註 67〕　《魯迅全集》第 4 卷，第 497 頁。
〔註 68〕　《魯迅全集》第 4 卷，第 501 頁。
〔註 69〕　《魯迅全集》第 4 卷，第 491 頁。

更值得注意的是，言說者內心的真實想法在被自我述說（被傳達）的過程中，同樣存在著被歪曲的可能，這是「言說」對「思想」的歪曲，是言說者的自我歪曲。「言爲心聲」揭示的是語言不折不扣地傳達內在思想情感的理想的言說狀態。而「詞不達意」是言說過程中更常見的現象，它表明，語詞和意義之間、能指與所指之間橫亘的那條鴻溝是難以跨越的。

魯迅也注意到言說過程中語言對思想的歪曲現象，他的雜文《聽說夢》舉日常生活中人們對自己所做的夢的敘述來說明問題，1933 年春節魯迅在《東方雜誌》新年特大號上讀到了題爲「新年的夢想」的一組徵文作品。參加這次徵文活動的讀者達 140 多人（大多數是知識分子），他們暢談了各自的夢想。夢是人們潛在意識的自然流露，它是可信的；而人們對自己的夢境的敘述也應該是可靠的，但是，魯迅卻發覺了夢在被敘述過程中受篡改和歪曲的可能，他在文中分析道：「文章是醒著的時候寫的，問題又近於『心理測驗』，遂致對答者不能不做出各各適宜於目下自己的職業，地位，身分的夢來。」魯迅總結道：「做夢，是自由的，說夢，就不自由。做夢，是做真夢的，說夢，就難免說謊。」〔註 70〕

再者，真話可能「毒害」聽者、讀者，這是說真話之四難。魯迅多次指出他的作品中所流露的一些真實的思想可能會「危害」讀者（尤其是青年人）的可怕後果（如《寫在〈墳〉後面》、《華蓋集·北京通信》等文章）；他甚至覺得自己無意中充當了統治者戕害青年人的「幫手」。他在《答有恒先生》一文中把自己的文學創作與江浙一帶的人燒製「醉蝦」這道菜的工藝進行比較，認爲自己像是那烹製醉蝦的廚師，「弄清了老實而不幸的青年的腦子和弄敏了他的感覺，使他萬一遭災時來嘗加倍的苦痛，同時給憎惡他的人們賞玩這較靈的苦痛，得到格外的享樂」〔註 71〕。在這裏，魯迅對自己真誠的言說之效果進行了深刻的質疑，也把關於啓蒙運動之負面價值的思考推向別的思想家難以企及的高度。

三、在真話與謊言之間進退維谷的失語狀態

作爲一名現代社會誠實的言說者，說假話、說謊話自然是魯迅所不願意做的事。然而，說真話又有這麼多的困難，於是，他陷入了左右爲難、進

〔註 70〕 《魯迅全集》第 4 卷，第 476～468 頁。
〔註 71〕 《魯迅全集》第 3 卷，第 454 頁。

退失據的尷尬境地。他往往以沉默的方式來面對真話與謊言之間的二難選擇。可是，沉默長久了，他便可能喪失言說的能力，這又是他所不願接受的結局。魯迅正是這樣一位不斷在真話與謊言之間作二難抉擇，時常為「失語」的痛苦所煎熬的言說者，而且他在創作中也經常表現著「言說之難」的主題。

小說《頭髮的故事》的主人公 N 年輕時曾到國外留學，為了行動的方便，他剪掉了辮子。回國後，他因沒有辮子而飽受同胞們的嘲笑和欺辱。清朝末年，N 先生在一所中學擔任「監學」，有一天，幾位受革命思想影響的學生來到他家，向他徵求是否剪去辮子的意見。從理論上說，N 先生應當持「沒有辮子好」的觀點；然而，他本人過去的經歷卻促使他不贊成學生剪辮子。這樣，N 先生在邏輯上便走進了一個自相矛盾的困境，面對純潔、真誠的青年學子，他最終不知該說什麼為好。

其實，小說主人公 N 先生這番遭遇正是魯迅本人曾親身經歷過的。魯迅晚年寫的雜文《病後雜談之餘》比小說《頭髮的故事》更詳細地表現了他本人作為一名現代知識分子既不願說謊，又不能輕易說真話的痛苦：1910 年，魯迅在紹興中學提任「學監」一職，他因為在日本留學時剪去辮子而被故鄉紹興的民眾看成「假洋鬼子」，受盡各種嘲罵。這一年，紹興學生中興起了剪辮風潮，魯迅勸阻學生，學生們就推舉出代表來同他論辯。學生代表詰問道：「究竟有辮子好呢，還是沒有辮子好呢？」魯迅不假思索地答道：「沒有辮子好，然而我勸你們不要剪。」〔註 72〕部分學生認為魯迅自己不留辮子，卻又反對學生剪去那根「豬尾巴」，是一個「言行不一致」的人，並因此而有些看不起他。

像小說中的那位 N 先生那樣，魯迅掉進了自己設立的邏輯陷阱裏。從剪辮子事件發生的 1910 年，到寫作《頭髮的故事》的 1920 年，再到寫作《病後雜談之餘》的 1935 年，魯迅在 25 年中一直為自己的「言行不一致」而難以抹去心靈中的一道陰影。這個剪辮子事件也是魯迅一生言說狀態的集中寫照：他總是難以擺脫真話與謊話互相糾纏給他帶來的心理壓力和精神折磨。

魯迅在小說《傷逝》、《祝福》等作品中藝術地揭示了現代知識者言說的困頓局面。《傷逝》以大量的篇幅展現了涓生所面對的二難選擇：由於情感的

〔註72〕《魯迅全集》第 6 卷，第 188～189 頁。

變化，涓生已不愛子君，他想把真情坦言相告，但每當看見子君「孩子一般的眼色」，便只好裝出一副很愉快的樣子。此時的涓生內心充滿了矛盾。一方面，涓生想說出自己已經不愛子君的真心話，不過，他怕真話一說出來便會驅使子君走向死路；另一方面，不說出心裏話，涓生又覺得自己是個虛偽、怯懦的人，這與一個現代知識分子的精神立場是相悖離的。最後，涓生還是說出了真話，果真導致了子君的死亡，於是他譴責自己「沒有負著虛偽的重擔的勇氣，卻將真實的重擔」卸給了子君，他認定自己是一個「卑怯者」。從此，涓生決心「將真實深深地藏在心的創傷中，默默地前行，用遺忘和說謊」作他的「前導」〔註73〕。

在小說《祝福》中敘述者「我」與祥林嫂在魯鎮大街上的那番對答，同樣顯示了現代知識分子在真話與謊言之間游移不定的精神狀態。已經淪落為乞丐的祥林嫂問「我」：「一個人死了之後，究竟有沒有靈魂的？」這一問題問得很突兀，令「我」十分惶然，「我」只好告之曰：「也許有罷。」祥林嫂接著便問：「那麼，也就有地獄了？」這又令「我」猝不及防，只好吱吱唔唔說：「地獄？──論理，就該也有。──然而也未必，……誰來管這等事……」祥林嫂追問道：「那麼，死掉的一家人，都能見面的？」至此，「我」已經知道自己根本無法解決祥林嫂的疑惑，只好用「我也說不清」來搪塞，並匆匆逃離現場〔註74〕。

作為一名現代知識分子，「我」本來是不會相信「靈魂」、「地獄」之說的，然而為了給祥林嫂一點精神安慰，只好說假話，說也許有靈魂和地獄。當祥林嫂透露了她想到地獄裏與死去的親人見面的心思後，「我」開始擔心自己所說的安慰話會有害於她。因為祥林嫂除了想去地獄見她可愛的兒子阿毛外，還害怕自己會被鋸成兩半分給兩個丈夫。於是，「我」便用「說不清」來擺脫自己與祥林嫂的干係。在一位目不識丁的女乞丐的盤問下，這位現代知識分子「我」竟然喪失了說話的勇氣，只好落荒而逃。這是非常具有象徵意味的一幕，它揭示了知識分子言說的自相矛盾和軟弱無力，揭示了啟蒙運動的局限和困頓。

魯迅自己就像《祝福》裏的「我」那樣害怕自己的言說「於讀者有害，因此作文就時常更謹慎，更躊躇」；他坦率地說道：「有人以為我信筆寫來，

〔註73〕 《魯迅全集》第2卷，第127、130頁。
〔註74〕 《魯迅全集》第2卷，第7頁。

直抒胸臆，其實是不盡然的，我的顧忌並不少。」有時，他甚至認為，「對於偏愛我的讀者的贈獻，或者最好倒不如是一個『無所有』。」〔註75〕這就是說，當他不能說眞話而又不願以假話、謊話騙人時，只好選擇沉默。

沉默有時令魯迅更加自在一些。在沉默狀態下，他至少不必在眞與假之間作出抉擇。因而，魯迅在《野草·題辭》開首寫道：

當我沉默著的時候，我覺得充實，我將開口，同時感到空虛。〔註76〕

可是，沉默終究不能徹底解決問題，言說畢竟是知識分子最基本的生存方式和實現自我價值的途徑。除非選擇死亡，否則，只要還活在世上，一位現代知識者便不可能永遠保持沉默狀態；換言之，如果眞正得了「失語症」，知識分子便失去了存在的價值。

於是，魯迅的《立論》就有了解決眞與假矛盾的新辦法，這就是「打哈哈」的方法。這篇精緻的散文詩爲我們設定了這樣一個特殊的情境：「我」夢見自己正坐在小學課堂上寫作文，向老師請教立論的方法。老師認為立論很難，他舉例說：有一家人生了一個男孩，全家都高興壞了。滿月時，家長把孩子抱出來給賀喜的客人看。一位客人說這孩子將來要發財，另一位則說這孩子將來要當官。他們的祝福令家長很感激。第三位客人發話了，他說這孩子將來要死的。話音剛落，他就遭到眾人的一頓毒打。說這孩子將來要死的是眞話，說他將來會富貴卻可能是不眞實的，可能是客套的謊話。說謊的人得到感謝，說眞話的卻遭毒打。那麼「我」既不想說謊，也不願挨打，該怎麼辦呢？老師畢竟是老於世故的，他告訴給「我」一個良策：「那麼，你得說，『啊呀！這孩子呵！您瞧！多麼……。阿唷！哈哈！He He！he，he he he he！』」〔註77〕

這位先生口授的立論「秘訣」簡單而實用，歸結起來說，就是在立論時不要明確地表態，要學會打哈哈，要掌握騎墻的本領。簡而言之，要學會世故。

然而，正如沉默不能徹底解決眞話與謊話的二元對立一樣，老於世故的打哈哈方法同樣不能一勞永逸地消除直話與謊話的矛盾，它只能使眞誠的言說者沉陷於眞與假之間的言語沼澤而不能自拔。像大多數現代知識分子

〔註75〕　《魯迅全集》第 1 卷，第 284 頁。
〔註76〕　《魯迅全集》第 2 卷，第 159 頁。
〔註77〕　《魯迅全集》第 2 卷，第 207 頁。

一樣，魯迅還必須在真話與假話之間作出正確的選擇。而選擇就意味著知識分子為自己的行動負責，為自己的言說承擔一切後果，更意味著他們將面對接踵而來的無數新的選擇，將一次又一次地陷入真話與謊話之間的兩難境地中。

在日常生活和文學創作中，魯迅經常面臨既不願說謊，又不能說真話的兩難處境；他的作品因之形成了欲言又止、欲說還休的含蓄晦澀的語言風格。「言說」，既是現代知識分子基本的存在方式，也是他們實現自我價值的主要途徑。魯迅對知識分子「言說」狀態的體認，從一個特殊的角度深刻地揭示了現代人的悲劇性生存境遇。

永世流浪與過客境遇
——魯迅對精神探索者生存方式和悲劇命運的體認

先覺者在精神原野上走得太遠了，他們總是處在超越時代平均認識水平的突前位置上。尤其是在社會黑暗而群眾尚不覺悟的時代，他們的超前意識往往難以被同時代的人所理解和接納，他們往往難逃被世人圍攻、迫害的厄運，最終落入為自己的家鄉甚至是為自己的祖國所放逐而四處漂泊的境地裏。魯迅留日時代寫的《文化偏至論》引用了尼采《查拉圖斯特拉如是說》的一段文章就是描述精神探索者的這種命運：「吾行太遠，孑然失其侶，……邦國如是，奚能淹留？吾見放於父母之邦矣！」〔註78〕魯迅從古今中外精神文化史上無數的事實和自身的遭遇出發，提煉出了這樣的重大命題，即：永世流浪和四方漂泊正是精神探索者的生存方式與悲劇命運；精神探索者是永失故鄉的「過客」。

一、魯迅的故鄉情結

熱愛生養自己的故鄉，是一種非常普遍、非常正常的感情。然而中國人珍愛鄉土的感情似乎在世界各民族中是最為強烈的，這恐怕與我們民族從事農業耕作的生存方式、安土重遷的居住方式以及以家庭為本位的血緣倫理模式有密切的關係。「父母在，不遠遊」。中國人固守自己的鄉土，執著地熱愛著自己的故園。然而，封閉的生活方式使得人們難以接觸和瞭解故鄉以外那

〔註78〕《魯迅全集》第 1 卷，第 49 頁。

個大世界，並使坐井觀天的人們排斥一切來自外鄉的東西。魯迅說：「中國人幾乎都是愛護故鄉，奚落別處的大英雄，阿 Q 也很有這脾氣。」〔註79〕阿 Q 嘲笑城里人把「長凳」叫成「條凳」，嘲笑城里人燒大頭魚時加上切細的葱絲。阿 Q 覺得自己的故鄉未莊是天底下最好的地方，於是他作為鄉下人獲得了於城里人之上的優越感，於是，他獲得了虛幻的「勝利」。

魯迅非常愛自己的故鄉。魯迅的故鄉紹興是中國歷史文化名城，曾涌現了句踐、西施、王充、王羲之、陸游、徐渭、蔡元培、徐錫麟、陶成章、秋瑾、馬寅初等等難以計算的傑出人物，甚至連周恩來、朱自清等名流也聲稱自己是「紹興人」。明末文學家王思任說：「夫越乃報仇雪恥之國，非藏垢納污之地也。」〔註80〕紹興民風之剛悍在江南是少見的。

魯迅熱愛的是這個剛強驃悍的故鄉，青年時代的他曾這樣稱讚紹興：「於越故稱無敵於天下，海嶽精液，善生俊異，後先絡驛，展其殊才；其民復存大禹卓苦勤勞之風，同句踐堅確慷慨之志……」當然，魯迅並沒有無視紹興的缺點，他批評紹興在後來的歷史演變中是「世俗遞降，精氣播遷，則漸專實利而輕思想，樂安謐而遠武術」〔註81〕。

1912 年魯迅離開故鄉前往南京中華民國臨時政府教育部供職，不久又隨教育部遷居北京，在京城單身生活達 7 年之久。這期間他曾於 1916 年底回紹興探親。1919 年底他賣掉了紹興的老屋把全家遷到北京，從此永遠告別了故鄉。這時期的魯迅對故鄉感情已有了改變，他在 1919 年初寫信給摯友許壽裳說：「僕年來仍事嬉戲，一無善狀，但思想似稍變遷。明年，在紹之屋為族人所迫，必須賣去，便擬挈眷居於北京，不復有越人安越之想。而近來與紹興之感情亦日惡，殊不自至（知）其何故也。」〔註82〕其實，魯迅已很清楚地告訴我們，他與故鄉感情交惡的主要原因就是族人（本家）逼迫他賣掉祖傳的老屋。老屋後面有一百草園，那曾是兒時魯迅的樂園。如今，這風雨飄搖中的老屋被迫轉賣他人，魯迅童年的夢想失去了寄存之處。故鄉性格中「專實利」的一面日益突出，而那個質樸、健朗的故鄉漸漸淡出魯迅精神世界的地表。

〔註79〕《魯迅全集》第 6 卷，第 145 頁。
〔註80〕〔明〕張岱：《王謔庵先生傳》，《琅嬛文集》，嶽麓書社，1985 年版，第 195 頁。
〔註81〕《魯迅全集》第 8 卷，第 39 頁。
〔註82〕《魯迅全集》第 11 卷，第 358 頁。

　　對故鄉情感的變化導致魯迅作品中故鄉形象的變化。在五四前後魯迅的作品中，紹興（S城、魯鎮）變成一個沉寂、冷酷的小鎮（《孔乙己》、《明天》），一個荒涼蕭肅的小城（《故鄉》），一個盲目排外、仇視一切新事物的蒙昧的小城（《論照相之類》），一個在辛亥革命浪潮衝擊下市民如喪家之犬到處逃竄的落後小城（《隨感錄·五十六》）。隨著時光的推移和空間距離的拉大，魯迅漸漸淡化了故鄉的負面印象，他20年代中期以後的作品中充滿了對故鄉溫馨的回憶。他在《忽然想到》（十至十一）中透露了自己情感變化的原因：

> 從近時的言論上看來，舊家庭彷彿是一個可怕的吞噬著青年的新生命的妖怪，不過在事實上，卻似乎還不失爲到底可愛的東西，比無論什麼都富於攝引力。兒時的釣遊之地，當然很使人懷念的，何況在和大都會隔絕的城鄉中，更可以暫息大半年來努力向上的疲勞呢。〔註83〕

看來，魯迅是把回歸故鄉當作消除在大都市裏謀生、拼搏所帶來的疲勞的治療方式。當然，魯迅只能從精神上、從夢境裏不斷回歸故鄉，現實中的故鄉已不堪回歸。1926年2月21日至11月18日，魯迅創作了10篇回憶自己童年、少年和青年時代生活的散文。它們大多是以故鄉爲背景的憶舊之作，魯迅把這些作品彙集成《朝花夕拾》出版。

　　在《朝花夕拾》中魯迅寫到了父親對時的他的專制，寫到了私塾教育的枯燥乏味，寫到了兒時閱讀《二十四孝圖》的厭惡和恐懼，寫到了父親的得病和死亡，寫到衍太太的流言對少年魯迅的傷害。除了上述不愉快的記憶外，魯迅更以充滿詩意的語言描繪自己兒時如何迷醉在祖母講述的貓鼠故事裏，追憶自己從長媽媽那兒得到《山海經》畫冊的快樂，描述自己看迎神賽會的喜悅，以及再現了在百草園中愉快地歡度童年的情景。後來，魯迅在編定《朝花夕拾》後，寫了一篇《小引》，他總結了自己借助回憶幼、少年時代生活重歸精神故鄉的心理體驗：

> 我有一時，曾經屢次憶起兒時在故鄉所吃的蔬果：菱角，羅漢豆，茭白，香瓜，凡這些，都是極其鮮美可口的；都曾是使我思鄉的蠱惑。後來，在我久別之後嘗到了，也不過如此；惟獨在記憶上，還有舊來的意味留存。他們也許要哄騙我一生，使我時時反顧。〔註84〕

〔註83〕　《魯迅全集》第3卷，第94頁。
〔註84〕　《魯迅全集》第2卷，第229～230頁。

的確，童年所吃的、所經歷的一切都是那般的美好，可是它們在現實中是不可能被成年人再度體驗到了；故鄉的蔬果及其一切風物都是那般的充滿詩意，可是成年後若再度去面對這一切時，又會有「人是物非」（與「物是人非」相反）的沉重的失落感。

其實，一個人只要長大成人，離開了故鄉，那麼他就不可能再返回童年和故鄉這些美好的舊境，他已被童年和故鄉永遠地疏離，而成為四處漂泊流浪的「無家可歸者」。唐代詩人賈島的《渡桑乾》一詩就表現了這種永失家鄉的漂泊感：「客舍并州已十霜，／歸心日夜憶咸陽。／無端更渡桑乾水，／卻望并州是故鄉。」〔註85〕

二、魯迅一生的漂泊流浪體驗及其文學表現

據魯迅自己晚年寫的《我的第一個師父》一文說，他父親在魯迅幼時曾讓他拜一位姓龍的和尚為師，當然這只是一種象徵性的儀式，魯迅並沒有入寺廟當小和尚，他不過是一名形式上的「出家人」。然而若考察魯迅的一生，我們又會驚訝地發現魯迅其實正是一位不斷地喪失著「家」的漂泊者。

因祖父科場案，少年魯迅逃出家門，寄居於鄉下親戚家，忍受著被看作「乞食者」的輕蔑；17 歲那年，迫於族人（本家）的欺壓和流言的中傷，魯迅告別老母，離開紹興，隻身一人來到南京求學；1902 年，他背井離鄉，遠渡重洋，來到日本留學，在異邦前後共生活了 7 年；1909 年回國後，他為生計所迫而奔波於杭州、紹興、南京等地；1912 年，他孤身一人隨民國政府教育部遷到北京，寄居於北京城南的紹興會館達 7 年之久；1919 年魯迅把全家接到北京生活，不久又因「兄弟失和」而被「趕」出八道彎寓所，此後在京城幾度搬家遷居；1926 年為避開北洋軍閥政府的迫害和婚姻中的尷尬境地，魯迅千里南下廈門，不久因受廈門大學當局的排擠而前往廣州中山大學任教；不久，他又被迫離開廣州，前往上海定居。1927 年定居上海後，困於國民黨政府的壓迫和日軍炮火的轟炸，他又一次一次地避難於家門之外……

魯迅把自己在社會中受排擠、受迫害的遭遇形象地概括為「交華蓋運」。他在《華蓋集・題記》中寫道：「我平生沒學過算命，不過聽老年人說，人是有時要交『華蓋運』的。……這運，在和尚是好運：頂有華蓋，自然是成佛

〔註85〕《全唐詩》下冊，上海古籍出版社，1986 年版，第 1470 頁。

作祖之兆。但俗人可不行，華蓋在上，就要給罩住了，只好碰釘子。」〔註86〕
後來魯迅在舊體詩《自嘲》中進一步描述了自己交「華蓋運」的狼狽境況：

> 運交華蓋欲何求，／未敢翻身已碰頭。／破帽遮顏過鬧市，／漏船
> 載酒泛中流。／橫眉冷對千夫指，／俯首甘爲孺子牛。／躲進小樓
> 成一統，／管他冬夏與春秋。〔註87〕

20年代中期，魯迅在北洋軍閥政府的五色旗下到處碰壁，沒想到1926年來到
南方，在青天白日旗下，同樣是華蓋罩命，他在定居上海前寫的雜文（《革「首
領」》中寫道：「這兩年來，我在北京被『正人君子』殺退，逃到海邊；之後，
又被『學者』之流殺退，逃到另外一個海邊；之後，又被『學者』之流殺退，
逃到一間西曬的樓上，滿身痱子，有如荔支……」〔註88〕他在這一時期的一
封信中帶點玩笑的口吻對別人說：「啊呀，仁兄，你看這怎麼得了呀！逃掉了
五色旗下的『鐵窗斧鉞風味』，而在青天白日之下又有『縲紲之憂』了。」對
於這種四處奔逃的命運，魯迅認爲他的論敵可能會面帶嘲笑地問道：「你知道
苦了罷？你改悔不改悔？」魯迅毅然回答說：「一點不苦，一點不悔。而且倒
很有趣的。」〔註89〕於此，我們可以看出，魯迅離開北京南下，並非完全是
被動之舉，事實上，倒是他主動地選擇著新的生活方式。北洋軍閥政府垮臺
後，對於魯迅的政治迫害已暫時消除，「正人君子」們紛紛南下「投機」革命，
留京的「學者」們也改變原先的政治態度。魯迅的親屬還在北京，而北京的
一些大學（如燕京大學）多次想請他去任教，他卻沒有作出再度定居北京的
選擇，他願意過四處漂流的生活。

　　從魯迅1927年6月至9月的幾封信看，他對於是否回第二故鄉北京曾有
過較多的考慮。在6月12日的信中，他告訴與他很親近的學生兼朋友川島
（章廷謙）說：「我也許回北京去，但一面也想漂流漂流，可惡一通，試試我
這個人究竟受得多少明槍暗箭。總而言之，現在是過一天算一天，沒有一定
者也。」〔註90〕在同年9月19日致翟永坤的信中，魯迅也說：「我漂流了兩
省，幻夢醒了不少，現在是胡胡塗塗。想起北京來，覺得也並不壞，……不
過有幾個學生，因爲是我的學生，所以學校還未進妥……我想陪著他們暫時

〔註86〕　《魯迅全集》第3卷，第3～4頁。
〔註87〕　《魯迅全集》第7卷，第147頁。
〔註88〕　《魯迅全集》第3卷，第471頁。
〔註89〕　《魯迅全集》第3卷，第449～450頁。
〔註90〕　《魯迅全集》第11卷，第548頁。

漂流，到他們有書讀了，我再靜下來。」〔註91〕然而，他在同一天寫給章廷謙的信中卻說：「鳳舉（指張鳳舉，魯迅在京時的同事——引注）說燕大要我去教書，已經回覆他了，我大約還須漂流幾天。……但可玩玩時，姑且玩玩罷。」〔註92〕

1929 年 5 月至 6 月，魯迅單身一人從上海去北京探親，燕京大學有關人士又勸他去該校任教，魯迅回絕了。他寫信給留在上海的許廣平說：「我奔波了幾年，已經心粗氣浮，不能教書了。D.H.，我想，這些好地方，還是請他們紳士們去佔有罷，咱們還是漂流幾時的爲好。」〔註93〕

然而在東奔西走的漂流中，魯迅也會想起生養過他的故鄉，也有回故鄉小住的想法，但總是未能實現。1936 年，他在致曹聚仁的信中說：「倘能暫時居鄉，本爲夙願；但他鄉不熟悉，故鄉又不能歸去。」〔註94〕爲何故鄉不能歸呢？魯訊說自己應付不了家族親友複雜的社會關係，回鄉後可能陷入困境而得不到寧靜。1927 年定居上海之初，魯迅曾想去杭州一遊，但考慮到種種麻煩，他打消了此念頭，他還在信中深有感觸地對友人說：「離鄉一久，並故鄉亦不易歸矣。」〔註95〕

魯迅選擇在異鄉漂流而不願回故鄉還有一個重要的原因，這就是他對浙江不容人才傳統的認識。他在 1927 年 8 月 8 日致章廷謙的信中說：「江浙是不能容人才的，三國時孫氏即如此，我們只要將吳魏人才一比，即可知曹操也殺人，但那是因爲和他開玩笑。孫氏卻不這樣的也殺，全由嫉妒。」〔註96〕而他 7 月 28 日寫給章廷謙的信則指出了有才之士在現時代浙江的窘困境地：「夫浙江之不能容納人才，由來久矣，現今在外面混混的人，那一個不是曾被本省趕出？」〔註97〕魯迅的這番評說不幸也在他本人身上應驗了。30 年代，魯迅在上海參加由蔡元培、宋慶齡發起的「中國自由運動大同盟」，反抗國民黨當局的獨裁統治，因此招來迫害，而迫害他最爲嚴酷的是他故鄉浙江的文人和黨徒許紹棣、葉溯中、黃萍蓀等。他們「呈請南京政府」下令通輯「墮

〔註91〕《魯迅全集》第 11 卷，第 574～575 頁。
〔註92〕《魯迅全集》第 11 卷，第 577 頁。
〔註93〕《魯迅全集》第 11 卷，第 293 頁。
〔註94〕《魯迅全集》第 13 卷，第 684 頁。
〔註95〕《魯迅全集》第 11 卷，第 604 頁。
〔註96〕《魯迅全集》第 11 卷，第 570 頁。
〔註97〕《魯迅全集》第 11 卷，第 562 頁。

落文人魯迅」〔註98〕，充當了迫害魯迅的急先鋒。

其實魯迅早在這之前就有了被故鄉放逐的遭遇與體驗。《朝花夕拾》中的《瑣記》敘述了少年魯迅被故鄉放逐的情形：父親死後，魯迅一家墜入了困頓。爲貧窮所煎熬著的少年魯迅覺得「有許多東西要買」，只是苦於沒有錢。本家衍太太就鼓動他偷母親的首飾去變賣，魯迅並沒有聽從她的教唆。可是過了不久，魯迅就聽到關於他偷了家產去賣的流言。這流言使清白單純的少年魯迅「自己也彷彿眞是犯了罪，怕遇見人們的眼睛，怕受到母親的愛撫」。於是，他決定離開故鄉這塊是非之地，他要去「尋找爲 S 城人所詬病的人們，無論其爲畜生或魔鬼」〔註99〕，他進了南京水師學堂求學。魯迅也在《吶喊·自序》中表現了自己匆匆離開故鄉前往南京求學時的心情：「我要到 N 進 K 學堂了，仿佛是想走異路，逃異地，去尋求別樣的人們。」〔註100〕

魯迅被故鄉放逐之初所流露的怨恨與不滿，乃是人之常情。然而，經過時間之流水的漂洗和空間距離的「陌生化」處理，魯迅對故鄉的怨恨漸漸淡化，代之而起的是一種對生養自己的那塊土地的思戀。魯迅曾用過「越客」、「越僑」、「越丁」、「越山」等與紹興有關的筆名，它們無不流露出長期客居異地的魯迅對故土的深情。魯迅早期創作的舊體詩文的一個基本主題就是「漂泊懷鄉」。創作於 1898 年首次離家赴南京求學途中的散文《戛劍生雜記》充分傳達了少年魯迅哀婉的鄉關之愁：

> 行人於斜日將墮之時，暝色逼人，四顧滿目非故鄉之人，細聆滿耳
> 皆異鄉之語，一念及家鄉萬里，老親弱弟必時時相語，謂當今至某
> 處矣，此時眞覺柔腸欲斷，涕不可抑。〔註101〕

作品在暮色蒼茫、空闊寂寥的背景下，勾畫了一位負笈遠遊的游子形象，並抒發了「獨在異鄉爲異客」的思鄉之情。1900 年 2 月，魯迅從故鄉度完寒假返回南京後，寫了《別諸弟三首》舊體詩，寄託了游子對故鄉和親人的思念，其中的第二首寫道：

> 還家未久又離家，／日暮新愁分外加。／夾道萬株楊柳樹，／望中
> 都化斷腸花。〔註102〕

〔註98〕　參閱《魯迅全集》第 12 卷，第 10 頁注釋 4。
〔註99〕　《魯迅全集》第 2 卷，第 292～293 頁。
〔註100〕　《魯迅全集》第 1 卷，第 415 頁。
〔註101〕　《魯迅全集》第 8 卷，第 467 頁。
〔註102〕　《魯迅全集》第 8 卷，第 469 頁。

詩的第一句抒寫「相見時難別亦難」的惆悵；第二句以「日暮」來烘托「新愁」，別具馬致遠的小令「夕陽西下，＼斷腸人在天涯」的風味；詩的下聯通過對水道兩岸「楊柳依依」之態的描寫，渲染了羈旅之人柔腸欲斷的思鄉情懷。

值得注意的是，魯迅所真正惦記著的是他童年時代的故鄉，是記憶中的故鄉。他在散文詩《好的故事》中對夢中山陰道兩岸風光的詩意描繪，他的散文詩《雪》對「滋潤美艷之至」的江南的雪的深情讚美，他在小說《社戲》中對朦朧月夜裏四處彌漫的豆麥蘊藻香氣的迷醉⋯⋯這一切都無不表明魯迅一次又一次地進行著「精神還鄉」。

然而當面對現實中的故鄉時，魯迅有著一種陌生感和疏離感，他甚至有永世難以重歸故鄉的失落感和無家可歸感。小說《故鄉》傳達的就是魯迅這種心理體驗。當那位已離開故鄉 20 餘年的遊子「我」面對著眼前這陰晦、蕭索、荒涼的故鄉時，發出了「呵！這不是我二十年來時時記得的故鄉」這樣痛苦的吶喊。我記憶中的故鄉是一幅色彩明麗、線條流暢的圖畫。在畫中有著深藍的天空、金黃的月亮、海邊碧綠的西瓜地，以及英姿颯爽的少年閏土和雪地中捕獲的鳥雀⋯⋯然而這童年時代的故鄉已不可重現，站在「我」面前的是苦得像木偶人似的，木訥痴呆的中年閏土，一聲「老爺」的叫喚在這對少年時代的好友中間豎起了一層可悲的「厚障壁」。小說《祝福》在熱鬧非凡的舊曆年年底的節日氣氛中，表現著敘述者「我」與故鄉魯鎮的隔膜和疏離：「雖說故鄉，然而已沒有家，所以只得暫寓在魯四老爺的宅子裏。」〔註103〕

把游子的「無家可歸感」寫得最為淋漓盡致的是小說《在酒樓上》：「我」回到久別的故鄉 S 城後，發現往日同遊的友人都已煙消雲散，空留「我」獨自一人在一石居喝著悶酒，甚至連一石居的掌櫃和夥計都全換了人，「我」真正成了 S 城的生客。黃昏時分，小鳥紛紛歸巢休息，雪片從天空墜入大地的懷抱⋯⋯目睹此番「歸家」景象，一種無家可歸的辛酸和悲愴悄然爬上「我」的心頭。「我」終於清醒地認識到：

> 北方固不是我的舊鄉，但南來又只能算一個客子，無論那邊的乾雪怎樣地紛飛，這裏的柔雪又怎樣地依戀，於我都沒什麼關係了。〔註104〕

〔註103〕《魯迅全集》第 2 卷，第 5 頁。
〔註104〕《魯迅全集》第 2 卷，第 25 頁。

游子終於永遠喪失了故鄉溫暖的懷抱，在人生長夜中孤獨前行。走，成了一切精神探索者的生存方式和悲劇境遇。

三、永世流浪：精神探索者的生存方式和悲劇境遇

1926 年 8 月底，魯迅離開北京南下，在上海旅舍裏，他寫信向友人描述了自己旅途中的心情：「走了幾天，走得高興起來了，很想總是走來走去。先前聽說歐洲有一種民族，叫做『吉柏希』的，樂於遷徙，不肯安居，私心竊以爲他們脾氣太古怪，現在才知道他們自有他們的道理，倒是我胡塗。」〔註 105〕魯迅所提到的「吉柏希」人，現在通稱爲吉卜賽人（Gypsies）。這是一個到處流浪，靠占卜、歌舞爲生的民族，他們原來居住在印度西北部，公元 10 世紀前後開始大批向外遷移，到 19 世紀末，他們的足迹已遍布亞洲、美洲、歐洲和非洲，目前人口有近千萬人。在歐洲地區，他們又稱「波希米亞人」，俄國人則稱他們爲「茨岡人」。在世界各民族中，像吉卜賽人這樣永世流浪，不停地走著的民族是比較罕見的。魯迅對吉卜賽人的永世漂泊生活方式經歷了由不理解到理解，而促動這一轉變的正是自身的漂泊體驗。

在西方宗教經典中，也出現了一些永不停息地行走著的人物，其中尤以該隱和阿哈斯瓦爾較爲引人注目。據《舊約·創世紀》載：人類的始祖亞當和夏娃生了該隱（Qayin）和亞伯（Abel）兩個兒子；該隱從事農業耕作，亞伯以養羊爲生，他們都向上帝耶和華呈獻自己的勞動產品。上帝偏愛亞伯的羊，該隱因此嫉恨亞伯並殺死了他。上帝聞知此事後，盛怒之下，詛咒該隱及其子孫將永遠在大地上漂泊而不得安息〔註 106〕。於是，該隱成了基督教史上第一個流浪者。

據說，耶穌被羅馬士兵送往十字架處死的途中，曾想在猶太人、補鞋匠阿哈斯瓦爾的屋檐下休息一會，阿哈斯瓦爾不准耶穌休息，耶穌就詛咒他永世不得休息，在四處行走中謀生，直到末日審判的那天〔註 107〕。魯迅在著名的演講《娜拉走後怎樣》中引用了這一典故，並且對阿哈斯瓦爾的行爲進行富有個人色彩的推測：「雖說背著詛咒，可是大約總該是覺得比安息還適意，

〔註 105〕 《魯迅全集》第 3 卷，第 363 頁。
〔註 106〕 《聖經·舊約》，紐約：托馬斯·內爾森出版社，1972 年版（英文），第 3～4 頁。
〔註 107〕 參閱《魯迅全集》第 1 卷，第 163 頁魯迅對這個典故的引用。

所以始終狂走的罷。」〔註108〕看得出，魯迅對這位走來走去的鞋匠的生活方式是心存羨慕的。

中國古代神話中也有一位永遠不知疲倦而奔走著的人物，他就是夸父。據《山海經》的《海外北經》載：「夸父與日逐走，入日，渴欲得飲，飲於河、渭，河、渭不足，北飲大澤。未至，道渴而死。」〔註109〕在中外思想、文化史上，存在著一個像吉卜賽人一樣永世流浪的「精神探索者家族」，他們似乎也像該隱和阿哈斯瓦爾那樣命中注定必須永不停息地走著。不！他們更像是與日競走的夸父，他們主動選擇了與太陽賽跑的生活方式，而像夸父一樣渴死於道中則是他們悲劇境遇的象徵性寫照。這類探索者在中國古代大量存在著。

春秋戰國是百家爭鳴的黃金時代，大批精神探索者爲了宣傳自己的學說四方奔走，席不暇暖。老子騎青牛西出函谷關傳教、孔子乘牛車奔波於列國宣揚仁義學說的典故已廣爲人知，而墨子、孟子、荀子、韓非子等諸子百家都無不匆匆行走於宣揚和探索眞理的旅途上。

魯迅的歷史小說《非攻》集中筆墨，渲染了墨子由魯國前往楚國勸說楚王和公輸班放棄武力攻伐宋國計劃之途中的辛苦和勞累：

> 墨子走進宋國的國界的時候，草鞋帶已經斷了三四回，覺得腳底上很發熱，停下來一看，鞋底也磨成了大窟窿，腳上有些地方起繭，有些地方起泡了。他毫不在意，仍然走；……又走了一天和大半夜，歇下來，在一個農家的簷下睡到黎明，起來仍復走。草鞋已經碎成一片一片，穿不住了，包袱裏還有窩窩頭，不能用，便只好撕下一塊布裳來，包了腳。〔註110〕

魯迅反覆寫墨子行走的艱苦、旅途的勞累，塑造了一位爲制止荼毒生靈的戰爭而八方宣傳「兼愛」學說的聖徒形象。墨子爲保護民眾的生命不受摧殘，摩頂放踵、不辭辛苦，被魯迅視作「中國的脊梁」。

屈原也是經常出現在魯迅作品中的古典精神探索者形象。屈原把一生都獻給了探索挽救國家衰敗之路的神聖事業，卻被楚王放逐，他長期流浪於湘水和沅水流域，上下求索，繼續探求著救國救民的眞理，最後以死抗爭，懷

〔註108〕　《魯迅全集》第 1 卷，第 163 頁。
〔註109〕　袁珂：《中國神話傳說詞典》，上海辭書出版社，1985 年版，第 147 頁。
〔註110〕　《魯迅全集》第 2 卷，第 455～456 頁。

沙自沉。魯迅很推崇屈原，他曾以《離騷》中的詩句「路漫漫其修遠兮，吾將上下而求索」當作《徬徨》的題辭。1933 年，魯作的一首舊體詩《無題》則是直接謳歌屈原探索精神的作品：

> 一枝清採妥湘靈，／九畹貞風慰獨醒。／無奈終輸蕭艾密，／卻成
> 遷客播芳馨。〔註111〕

在先秦諸子百家中，莊子強調「虛靜」、「心齋」，「坐忘」，在現實生活中也不如孔子、墨子那樣爲宣揚自己的學說而四處漂流。然而在心靈的領地裏，莊子幾乎無時無刻不做著精神的「逍遙遊」。據《莊子・齊物論》載：「昔者莊周夢爲蝴蝶，栩栩然蝴蝶也，自喻適志與，不知周也。俄然覺，則蘧蘧然周也，不知周之夢爲蝴蝶與，蝴蝶之夢爲周與？」〔註112〕在夢境中，莊子忘卻了肉身的存在，與蝴蝶渾爲一體；然而他醒後，在吃驚中想到了一個哲學命題：到底是莊周夢見了蝴蝶，還是蝴蝶夢見了莊周？「莊周夢蝶」觸及認識論的一個古老而難解的問題：「我是誰？」人在被異化（物化）之後，產生了身份危機，於是到處去尋找眞正的「自我」，成了心靈王國中的漂流者。莊子的夢蝶其實涉及了現代哲學的一個核心命題，即：尋找自我靈魂。

魯迅也曾經有過「我是誰？」的困惑。1926 年，恰值高長虹「聲討」魯迅的筆墨戰打得正酣之際，幾位學生跑來告訴魯迅說：「別人胡罵你，你要回罵。還有許多人要看你的東西，你不該默不作聲，使他們迷惑。你現在不是你自己的了。」魯迅聽完這番話，尤其是聽到「你現在不是你自己的了」時大吃一驚，且「打了一個寒噤」〔註113〕。魯迅在 1927 年 1 月 5 日寫給許廣平的信中也談到這件事情：「記得先前有幾個學生拿了《狂飆》來，力勸我回罵長虹，說道：你不是你自己的了，許多青年等著聽你的話！」〔註114〕這一切都促使魯迅思考「我是誰」的命題。

魯迅是一名主張眞誠地生活，眞實地表現自我本來面目的現代作家。他曾在《華蓋集・題記》中塑造了一個眞實的自我形象：「我以爲如果藝術之宮裏有這麼麻煩的禁令，倒不如不進去；還是站在沙漠上，看看飛沙走石，樂則大笑，悲則大叫，憤則大罵，即使被沙礫打得遍身粗糙，頭破血流，而時時撫摩自己的凝血，覺得若有花紋，也未必不及跟著中國的文士們去陪莎士

〔註111〕《魯迅全集》第 7 卷，第 445 頁。
〔註112〕《諸子集成》第 3 冊，上海書店，1986 年版，第 18 頁。
〔註113〕《魯迅全集》第 3 卷，第 393 頁。
〔註114〕《魯迅全集》第 11 卷，第 262 頁。

比亞吃黃油麵包之有趣。」〔註 115〕然而，由於魯迅在現代文化中國所處的特殊位置，也由於其他種種原因，魯迅的「眞正自我」消隱在社會各界對他或讚美或貶抑的種種「塗飾」中。褒之者稱魯迅為「青年領袖」、「文化旗手」、「思想界權威」、「戰士」、「革命者」等等；貶之者咒罵魯迅是「官僚」、「學匪」、「刀筆吏」、「紹興師爺」、「世故老人」、「封建餘孽」……。面對這汹涌而來的封號和冠冕，魯迅也產生過迷惘和困惑，他在談到《阿 Q 正傳》的創作時說，他起初對阿 Q 的「大團圓」結局是根本沒料到的；接著他把話題引向自我，「不但對於阿 Q，連我自己將來的『大團圓』，我就料不到究竟是怎樣。終於是『學者』，或『教授』乎？還是『學匪』或『學棍』呢？『官僚』乎，還是『刀筆吏』呢？『思想界之權威』乎，抑『思想界先驅者』乎，抑又『世故的老人』乎？『藝術家』？『戰士』？抑又是見客不怕麻煩的特別的『亞拉籍夫』乎？乎？乎？乎？乎？」〔註 116〕可見，魯迅也與絕大多數現代人一樣存在著「身份危機」，存在著「莊周夢蝶」式的探求眞我的精神欲求，從這個角度說，他是一名「心靈的漂流者」。

事實上，古往今來的文化先驅和宗教僧侶大多都是精神的漂流者和「無家可歸者」（尋找不到自我的人）。譬如佛教僧尼自稱為「出家人」。佛教《增一阿含經》卷二十一描述僧尼剃度儀式時寫道：「諸有四姓，剃除鬚髮，以信堅固出家學道者，彼當滅本名字，自稱釋迦子。」〔註 117〕看來，「出家」意指佛教僧尼斬斷與世俗的一切關聯，出離家門到寺庵栖居。不過，寺庵並非僧尼的第二個家，他們從出家之日起，便永遠喪失了家。為了生存或為了弘揚佛法，大多數僧尼過著漂泊四方，到處乞食的生活。因其行踪如行雲流水般飄忽不定，故又被稱作「雲水僧」、「遊方僧」。即使是暫時寄居寺庵裏，僧尼們也常常處在「上窮碧落下黃泉」的冥想狀態，體驗著血肉身軀之外的無盡的精神漫遊生活。

耶穌及其追隨者傳播基督教的歷史，也是一部西方宗教僧侶到處流浪的精神探索歷史。永遠的前行，永世的流浪成了一切精神探索者的生存方式。

魯迅雖然不是宗教僧侶，但他也如一切精神探索者一樣永遠處在精神的漂流狀態中，而他創造的「過客」形象則更是極其深刻地揭示了一切精神探

〔註 115〕　《魯迅全集》第 3 卷，第 4 頁。
〔註 116〕　《魯迅全集》第 3 卷，第 380 頁。
〔註 117〕　《大正新修大藏經·第二卷阿含部下》（漢文版），日本大正一切經刊行會，
　　　　　　1926 年版，第 658 頁。

索者的悲劇境遇。「人生如過客」是中國古典文學中常見的母題。李白在《春夜宴諸從弟桃李園序》中感歎道：「夫天地者，萬物之逆旅也；光陰者，百代之過客也。而浮生若夢，爲歡幾何？」〔註118〕

從生命的短暫中，李白得出了「及時行樂」、珍惜生命的結論。魯迅筆下的「過客」超越了李白對這一母題的表現，他更像是唐代的朝聖者玄奘。玄奘（602～664）本名陳禕，河南洛州人。13 歲在洛陽出家，並開始在國內遍訪名師，苦讀佛經，但佛經的眾說紛紜使他產生了困惑，他決定赴佛教的發源地天竺（印度）求得真經，以解疑惑。他去西方取經的請示沒有獲得政府批准，便私自出行，爬雪山，過沙漠，多次陷於死的境地，最終到達天竺，並取得佛經，成爲中國歷史上最偉大的佛學大師之一。

出現在魯迅著名的散文詩劇《過客》中的主人公「過客」便是玄奘式的精神朝聖者，他有著這樣的外表：「約三四十歲，狀態困頓倔強，眼光陰沉，黑鬚，亂髮，黑色短衣褲皆破碎，赤足著破鞋，脅下掛一個口袋，支著等身的竹杖。」總之，從外觀上看，他很容易被人當作乞丐。當他迎面走來時，人們或許要問：他是誰？他叫什麼？他從什麼地方來，又要到什麼地方去？詩劇中的老翁與「過客」的對話正好能給我們透露上述信息。請聽：

翁——客官，你請坐。你是怎麼稱呼的。

客——稱呼？——我不知道。從我還能記得的時候起，我就只一個人。我不知道我本來叫什麼。……

翁——啊啊。那麼，你是從哪裏來的呢？

客——（略略遲疑）我不知道。從我還能記得的時候起，我就在這麼走。

翁——對了。那麼，我可以問你到那裏去麼？

客——自然可以。——但是，我不知道。從我還能記得的時候起，我就在這麼走，要走到一個地方，這地方就在前面。……〔註119〕

「過客」向老翁打聽前面是什麼去處，老翁告訴他那是墳地，而老翁的小孫女卻說那不是墳地，而是盛開著野百合、野薔薇的樂園。「過客」不管前方是墳地還是樂園，他決意不接受老翁讓他「回轉去」的忠告，當他喝足了

〔註118〕 《李太白集》，嶽麓書社，1989 年版，第 266 頁。
〔註119〕 《魯迅全集》第 2 卷，第 189～190 頁。

小孩給他的水，稍作休息後，又聽從前方那聲音的召喚，跟跟蹌蹌地向西邊走去。

魯迅筆下的「過客」從小就孤身一人在小路上走著。他沒有姓名，沒有籍貫，不知自己從何處來，也不清楚自己將走向何方，他知道自己要去的目的地就在前方。不管前邊是陰森荒涼的墓地，還是百合花、薔薇花盛開的花園，他只聽從「前面的聲音」召喚，昂首向著荒原深處走去。在這位「過客」身上，我們依稀看到了唐代朝聖者玄奘那種為尋求佛教真理，「雖九死而不悔」的殉道精神。所不同的是，與玄奘這些原先曾擁有世俗的姓名和故鄉的「出家人」相比，魯迅筆下的這位沒有名號、沒有故鄉的「過客」才是真正現代哲學意義上的無家可歸的「出家人」。另外，玄奘這些朝聖者的目的地是十分清楚的，那就是所謂的「西方淨土」——印度；而「過客」的漂流則根本沒有一個確定的歸宿點，他一輩子只能不停地向前方走去。

「過客」的永恒前行比起玄奘們的朝聖更深刻地觸及到了佛教的人類生存價值本體論——「空」觀，「空」就是魯迅作品中常常出現的「無地」、「無物」、「白茫茫一片空地」等文學意象的哲學對應物；而魯迅則比佛教哲學更深刻、也更殘酷地宣判了一切精神探索者的悲劇境遇：永世漂流、永遠前行。這種境遇我們姑且稱之為「過客」境遇。

第三編　民國時空裏魯迅的形而上追索

魯迅宗教文化思想綜論

　　近十多年來，有關魯迅與佛教、道教、基督教文化關係的課題業已引起研究者們的關注，並出現了一些紮實的研究成果。然而，這只是從幾個橫切面入手進行「共時性」的研究，至於魯迅整體的宗教文化觀，魯迅宗教思想的「歷時性」變化，魯迅宗教文化思想在他的總體思想體系中的地位等等問題則付之闕如。本文試圖對上述學術問題進行探討，與魯迅研究界展開對話。

一、魯迅前期宗教文化觀

　　留學日本期間，魯迅通過批判洋務派和改良派的救國方略，提出了「立人」的思想，並以此爲基點，對宗教文化展開了深入細緻的思索。

　　魯迅起初對洋務派和改良派發動的維新運動抱有所期望，他在《摩羅詩力說》中說：「顧既維新矣，而希望亦與偕始，吾人所待，則有介紹新文化之士人。」後來，魯迅的期待落空了，他發現那些所謂的維新志士從西方帶回來的除了「治餅餌守囹圄之術而外，無他有也。」〔註1〕魯迅的《文化偏至論》認爲，維新志士介紹和引進的多半是物質文明，吸引西方物質文明當然是可以的，可是他們所攝取的卻是西方物質文明中最偏頗的部分，即製造、商沽、立憲、國會等器物、制度層面的文明〔註2〕。針對西方十九世紀文明用物質扼

〔註 1〕　《魯迅全集》第 1 卷，第 100 頁。
〔註 2〕　《魯迅全集》第 1 卷，第 45～46 頁。

殺精神,以眾數約束個人的「偏至」,青年魯迅提出了「掊物質而張靈明,任個人而排眾數」的主張,他精闢地指出,雖然歐美列強無不以物質文明和眾數民主向世界各國炫耀,而其實它們強盛的根柢地在於人,「人既發揚踔厲矣,則邦國亦以興起」〔註3〕,物質和眾數不過是一些非本質的東西。魯迅進而指出,中國要想在世界上生存並與各國進行競爭,「其首在立人,人立而後凡事舉」;而立人之「道術」就在於「尊個性而張精神」〔註4〕。總之,立國的關鍵是立人,立人的根本途徑是尊重個性和發揚精神,魯迅這種思想是針對中國的「尚物質而疾天才」的民族特性提出來的。魯迅的立人思想同他前期的改造國民性思想有密切的關聯:唯有徹底根治國民的劣根性,立人的理想才可能變成現實。

客居日本時期,魯迅經常同他的摯友許壽裳一道討論「三個相關的大問題」,即「(一)怎樣才是最理想的人性?(二)中國國民性中最缺乏的是什麼?(三)它的病根何在?」〔註5〕魯迅當時不僅提出了改造國民性的問題,而且還從理論和實踐兩方面入手,進行著改造國民性的思想啓蒙工作。一方面,由於魯迅那時認為拯救愚弱之國民的「第一要著,是在改變他們的精神,而善於改變精神的是,我那時以為當然要推文藝」〔註6〕,從此,他開始了借助文藝來喚醒民眾的思想啓蒙和改造國民性的實踐,他積極籌辦《新生》雜誌,大量翻譯東歐弱小民族那些充滿抗爭精神的文藝作品,並且寫了一系列介紹西方新思想、新文藝的論文。另一方面,魯迅朝著兩個方向尋找改造國民性的理論依據:其一是向西方近代思想學說探尋精神資源,他在《人之歷史》、《科學史教篇》、《文化偏至論》、《摩羅詩力說》等文言論文中,大力宣傳和引進西方的科學學說、個性主義和進化論思想;其二是挖掘和借助中外宗教文化遺產,為重建現代中華民族的信仰體系尋找精神依據,《破惡聲論》一文集中體現了魯迅這方面的努力。

發表於 1908 年的《破惡聲論》是受了章太炎的佛教救國論影響而寫成的文言作品,不過,魯迅並不像章太炎那樣偏至於佛教,他認為世界上各種宗教不管有多少外在的差異,它們在「充人心向上之需要」這點上是一致的,也即是說:任何宗教都具有鼓舞人們積極向上的功效。正是基於這樣

〔註3〕 《魯迅全集》第 1 卷,第 46 頁。
〔註4〕 《魯迅全集》第 1 卷,第 57 頁。
〔註5〕 許壽裳:《亡友魯迅印象記》,人民文學出版社,1953 年版,第 19 頁。
〔註6〕 《魯迅全集》第 1 卷,第 417 頁。

的認識，魯迅才會讚揚宗教，並借助它作爲他的改造國民性和重建國民信仰體系工作的內在精神力量。《破惡聲論》集中了魯迅前期對宗教文化的基本看法。

魯迅首先從考察原始宗教的起源入手，論證了宗教的產生和存在的必然性。魯迅認爲宗教萌芽於原始人類對變幻莫測的大自然的恐懼虔敬心理，他例舉古印度和古希伯萊宗教的起源說：「吠陀之民，見夫淒風烈雨，黑雲如盤，奔電時作，則以爲因陀羅與敵鬥，爲之栗然生虔敬念。希伯來之民，大觀天然，懷不思議，則神來之事與接神之術興，後之宗教，即以萌蘖。」魯迅還指出：人類生存於天地之間，只要不是永遠處於無知無識、混混沌沌的蒙昧狀態，只要他們有「不安於物質之生活」的傾向，「則必有形而上需求。」魯迅由此得出結論說：「人心必有所憑依，非信無以立，宗教之作，不可已矣。」〔註7〕也即是說：人類的心靈必須要有精神寄託，沒有信仰，人們就不可能立身於世界上，所以宗教的興起，是誰也不能阻擋的。

在上述關於宗教起源論述的基礎上，魯迅提出了對宗教本質的看法。魯迅指出：雖然當時國內有些人把宗教等同於迷信，他並不這樣看，他認爲宗教乃是「向上之民，欲離是有限相對之現世，以趣無限絕對之至上者也。」〔註8〕換言之，宗教就是那些精神上進的人民希望超越有限相對的現實世界，趨向無限絕對而至高無上之境界的一種理想追求。

在這種宗教文化觀的指導下，魯迅對當時國內學術界的多種宗教觀進行了逐一的批駁。首先，魯迅駁斥的是「宗教誤國論」。魯迅指出：大凡國家衰敗之際的知識分子，由於精神世界的閉塞，大多貪圖膚淺的功利，他們的驅殼雖然存在，卻已經失去了靈性，因而忘掉了人生還有對「有趣神秘之事」的形而上追求，只知道卑躬屈節地追逐利祿；而且他們還以自己的卑劣心理來衡量別人，「以他人有信仰爲大怪，舉喪師辱國之罪，悉以歸之」。魯迅認爲，歷史上那些顛覆國家、毀壞宗廟的人，「正多無信仰之士人，而鄉曲小民無與」。魯迅據此得出結論說：「僞士當去，迷信可存，今之急也。」〔註9〕在魯迅當時的觀念中，宗教大體等於「迷信」，此處的「迷信」與後世所說的愚昧落後的信仰還是有所不同的。其次，魯迅批駁了「宗教違背科學」的觀點，

〔註7〕　《魯迅全集》第8卷，第27頁。
〔註8〕　《魯迅全集》第8卷，第27頁。
〔註9〕　《魯迅全集》第8卷，第28頁。

魯迅說：有些只掌握了一點皮毛科學知識的人，動輒「以所拾質力雜說之至淺而多謬者」來責難宗教，他們沒料到僅僅憑一、二冊理科入門書是不可能把解釋世界神秘的宗教駁倒的。他認爲眞正的科學與宗教信仰並非是絕對對立的，其實，科學也是一種信仰。接著，魯迅介紹了西方「以科學爲宗教」的學說，他認爲該學說「別立理性之神祠，以奉十九世紀三位一體之眞者」，所謂的「三位一體之眞者」，就是指誠、善、美〔註10〕。可見，科學並不排斥宗教信仰，它所反對的是謬誤與偏執。再次，魯迅批評了某些維新「志士」禁止賽會的做法，他認爲民間迎神賽會是一種能使農民「精神體質，兩愉悅也」的有益的民間宗教活動；魯迅也批評了一些人借破除迷信爲名，大肆破壞寺廟和神像等宗教文化遺產的錯誤之舉〔註11〕。

此外，魯迅成功地爲中國古代宗教進行了辯護。魯迅認爲，我國古代宗教具有「普崇萬物」的泛神論特徵，即使是「一卉木竹石」，中國古人也「視之均函有神祕性靈」而加以膜拜。當時學術界有些人以西方宗教標準來苛求中國古代宗教，認爲中國古人所崇奉的不是無形的神，不是唯一的主宰神，而是視有實體的萬物爲神靈，他們據此斷定中國古代宗教爲迷信。魯迅反駁道：「敢問無形一主，何以獨爲正神？」在他看來，宗教所信奉的神靈應該是多種多樣的，完全不必定於一尊，他認爲各民族的宗教都是由「向上之民所自建，縱對象有多一虛實之別，而足充人心向上之需要則同然」〔註12〕，由此可知，世界上各民族的宗教根本上就沒有什麼尊卑高下之分。

如果說《破惡聲論》對宗教評論是以褒揚爲主，那麼魯迅同一時期寫的另外幾篇文言論文對宗教文化則是褒貶互見，看法更多元一些。《人之歷史》指出，自13世紀以來，宗教勢力在歐洲大爲擴張，使得科學暗淡無光，迷信盛行於各地。後來宗教實行改革後，宗教迷信對科學的禁錮逐漸破除，這才有哥白尼的太陽中心說和林耐等人的動物系統說等科學理論的出現與盛行〔註13〕。《科學史教篇》揭露了中世紀基督教會扼殺科學的罪行，同時又公正地指出：「蓋無間教宗學術美藝文章，均人間曼衍之要旨。定其孰要，今茲未能。」〔註14〕可見魯迅是把宗教與科學、美術、文學同等地看作是人類文明

〔註10〕　《魯迅全集》第 8 卷，第 28 頁。
〔註11〕　《魯迅全集》第 8 卷，第 29 頁。
〔註12〕　《魯迅全集》第 8 卷，第 27～28 頁。
〔註13〕　《魯迅全集》第 1 卷，第 9 頁。
〔註14〕　《魯迅全集》第 1 卷，第 29 頁。

的重要成果的。魯迅在文中還高度評價了中世紀伊斯蘭教國家在保存和傳播古希臘羅馬科學技術和文化藝術方面的重大貢獻。《文化偏至論》一方面指出了中世紀羅馬教皇利用教會勢力鉗制思想、束縛人心的本性；同時也指出了馬丁·路德宗教改革對於解放思想、發展科學的進步意義。另外，魯迅還總結了歐洲文明發展史上的一條基本規律，即：「宴安逾法，則矯之以教宗，遞教宗淫用其權威，則又掊之以質力。」〔註15〕也就是說，當人們享樂超過限度後，就會有宗教來矯正它；等到宗教濫用它的權威，便又有人會以物質的力量來抨擊它。證之歐洲近千年來的歷史，魯迅的見解是有史實依據的。《摩羅詩力說》一文認為，古希伯來宗教是歐洲文化的重要源泉之一，魯迅在文中重點研究了《聖經》文學，以及與基督教有關的歐洲文學的基本情況。

　　1913 年，擔任教育部社會教育司第一科科長的魯迅發表了《擬播布美術意見書》，該文最後一部分提出了保持宗教文化遺產的寶貴意見，文章指出：「伽藍宮殿，古者多以宗教或帝王之威力，令國人成之；故時世既遷，不能更見，所當保存，無令毀壞。」文章還指出，寺廟中的不少壁畫和雕像乃是出自著名藝術家之手，當時的人們不僅不珍惜這些宗教文物，反而「假破除迷信為名，任意破壞」。為使古代宗教文化遺產免遭破壞，魯迅要求有關當局「考覈作手，指定保存。」〔註16〕本文雖然是代表官方發表的美術和文物保護意見書，它仍然顯示了魯迅本人對古代宗教及其藝術的尊重和珍愛。

　　自 1909 年從日本歸國後到 1918 年的近十年裏，魯迅基本上處在沉默中，他很少寫文章，也很少談論宗教問題，在極度的孤寂狀態下，魯迅閱讀了大量的佛經，據周作人說魯迅「看了佛經結果並不相信佛教，可是在本國撰述的部類內《弘明集》中，發見了梁代范縝的《神滅論》，引起了他的同感，以後便成了神滅者了」〔註17〕。周作人這種看法當然還值得商榷，但它至少表明：魯迅的宗教文化思想正在醞釀著巨變。

二、魯迅後期宗教文化觀

　　如火如荼的新文化運動使魯迅從沉寂中奮起，五四運動前夕，魯迅和其

〔註15〕　《魯迅全集》第 1 卷，第 48 頁。

〔註16〕　《魯迅全集》第 8 卷，第 48～49 頁。

〔註17〕　周啓明（周作人）：《魯迅的青年時代》，中國青年出版社，1957 年版，第 60頁。

他新文化先驅者一道高擎著「科學」和「民主」兩大旗幟，向封建制度和封建禮教發起了一次次的攻擊。宗教，當時被普遍地看作是科學的對立面。在這種時代氛圍中，魯迅改變了前期對宗教以讚賞爲主的態度，把宗教當作批判的對象。對宗教的批判是 20 年代新文化運動的一個重要組成部分，爲了給魯迅後期的宗教文化觀確立一個參照系，有必要對當時的宗教問題論爭作一點簡略的介紹（主要介紹《新青年》同人的觀點）。

五四以後，新文化界曾多次就宗教問題展開過廣泛而深入的討論，其中以 20 年代初的宗教問題大辯論和 1922～1925 年間的反基督教運動規模最大、影響最廣。1920 年與 1921 年之交，「少年中國學會」在北京連續三次邀請文化界著名人士參加宗教問題講演會，並在《少年中國》上開闢三個「宗教問題」專號，發表大批討論宗教問題的文章。這些講演者和作者基本上可以分爲三類：一是對宗教持否定態度的，如科學家王星拱和當時在華講學的英國哲學家羅素；二是對宗教持肯定態度的，如梁漱溟、陸志韋；三是對宗教保持中立的學術研究態度的，如周作人等。這次宗教大辯論的焦點集中在對基督教的評價問題上，論爭之初，《新青年》同人對基督教的看法大體上相近，周作人、錢玄同、胡適，甚至連激進的陳獨秀都保持著冷靜的分析態度，他們一方面以科學主義爲思想武器，對基督教的「創世說」、「三位一體說」等成分進行了批判；另一方面他們對基督教所宣揚的博愛道德觀和耶穌的崇高人格持讚賞的態度。

1922 年以後的數年內，中國的反基督教運動一直持續不斷地開展著。這期間，原《新青年》同人的思想發生了較大的變遷，他們對基督教的評價也出現了分歧。具體來說，陳獨秀的見解發生了很大的變化，而周作人、錢玄同的觀點基本上未變。1922 年 3 月，「非基督教學生同盟」宣告成立，並發表了一份旗幟鮮明地反對基督教的宣言，這份態度激進的宣言剛公諸於世，就在社會各界引起了強烈的反響。周作人、錢玄同等五位新文化界著名人士立即發表《主張信教自由宣言》，該宣言聲稱：「我們認爲人們的信仰，應當有絕對的自由，不受任何人的干涉。……我們因此對於現在非基督教、非宗教同盟的運動，表示反對。」〔註18〕周作人等人的宣言引來了陳獨秀等激進人士的嚴厲批評，陳獨秀連續發表《論信教自由》和《再致周作人》兩封公開信，批駁周作人、錢玄同等人的基督教觀，並把他們的「信仰自由」論劃

〔註18〕　《晨報》1922 年 3 月 21 日。

入「敵對思想」的陣營中去，甚至斷言他們的宣言是在「向強者獻媚」云云〔註19〕。即使連溫文爾雅的知識界領袖蔡元培也對周作人等人的宣言公開進行批評，並聲稱「信教是自由的，不信教也是自由」的〔註20〕。周作人對上述批評多次進行反駁，一時間，新文化界陷入了激烈的紛爭中。

令人驚訝的是，面對著這幾次曠日持久、影響甚遠的基督教問題論爭，魯迅表現了相當冷靜的旁觀姿態。從現有的材料看，魯迅沒有直接對反基督教運動發表過評論，只是在 1925 年寫的雜文《忽然想到》（十一）中側面涉及到了這次運動。該文的主旨是批評中國國民「急不擇言」的病症，魯迅把當時反基督教運動裏出現的某些事件當作例證批判國民的劣根性，他指出：「反基督教的叫喊的尾聲還在，而許多人已經頗佩服那教士的對於上海事件（指五卅慘案——引注）的公證；並且還有去向羅馬教皇訴苦的。」〔註21〕魯迅對那些一面高喊反基督教口號，一面又向基督教勢力乞憐的國民表示了深深的不滿。

魯迅以比較超然的態度對待反基督教運動是事出有因的，因爲，基督教畢竟是一種外來的宗教，它傳入中國只有三、四百年的歷史，並沒有很穩固的群眾基礎，對中國文化的影響也比較微弱。魯迅清楚地認識到，塑造中華民族和國民性格的決定力量，乃是來自於以儒家思想爲核心的儒、道、佛三教互相補充、互爲融合的本土信仰體系。

中國宗教這種互相融彙貫通的特徵在世界上幾乎是絕無僅有的，研究中國古代宗教的英國學者艾德金斯指出：「在一個國家裏，三種勢力強大的宗教並存，誰都不能除去誰。這種情形中國是唯一的例子。」〔註22〕魯迅一向十分重視研究中國文化的三教合流問題，早在1914～1916年期間，魯迅通過大量閱讀佛經和道經，發現了儒、佛、道互相匯流的文化現象，當時他曾對好友許壽裳說：「孔子提出三綱五常，硬要民眾當奴才，本來不容易說服人，而佛教輪迴說很能嚇人，道教煉丹求仙則頗有吸引力，能補孔學之不足。」

〔註19〕陳獨秀這兩封信發表於 1922 年 4 月 11 日的《晨報》和 1922 年 4 月 23 日的《民國日報》上。

〔註20〕蔡元培：《北京非宗教大會演講之一》，張欽士編《國內近十年來之宗教思想》，京華印書局，1927 年版，第 201 頁。

〔註21〕《魯迅全集》第 3 卷，第 91 頁。

〔註22〕約瑟夫·艾德金斯：《宗教在中國》（Religion in China），英國倫敦版，第 57 頁。

〔註 23〕可見，魯迅在五四前夕已經注意到了三教合流對國民性格和信仰體系形成的至關重要的影響，並且也認識到了儒學在三教中的主宰地位。基於上述這種思想認識，魯迅後期才把批判的矛頭主要對準了儒家思想，這也是他冷淡了當時文化界基督教問題大辯論的重要原因之一。

魯迅後期繼續研究著中國文化史上的三教合流問題，他在《吃教》一文中指出：「唐有三教辯論，後來就成大家打諢；所謂名儒，做幾篇伽藍碑文也不算什麼大事。宋儒道貌岸然，而竊取禪師的語錄。清呢，去今不遠，我們還可以知道儒者的相信《太上感應篇》和《文昌帝君陰騭文》，並且會請和尚到家裏來拜懺。」〔註 24〕魯迅還在《中國小說史略》等學術論著中研究了「三教同源」思想對明代《西遊記》、《封神演義》等神魔小說的影響。

魯迅對三教合流現象的分析確實抓住了中國傳統信仰體系的基本特徵，也與歷史事實相符。中國古代統治者大多以儒家學說作爲維護封建專制統治的主導性意識形態，再利用佛、道二教當作吸引廣大民眾的輔助性意識形態。即使到了現代社會，統治者仍然繼續推行這一套封建思想統治方式。袁世凱復辟帝制的同時，積極籌劃著要把「孔教」定爲國教。袁世凱之後的北洋軍閥大多鼓吹過「尊孔讀經」，有些軍閥還喜歡求仙念。國民黨官僚也不甘示弱，國民黨當局 30 年代甚至下令把每年的 8 月 27 日定爲「孔誕紀念日」，並且發動了一場以儒家的忠孝仁愛、信義和平思想爲基本內容的「新生活運動」。不少國民黨大員都是宗教信徒，譬如蔣介石、馮玉祥、宋子文是基督徒，戴季陶則自稱爲佛門信徒，一時間，復古主義思想死灰復燃。

魯迅諷刺當時的社會現狀說：「聖經，佛典，受一部分人們的奚落已經十多年了，『覺今是而昨非』，現在就是復興的時候。關岳，是清朝屢經封贈的神明，被民元革命所閒卻；從新記得，是袁世凱的晚年，但又和袁世凱一同蓋了棺；而第二次從新記得，則是在現在。」〔註 25〕與此同時，封建迷信勢力也甚囂塵上，五四運動中引進的科學學說受到冷落，魯迅悲憤地指出：「科學不但並不足以補中國文化之不足，卻更加證明了中國文化之高深。風水，是合於地理學的，……門閥，是合於優生學的，煉丹，是合於化學的」。而且魯迅發現，科學還「幫助了中國文化的光大。馬將桌邊，電燈代替了蠟燭，

〔註 23〕 羅慧生：《魯迅與許壽裳》，浙江人民出版社，1982 年版，第 108 頁。
〔註 24〕 《魯迅全集》第 5 卷，第 310 頁。
〔註 25〕 《魯迅全集》第 5 卷，第 502 頁。

法會壇上，鎂光照出了喇嘛」。最後，魯迅警告說：「此弊不去，中國是無藥可救的。」〔註26〕

　　值得人們深思的是，西方列強一方面通過武力奴役中華民族，另一方面卻大加讚揚中國傳統文化和孔儒倫理道德，這種怪現象在香港殖民地上表現得最充分。魯迅一度很關注這種怪現象，他的《略談香港》一文就轉引過幾篇香港殖民當局鼓吹中國道德和國粹的文章，其中有一篇寫道：「賴濟熙太史即席演說，略謂大學堂漢文專科異常重要，中國舊道德與乎國粹有關，皆不容緩視」云云。另一篇文章是當時的香港總督金文泰鼓吹中國國粹的演講稿，這篇用廣東話寫成的詰屈聱牙的演講稿主要談了三個方面的內容：一是香港的中國人不可忘掉「祖國」的學問；二是中國人應該整理國故；三是要把中國的道德學問普及於全世界〔註27〕。

　　魯迅的《述香港恭祝聖誕》一文也記載了香港總督帶頭慶祝孔子聖誕節之事件，並轉錄了香港孔聖會的一則紀念廣告，其中有「我國數千年來，崇奉孔教，誠以聖道足以維持風化，挽救人心者也」〔註28〕這樣的陳詞濫調。香港孔聖會成員之流一面安於順民的奴隸地位，一面又大肆吹捧孔教聖道為自己遮羞，倒也不足為奇，令人費解的是英國殖民當局也加入讚美孔儒倫理道德的合唱的態度。還是魯迅的認識水平高，他在《無花的薔薇之二》中引用英國貴族勃爾根一篇演講稿來說明問題，身為英國印度內務部長的勃爾根宣稱：「中國學生只知閱英文報紙，而忘卻孔子之教。英國之大敵，即此種極力詛咒帝國而幸災樂禍之學生。」〔註29〕這位英國貴族的演說充分顯示了西方列強讚頌孔教的用心——他們試圖利用孔教來消磨中國民眾的鬥志，使民眾永遠安於受奴役的現狀，從而達到維持他們的殖民統治長治久安的目的。

　　此外，西方基督教組織也乞靈於孔教以擴大自己在中國的勢力。魯迅的《無花的薔薇之二》曾轉引過一則報導南京教會傳教情況的通訊，該通訊云：「基督教城中會堂聘金大教授某神學博士講演，中有謂孔子乃耶穌之信徒，因孔子吃睡時皆禱告上帝。」〔註30〕基督教會利用孔子來傳教的良苦用心從中可見一斑。鑒於外國宗教勢力對孔儒學說的利用，魯迅後期把孔孟之道和

〔註26〕　《魯迅全集》第 5 卷，第 479～480 頁。
〔註27〕　《魯迅全集》第 3 卷，第 430 頁。
〔註28〕　《魯迅全集》第 4 卷，第 53 頁。
〔註29〕　《魯迅全集》第 3 卷，第 261 頁。
〔註30〕　《魯迅全集》第 3 卷，第 261 頁。

儒、佛、道三教樹爲批判的靶子，乃是合情合理的。

魯迅後期對中國古代宗教持批判態度另一個更重要的原因是，他看清了以儒家思想爲中心的儒、佛、道三教對下層民眾思想的侵蝕。魯迅不少作品爲我們畫出了深受封建宗教荼毒的「沉默的國民的魂靈」。阿 Q 這位生活在社會最底層的中國人，信奉儒家的「不孝有三無後爲大」的宗法倫理教條，很看重男女之大防的古訓，並且「也很有排斥異端——如小尼姑及假洋鬼子之類——的正氣」。總之，阿 Q 雖然只是一個目不識丁的窮光蛋，他的不少思想見解卻是「合乎聖賢經傳」〔註31〕的。阿 Q 最終走向「大團圓」的悲劇結局，封建正統儒教思想的毒害不能不說是一個重要的導因。閏土在多子、饑荒、苛稅、兵匪和官紳的重重壓迫下，轉向宗教偶像尋求精神寄託，正是社會的黑暗和封建宗教迷信的麻醉，使得他「像一個木偶人了。」祥林嫂聽信「善女人」柳媽的勸告，到土地廟捐了一條門檻爲自身贖罪，最後，她帶著對佛教地獄的恐懼而慘死在雪地裏。

既然宗教是造成中國勞動群眾麻木蒙昧精神狀態的主要思想根源，那麼爲了喚醒沉睡的國民，爲了實現中國現代信仰體系的重建，就得對儒、佛、道三教展開不遺餘力的批判，就得徹底肅清三教的餘毒，這是魯迅五四以後文學創作的一個基本主題。小說《狂人日記》深刻地揭露了封建家族主義仁義道德的「吃人」本質。小說《弟兄》戳穿了「兄弟怡怡」等封建血緣倫理的溫情脈脈背後的僞善、冷酷和自私。小說《傷逝》則再現了一位追求戀愛婚姻自由的年輕女子爲封建禮教所吞噬的悲劇命運。魯迅的回憶性散文《〈二十四孝圖〉》借助「老萊娛親」和「郭巨埋兒」等典故，暴露了封建孝道的虛僞和殘忍的本性。

魯迅寫於五四初期的雜文集《熱風》的重要內容是批判封建迷信和國粹，它們「有的是對於扶乩，靜坐，打拳而發的；有的是對於所謂『保存國粹』而發的」〔註32〕。《隨感錄・三十三》以科學爲武器，抨擊種種流行於當時社會上的迷信和「鬼話」，並揭穿了一位「神童」所作的《三千大千世界圖說》，乃是「拿了儒，道士，和尚，耶教的糟粕，亂作一團，又密密的插入鬼話」〔註33〕的眞相。《隨感錄・四十六》表達了一位啓蒙主義者拋棄中國傳統

〔註31〕 《魯迅全集》第 1 卷，第 499 頁。
〔註32〕 《魯迅全集》第 1 卷，第 291 頁。
〔註33〕 《魯迅全集》第 1 卷，第 299 頁。

封建宗教，接受西方現代科學文明洗禮的堅定立場：「與其崇拜孔丘關羽，還不如崇拜達爾文易卜生；與其犧牲於瘟將軍五道神，還不如犧牲於 APOLLO。」〔註 34〕《隨感錄·五十三》也抨擊了扶乩打拳這類「鬼畫符的東西」〔註 35〕。

魯迅後期雜文還集中批判了中國國民缺乏堅定信仰的劣根性，這在《有趣的消息》中表現得最充分，魯迅在文中指出，中國人「要做事的時候可以援引孔丘墨翟，不做事的時候另外有老聃，要被殺的時候我是關龍逢，要殺人的時候他是少正卯，有些力氣的時候看看達爾文赫胥黎的書，要人幫忙就有克魯巴金的《互助論》」〔註 36〕。魯迅在《吃教》一文中也批判了一部分現代中國人毫無特操、缺乏堅信的性格特徵：「講革命，彼一時也；講忠孝，又一時也；跟大拉嘛打圈子，又一時也；造塔藏主義，又一時也。有宜於專吃的時代，則指歸應定於一尊，有宜合吃的時代，則諸教亦本非異致，不過一碟是全鴨，一碟是雜拌兒而已。」〔註 37〕魯迅敏銳地感知到了塑造具有堅定信仰的新型國民對於中華民族的生存和發展的緊要性。

正當魯迅晚年對中國舊有的信仰體系的批判接近尾聲，而準備重新開始建構全新的國民信仰體系之際（雜文《中國人失掉自信力了嗎》透露了這方面的信息），病魔無情地奪走了他的生命。歷史把重建中國信仰體系的重任留給了魯迅的後人，時至今日，無數有識之士還在默默地繼續從事著這項魯迅未竟的偉大事業。

三、魯迅前後期宗教文化觀的差異與共同指歸

與前期相比，魯迅後期的宗教文化思想已經發生了重大的變化。魯迅在那篇作於 1926 年 1 月的《有趣的消息》中告訴我們，他先前雖然懷疑過宗教也許是迷信，但是，他更看重宗教的正面價值，他認為「神道設教，於『挽世道而正人心』的事，或者也還是不無裨益」的；接著他又指出：「但是，時代遷流了，到現在，我以為這些老玩意，也只好騙騙極端老實人。連鬧這些玩意兒的人們自己尚且未必相信，更何況所謂壞人們。」〔註 38〕

〔註 34〕　《魯迅全集》第 1 卷，第 333 頁。
〔註 35〕　《魯迅全集》第 1 卷，第 340 頁。
〔註 36〕　《魯迅全集》第 3 卷，第 199 頁。
〔註 37〕　《魯迅全集》第 5 卷，第 311 頁。
〔註 38〕　《魯迅全集》第 3 卷，第 201 頁。

　　如果說魯迅前期對宗教文化以褒獎、稱讚的態度爲主的話，那麼他後期對宗教文化更多的是持批判、否定立場；如果說魯迅前期看中了宗教所具有的「挽世道而正人心」的拯救功能，並使之服務於他的立人思想和重建國民信仰體系的實踐，那麼他後期揭露宗教的迷信性質和對下層人民的毒害，則同樣構成了他對中國傳統信仰體系總批判的一個重要組成部分。

　　魯迅前後期宗教文化觀之間的差異是客觀存在的，誰也無法抹煞它們的界限。那麼這是否意味著魯迅前後期宗教文化觀之間就毫無關聯了呢？回答是否定的。我以爲，維繫著魯迅前後期宗教文化思想的是他的始終不變的改造國民性的思想和實踐。如前所述，魯迅早在日本留學時代就開始了探索「怎樣才是理想的人性」的思想啓蒙工作；到了五四以後，魯迅仍然一如既往地尋求著改造國民性的道路，1925 年魯迅還堅持說：「此後最要緊的是改革國民性，否則，無論是專制，是共和，是什麼什麼，招牌雖換，貨然依舊，全不行的。」〔註 39〕不過還要指出的是，魯迅前後期改造國民性工作的側重面又有一定的差別。相比較而言，魯迅前期到古代宗教文化遺產中去發掘信仰的力量，到個性主義和進化論等西方現代思想寶庫裏去尋求理論依據；而魯迅後期則從無數血的教訓中認識到，如果不從根本上摧毀曾經並且正在戕害著中國國民精神的由儒、佛、道三教合流而成的傳統信仰體系，就無從著手塑造新型國民的工作，於是魯迅決定回過頭來，集中火力批判那些造就了國民劣根性的封建宗教迷信，爲重鑄國民信仰體系作必要的準備工作。

　　從表面上看，魯迅從前期到後期對宗教文化的認識似乎是走了一段彎路，而實際上這是魯迅宗教文化思想的一次螺旋式上升，也是他對宗教文化現象的認識更加深入的表現。總之，魯迅的後期宗教文化觀發生了巨大變化，但是改造國民性的主題依然如故，重構國民信仰體系的探索仍然未變。換言之，魯迅對中外宗教文化資源的開掘，是緊緊圍繞他的改造國民性總體啓蒙工作進行的，這也是魯迅的宗教文化觀在其思想體系全局中應有的位置。

　　另外還需說明的是，儘管魯迅後期總體上對宗教文化採取了激烈的批判態度，但這並不妨礙他在一些具體的作品中對宗教文化的正面價值有所保留甚至稱讚，這正如他早期雖然極力爲宗教文化辯護，卻同時也毫不留情地抨

〔註39〕《魯迅全集》第 1 卷，第 31 頁。

擊宗教勢力對科學發展、思想自由的危害一樣。這些都表明魯迅是一位胸襟寬闊、認識全面的形而上的思考者。

魯迅與佛教文化的因緣和對話

　　學術界關注的重點是魯迅接近佛教文化的原因和魯迅的佛教文化觀這兩個主要問題，學者們對魯迅與佛教文化之間的關係進行了較爲廣泛的研究，筆者除了參加上述兩個問題的討論之外，還準備對魯迅的文學創作和佛教文化進行跨文化的比讀。

一、魯迅的佛教文化因緣

　　魯迅自從出生不久便與佛教文化結下了「不解之緣」。據魯迅本人的回憶，由於他是周家的長孫長子，因而深受著長輩們的珍愛，他的父親擔心兒子不易養大，就替不到一歲的兒子拜了一位姓龍的和尙爲師，爲的是表明小魯迅已經出家，不再是長輩的嬌兒，這樣就可以避免嫉妒成性的鬼神搶奪了去。另外，小魯迅還得到了一個「長庚」的法號、一件百衲衣和一條避邪用的「牛繩」〔註40〕。拜和尙爲師只是一種象徵性的儀式，幼時的魯迅並沒有被送進寺廟當小沙彌。不過，魯迅在幼年時代倒是經常去龍師父當住持的龍慶寺玩耍，並且同他的師父師母以及師兄弟建立起了深厚的情誼。

　　魯迅結交的佛教界人士除了龍師父一家之外，還有蘇曼殊、弘一法師和鈴木大拙等。蘇曼殊是魯迅留學日本時期的友人，他們曾經一起籌辦文藝刊物《新生》，後因各種因素的制約《新生》沒有正式面世，蘇曼殊亦僧亦俗的生活方式給魯迅留下了較深的印象。弘一法師俗名李叔同，早年留學日本，精通繪畫、書法和音樂，是一個風流倜儻的才子，中年後受戒出家，倡導苦修。魯迅深深敬重著這位道行很高的苦行僧人，可惜就是沒有見面的機會，後來魯迅從日本友人內山完造處得到一幅弘一法師的書法作品，立即把它奉爲藝術精品收藏起來〔註41〕。1934 年 5 月 10 日，日本著名佛教學者鈴木大拙通過內山完造夫婦接識了魯迅〔註42〕，當時鈴木大師以東京大谷大學教授的身份來華參觀佛寺，鈴木大師送給魯迅《六祖壇經及神會禪師語錄》合刻一

〔註40〕　《魯迅全集》第 6 卷，第 575～576 頁。
〔註41〕　《魯迅全集》第 14 卷，第 871 頁。
〔註42〕　《魯迅全集》第 15 卷，第 147 頁。

帙 4 本。同年 10 月 28 日，魯迅又收到鈴木大師所著的《支那仏教印象記》一冊〔註43〕。

與佛教文化的種種「因緣」在一定程度上影響了魯迅的求知興趣。魯迅青少年時期閱讀佛經的情況由於沒有文字記載而無法得知，從魯迅現存的日記來看，他至少在前往北京教育部供職不久就開始接觸佛經。1912 年魯迅日記所附的《壬子北行以後書帳》只記了一冊佛經《觀無量壽佛經》。1913 年日記所附的《癸丑書帳》中的佛經開始增加，計有《法苑珠林》等五種五十八冊。1914 年日記的《甲寅書帳》所載的佛經頗多，計有《長阿含經》、《中阿含經》等近八十種兩千多冊。1915 年以後，魯迅所購佛經的數量大大減少。看得出來，魯迅購買佛經主要是集中在 1912～1914 年之間。

那麼魯迅當時是基於什麼目的而大量購買和閱讀佛經呢？據當時同魯迅朝夕相處、共讀佛經的許壽裳的回憶，魯迅「對於佛經只當做人類思想發達的史料看」，並且「藉以研究其人生觀」〔註44〕。周作人也持有類似的看法，他說「魯迅在一個時期很看些佛經，這在瞭解思想之外，重要還是在看它文章，因為六朝譯本的佛經實在即是六朝文，一樣值得看。」〔註45〕這些看法是有一定道理的，它們至少可以說明魯迅起初閱讀佛經並不是出於對佛教教義的關心，而是出於他的求知興趣和學術研究的需要，但是，隨著對佛經研究的不斷深入，佛教的某些教義引起了魯迅的共鳴，1914 年他在同許壽裳交流閱讀佛經的體會時指出：「釋迦牟尼眞是大哲，我平常對人生有許多難以解決的問題，而他居然大部分早已明白啓示了，眞是大哲！」〔註46〕

魯迅終生對佛教產生興趣的原因，應該是基於他的慧根和前述所介紹的他與佛教的諸種因緣；但民國初年魯迅對佛教人生哲學產生共鳴，大量購買佛經，也是事出有因的。眾所周知，1912 年袁世凱竊取辛亥革命的果實後，中國社會進入了一個動蕩黑暗的軍閥混戰時代，魯迅同廣大知識分子一樣從武昌起義勝利到所帶來的喜悅狀態跌入了徬徨、苦悶之中。同時，魯迅在個人生活方面也屢遭挫折，尤其是迫於母命與毫無感情基礎的朱安結婚這件事，使他的心靈遭受了極大的傷害。加之孤身一人遠離故鄉和親人來到北京供職，也使魯迅常常處於寂寞的精神境地中。爲了驅除精神的孤寂和減輕心

〔註43〕 《魯迅全集》第 15 卷，第 177 頁。
〔註44〕 許壽裳：《亡友魯迅印象記》，人民文學出版社，1953 年版，第 44 頁。
〔註45〕 周啓明：《魯迅的青年時代》，中國青年出版社，1957 年版，第 49 頁。
〔註46〕 許壽裳：《亡友魯迅印象記》，第 44 頁。

靈的創痛，魯迅「用了種種法，來麻醉自己的靈魂」〔註47〕，閱讀佛經便是其中的「麻醉法」之一。不過，魯迅終究是個意志堅定的人，到新文化運動開始醞釀之際，他很快就從這種沉寂的精神狀態中掙脫出來，投入到啓蒙事業中去。

魯迅接近佛教還與業師章太炎的影響有關，章氏的佛教救國論在魯迅的《破惡聲論》中產生回響，魯迅批評了當時一些維新志士的作爲：「夫佛教崇高，凡有識者所同可，何怨於震旦，而汲汲滅其法。若謂無功於民，則當先自省民德之墮落；欲與挽救，方昌大之不暇，胡毀裂也。」〔註48〕於此可見青年魯迅受章太炎佛教救國思想的影響的確不淺，魯迅的可貴之處就在於他雖然終生敬重章太炎，但是並沒有一輩子盲從死守章師的觀點。1936 年 9 月，許壽裳在《紀念章太炎先生》一文中引用了章氏的「以佛教救中國」的主張，魯迅立即在 9 月 25 日致許壽裳的信中表示他對章、許二氏的觀點「未敢苟同」〔註49〕，這表明魯迅早已擺脫了章太炎的影響。許壽裳說得好：「魯迅讀佛經，當然是受章先生的影響。……先生和魯迅師弟二人，對於佛教的思想，歸結是不同的：先生主張以佛法救中國，魯迅則以戰鬥精神的新文藝救中國。」〔註50〕

總之，自身的慧根與自小與佛教的因緣，早年受章太炎佛教救國論的影響、辛亥革命受挫和個人生活不幸所造成的孤苦心境，以及求知興趣與學術研究的需要等因素彙集成一股合力，促使魯迅閱讀了大量佛經，並接受了某些佛教教義的影響；另一方面，作爲一個深受西方現代科學文化薰陶的啓蒙主義者，魯迅對佛教文化採取了理性地吸收的態度。

二、佛教文化觀

魯迅的佛教文化觀有著豐富而多層次的內涵，既有對佛教教義、流派和人物的獨到評析，也有對缺乏正信的佛教徒犀利的批判，還有關於佛教文化對中國文學藝術的影響的精深研究。

如前所引許壽裳的回憶，魯迅早年對佛祖釋迦牟尼的人生哲學有過很高的評價，同時他也清醒地認識到，「佛教和孔教一樣，都已經滅亡，永不會復

〔註47〕《魯迅全集》第 1 卷，第 418 頁。
〔註48〕《魯迅全集》第 8 卷，第 29 頁。
〔註49〕《魯迅全集》第 13 卷，第 431 頁。
〔註50〕許壽裳：《亡友魯迅印象記》，第 46 頁。

活了」〔註 51〕。後來魯迅對釋迦牟尼的「普度眾生」教義有過獨特的分析，他在《娜拉走後怎樣》中舉例說：「譬如現在似的多天，我們只有這一件棉襖，然而必須救助一個將要凍死的苦人，否則便須坐在菩提樹下冥想普度一切人類的方法去。普度一切人類和救活一人，大小實在相去太遠了，然而倘叫我挑選，我就立刻到菩提樹下去坐著，因爲免得脫下唯一的棉襖來凍殺自己。」〔註 52〕可見，在一定前提下，救活眼前的一個具體的人比苦思冥想拯救全體人類的方法，要更加切實也更加困難，魯迅所舉的這個事例顯示了佛教的「普度眾生」思想在某種程度上只是一種理想而已。

在佛教眾多的歷史人物中，魯迅對唐代僧人玄奘最有好感。魯迅曾在《晨涼漫記》透露說他曾打算寫一部反映「中國人性質」的「人史」，其中將包括「嚙雪苦節的蘇武」和「鞠躬盡瘁，死而後已的孔明」，也包括「捨身求法的玄奘」等歷史人物〔註53〕。當 30 年代有人哀歎「中國人失掉了自信心」的時候，魯迅立即舉蘇武和玄奘式的歷史人物來激勵民族自信心，他指出：「我們從古以來，就有埋頭苦幹的人，有拼命硬幹的人，有爲民請命的人，有捨身求法的人，……這就是中國的脊梁。」〔註54〕

魯迅對大乘佛教和小乘佛教這兩個佛教流派的評價不盡相同。小乘佛教屬原始佛教和部派佛教，它強調個人的自我解脫，倡導苦行精神；大乘佛教則宣揚救度一切眾生的教義，認爲所有人都可以成佛，它通常不奉行小乘佛教那種謹嚴的戒律。魯迅在《慶祝滬寧克復的那一邊》一文中發表了對這兩個教派的看法：「我對於佛教先有一種偏見，以爲堅苦的小乘教倒是佛教，待到飲酒食肉的闊人富翁，只要吃一餐素，便可以稱爲居士，算作信徒，雖然美其名曰大乘，流播也更廣遠，然而這教卻因爲容易信奉，因而變爲浮滑，或者竟等於零了。」〔註55〕

小乘佛教的苦修往往令人望而卻步，所以它在中國並沒有多少信徒，近代一批學者和居士所倡導和復興的主要是大乘佛教淨土宗和唯識宗，他們只看到了大乘佛教「眾生平等」思想的價值，卻忽視了它的鬆弛的戒律所帶來的種種流弊；相比之下，魯迅這種「偏見」倒是十分深刻的。魯迅曾經爲小

〔註51〕 許壽裳：《亡友魯迅印象記》，第 44 頁。
〔註52〕 《魯迅全集》第 1 卷，第 418 頁。
〔註53〕 《魯迅全集》第 5 卷，第 235 頁。
〔註54〕 《魯迅全集》第 6 卷，第 118 頁。
〔註55〕 《魯迅全集》第 8 卷，第 163 頁。

乘佛教的歷史命運抱不平，他在《葉永蓁作〈小小十年〉小引》中指出：「釋迦牟尼出世以後，割肉餵鷹，投身飼虎的是小乘，渺渺茫茫地說教的倒算是大乘，總是發達起來，我想，那機微就在此。」〔註56〕《在鐘樓上》一文中，魯迅進一步指出，當大乘佛教降低對信徒的要求，「待到居士也算佛子的時候，往往戒律蕩然」〔註57〕，大乘佛教看似使得佛教得到了大大的弘通，而實際上有可能給佛教帶來破壞性的後果。魯迅的《集外集拾遺補編·通訊》（復張孟聞）所提到的「和尚喝酒養婆娘」〔註58〕現象，便是佛教戒律鬆弛帶來的可怕惡果。

不過，魯迅對小乘佛教並沒有採取全盤肯定的態度，他在《有趣的消息》一文中對小乘佛教以地獄之說和因果報應觀念來恐嚇人們的做法也進行了批判。

其次，魯迅對那些缺乏真正信仰的佛教徒進行了諷刺和揭露。魯迅用「吃教」二字概括了大部分中國人信仰宗教（包括佛教）的實質，即：人們的信教並非出於內心精神生活的需要，而往往是把信教當作謀生和陞官的手段，或者當成文飾門面的點綴。魯迅在《吃教》一文中挖苦說：「晉以來的名流，每一個人總有三種小玩意，一是《論語》和《孝經》，二是《老子》，三是《維摩詰經》，不但採作談資，並且常常做一點注解。」〔註59〕中國近代社會也不乏這種「無堅信」的人，魯迅的《撲空》一文指出，自從庚子義和團運動失敗以來，達官、富翁、巨商和文士們一方面依舊念佛讀經，另一方面又讓弟子去學些「洋務」，以便「將來可以事人」〔註60〕。

魯迅在《外國也有》中進一步指出：「民國以來，有過許多總統和闊官了，下野之後，都是面團團的，或賦詩，或看戲，或念佛」，過著「吃著不盡」的奢侈生活〔註61〕。念佛誦經也如賦詩看戲一樣成了軍閥政客附庸風雅的手段之一。魯迅的小說《端午節》諷刺了那些「手握經濟權的人物」，他們在權力寶座上時，總是板著一副「閻王臉」，總把窮小子們當作奴才看待；等到他們失勢下臺後，便會捧起一本《大乘起信論》而大講佛學，並現出一副「藹然

〔註56〕　《魯迅全集》第 4 卷，第 146～147 頁。
〔註57〕　《魯迅全集》第 4 卷，第 33 頁。
〔註58〕　《魯迅全集》第 8 卷，第 224 頁。
〔註59〕　《魯迅全集》第 5 卷，第 310 頁。
〔註60〕　《魯迅全集》第 5 卷，第 349 頁。
〔註61〕　《魯迅全集》第 5 卷，第 345 頁。

可親」的樣子來。魯迅在《贈鄔其山》一詩中用四句詩來描畫這些官僚政客的醜惡嘴臉:「一闊臉就變,/所砍頭漸多。/忽而又下野,/南無阿彌陀。」〔註 62〕眞可謂是形象逼眞而又入木三分。魯迅的《天上地下》一文揭露了國民黨官僚把「名山拜佛」當作勾心鬥角之權術的事實眞相。魯迅還犀利地指出,那些「既尊孔子,又拜活佛」的政客「其實是那一面都不相信的」,他們多方信教的舉動就恰如將他們的錢「試買各種股票,分存許多銀行一樣」,都是爲了獲得更多的私利〔註 63〕。

再次,魯迅帶著濃厚的學術興趣研究了佛教傳入東土以後對中國古代文學藝術的影響。

印度佛教文化在中國的影響是多方面的,魯迅重點研究了佛教文化對中國古代小說的影響。魯迅在《中國小說的歷史的變遷》中指出:六朝志怪小說的產生固然主要是道教神鬼之說盛行的結果,但是也與印度佛教的傳入有密切關聯,「因爲晉,宋,齊,梁四朝,佛教大行,當時所譯的佛經很多,而同時鬼神奇異之談也雜出,所以當時合中、印兩國底鬼怪到小說裏」,從而促使志怪小說發達起來〔註 64〕。魯迅認爲梁代吳均著的志怪小說《續齊諧記》中的「陽羨鵝籠」的故事並非是中國所「故有」的,它乃是從印度佛經故事裏衍變而來。

魯迅還在《中國小說史略》中研究了佛教教義對志怪小說的滲透,他舉六朝劉義慶的《宣驗記》、王琰的《冥祥記》和顏之推的《冤魂志》、《集靈記》等作品來說明問題,他認爲這些志怪小說或「引經史以證報應」,或「記經像之顯效,明應驗之實有」,它們都具有「震聳世俗,使生敬信之心」的社會功效,因此,魯迅把它們稱爲「釋氏輔教之書」〔註 65〕。此外,魯迅還探討了佛、道、儒「三教同源」思想對明代神魔小說和人情小說的影響。

魯迅認爲,佛教文化對中國古代繪畫、戲劇等藝術都程度不同地擁有影響力。魯迅在 1935 年 2 月 4 日致李樺的信中指出:「就繪畫而論,六朝以來,就大受印度美術的影響」〔註 66〕。這裏所說的印度美術主要是指六朝時期隨同佛教傳入中國的以佛教爲基本題材的繪畫藝術。考之中國古代繪畫史實,

---

〔註 62〕 《魯迅全集》第 7 卷,第 427 頁。
〔註 63〕 《魯迅全集》第 6 卷,第 51 頁。
〔註 64〕 《魯迅全集》第 9 卷,第 308 頁。
〔註 65〕 《魯迅全集》第 9 卷,第 54 頁。
〔註 66〕 《魯迅全集》第 13 卷,第 45 頁。

魯迅的論點是能夠成立的。

　　魯迅最感興趣的是目連戲，這是一種脫胎於佛經故事的民間戲劇藝術，據佛教《盂蘭盆經》載：目連是釋迦牟尼的十大弟子之一，有大神通，曾入地獄救母。後來，目連救母的故事逐漸演變成爲目連戲。魯迅在好幾篇作品中帶著濃厚的興趣介紹了紹興目連戲的基本風貌。散文《無常》告訴我們，目連戲一般是在迎神賽會上演出的，演戲的目的是「敬神禳災」，戲文的基本內容不外乎勸善懲惡、因果報應等，戲劇的基本情節以目連救母爲中心線索，同時，常常加入一些現實生活的片斷，因而目連戲也具有娛樂觀眾的功能。魯迅的雜文《門外文談》指出，目連戲的主要演員是農民和手工業者，在目連巡行的過程當中可以自由地插入另外的故事情節，常見的有《小尼姑下山》、《武松打虎》等。散文《女弔》認爲，目連戲一般總具有「社戲性」，鬼神是「看戲的主體」，演戲前都要舉行請鬼出場的儀式，而一般觀眾去看戲主要是爲了「叨光」。總之，魯迅筆下的紹興目連戲是一種在佛經故事基礎上發展而成的內容豐富多變、演出自由靈活、具有濃郁地才特色的民間宗教戲劇，這是中國古代戲劇對佛教文化創造性利用和改造的成功範例。

　　同鈎沉、扒梳和整理魯迅的佛教文化觀相比，探討魯迅借助文學創作與佛教文化進行精神對話是一項難度更大的課題。

三、魯迅對生死的思索與佛教生死觀之比較

　　從本質上說，一切宗教所關心的中心問題是人的生生死死，佛教自然也不例外。據說佛教的創始者釋迦牟尼原來是古印度迦毗羅衛王國的太子，在 29 歲那年，他有感於人的生、老、病、死的種種痛苦，捨棄浮華的王族生活而出家修行，經過 6 年的苦修，終於在菩提樹下頓悟成佛。原始佛教的基本教義「四諦」、「十二因緣」等都是緊緊圍繞人的生死而展開論證的：生命的生滅流傳是無常的；人生的本質就是苦；人生之苦乃是由人自身的「惑」和「業」所招致，「惑」、「業」爲因，造成生死不息之果；人們欲擺脫生死之苦，就須依經、律、論三藏，修戒、定、慧三學，才可以超出六道輪迴，趨向徹底解脫生死痛苦的涅槃境界。

　　魯迅一生始終關懷著生生死死的命題，他去世前夕寫的《死》一文總結了他本人幾十年來對生死問題思考的軌迹：「三十年前學醫的時候，曾經研究過靈魂的有無，結果是不知道，又研究過死亡是否苦痛，結果是不一律，

後來也不再深究，忘記了。近十年中，有時也爲了朋友的死，寫點文章，不過好像並不想到自己。這兩年來病特別多，一病也比較的長久，這才往往記起了年齡……」〔註67〕不難發現，促使魯迅關注生死問題的因素有好幾個：他年輕時代研究生死靈魂問題主要是出於醫學上的興趣；進入老年後，長期的疾病使他日益感覺到死神的迫近；另外，魯迅中年時代所耳聞目睹的友人和學生（如劉和珍、韋素園、瞿秋白和柔石等）的死也令他在悲痛之餘而深入思考人類的生死之類的本體問題。我認爲除了上述諸因素外，權力當局對魯迅一次次的通輯和迫害，使他不得不想到自身的生與死；而魯迅幼少年時代所偏愛的紹興目連戲（生死是主要題材），以及他後來在苦悶中閱讀的大量佛經，則構成了他思索生死命題的思想文化背景。魯迅的作品常有對死亡及其有關事物的藝術表現。小說《兔和貓》幾乎沒有故事情節，它只描寫了那對小白兔的天眞浪漫以及它們被大黑貓咬死之類的小事，卻具有撼動人心的藝術力量，這種力量主要來自於小說敘述者對小白兔之死所發的感慨：

> 太陽出來了，他們都不見了。於是大家就忘卻了。……夜半在燈下坐著想，那兩條小生命，竟是人不知鬼不覺的早在不知什麼時候喪失了，生物史上不著一些痕迹，……〔註68〕

小說敘述者還想起自己所見的一隻鴿子被老鷹所吃，以及一隻小狗被馬車軋死而很快無影無踪的往事，他陷入了深深的悲哀之中，他責備造物主「將生命造得太濫，毀得太濫了」。這位悲天憫人的敘述者與那些連行走都怕踩死路上螞蟻的佛教徒十分相似，即：他們關懷的不只是一己的生命，而是普天下一切的「有情眾生」、一切有生命的東西的生生死死，他們都具有大慈大悲的胸懷和普遍寬廣的愛心。魯迅的思想大體上與小說敘述者接近，他在向好友許壽裳談及小說《兔和貓》的寫作動機時指出，他是有感於「中國人的生命太不值錢」而寫的〔註69〕。

魯迅有時也關注著自身的生死。散文詩《希望》是作者祭奠早已逝去的青春的哀歌：「這以前，我的心也曾充滿過血腥的歌聲：血和鐵，火焰和毒，恢復和報仇。……」到如今，「我」的頭髮已經蒼白，「我」的手已經開始顫

〔註67〕 《魯迅全集》第 6 卷，第 610 頁。
〔註68〕 《魯迅全集》第 1 卷，第 551～552 頁。
〔註69〕 羅慧生：《魯迅與許壽裳》，浙江人民出版社，1982 年版，第 122 頁。

抖，更令人傷心的是「我的靈魂的手一定也顫抖著，頭髮也一定蒼白了。」可貴的是，「我」並沒有一味沉緬於對生老病死的長噓短歎上，也沒有像某些僧人那樣坐等死神的到來，「我」舉起了「希望」這塊盾牌，英勇地抗拒著「那空虛中的暗夜的襲來」〔註70〕。「我」雖知死亡不久將來臨，卻要抗爭，這是一種同佛教的「無常」教義相區別的生存方式。與此相關的是，魯迅在散文詩《秋夜》中對那些無畏地衝向燈火而悲壯地死去的小青蟲表示了深深的敬意。魯迅的散文詩《淡淡的血痕中》則熱情謳歌了那勇敢地在「廢墟」與「荒墳」中與造物主抗爭的「叛逆的猛士」。

1926 年 11 月 11 日夜，避居廈門孤島的魯迅面對著荒墳的點點磷火，耳聞著南普陀寺的悠遠的鐘鼓聲，創作了《寫在〈墳〉後面》一文。魯迅宣稱，他確切地知道生命旅途的一個終點，就是「墳」，但是通向「墳」的道路不只一條，他正在尋找一條更好的通道。最後，魯迅把自己以往的作品當作一個「小小的丘隴」，用來埋葬自己逝去的生命〔註71〕。魯迅的思想正在醞釀著巨大的裂變。寫於 1927 年 4 月的《野草・題辭》宣告了作家舊我的死亡和新我的誕生：

> 過去的生命已經死亡。我對於這死亡有大歡喜，……死亡的生命已經朽腐。我對於這朽腐有大歡喜，……地火在地下運行，奔突；熔岩一旦噴出，將燒盡一切野草，以及喬木，於是並且無可朽腐。但我坦然，欣然。我將大笑，我將歌唱。……〔註72〕

魯迅用熱情澎湃的語言傳達出了舊我新生的無限歡樂，它令人想起了佛教的涅槃境界。不過，二者又不完全相同：魯迅是歌唱著、歡笑著舊的生命的死去，佛教徒則是冷靜地等待著死神的降臨；前者死後還會再生出一個新我來，後者只是徹底跳出了生老病死、六道輪迴的軌道，不再有新的生命出現。

魯迅思想的觸鬚一直伸向死後。他在《半夏小集》裏宣告：「假使我的血肉該喂動物，我情願喂獅虎鷹隼，卻一點也不給癩皮狗們吃。」魯迅的想法很卓絕：「養肥了獅虎鷹隼，它們在天空，岩角，大漠，叢莽裏是偉美的壯觀，……但養胖一群癩皮狗，只會亂鑽，亂叫，可多麼討厭！」〔註73〕小乘

〔註70〕　《魯迅全集》第 2 卷，第 177 頁。
〔註71〕　《魯迅全集》第 1 卷，第 284～287 頁。
〔註72〕　《魯迅全集》第 2 卷，第 159 頁。
〔註73〕　《魯迅全集》第 6 卷，第 597 頁。

佛教也提倡捨身飼虎、割肉喂鷹，然而他們的獻身對象不只是虎鷹，他們可以為一切生命（包括癩皮狗）捨棄生命；魯迅則不願意不分對象地獻出肉身，他「死後」的血肉只呈現給獅虎鷹隼，而堅決不讓癩皮狗沾光。小乘佛教廣施血肉主要是出於道德方面的考慮，因為一切眾生都是平等的，故施捨對象不可區別對待。魯迅則是從審美角度來區別對待兩類動物：對於獅虎鷹隼這些充滿壯觀、崇高美學意味的凶禽猛獸，他甘願獻上自己的血肉；對於癩皮狗之類卑瑣、渺小的醜陋的動物，他只有厭惡和憎恨，決不肯分給它們一片血肉。

1936 年，醫生宣告魯迅的肺病已成不治之症，魯迅鎮靜地接受了這個死亡判決，他在《死》中解釋說自己最終是相信「人死無鬼」的，他還說自己決不會像基督徒那樣在死前寬恕所有仇敵〔註 74〕。魯迅去世前夕寫了《女弔》一文，一方面流露了他對紹興目連戲中那位體現了「對於死的無可奈何，而且隨隨便便」〔註 75〕的無常鬼的喜愛；另一方面則以更大的熱情讚美著那位充滿反抗復仇精神的女弔。可見，魯迅在臨近生命終點之際，還仍然保持著堅強不屈的生命意志。

總之，魯迅對生死的思索在許多方面都已達到了可以同佛教生死哲學並列對觀的思想高度，甚至在某些方面已超越了後者。從這個角度上說，魯迅不愧是中國現代最深刻的思想家。

魯迅對道教文化的批判與吸納

五四時期，在「重估一切價值」精神的激勵下，魯迅和陳獨秀、胡適、錢玄同等啓蒙者一道向著以孔儒文化為代表的中國封建文化發起徹底的清算。與此同時，魯迅也把深邃的批判眼光對準了道教文化。1918 年 8 月 20 日，魯迅在寫給摯友許壽裳的信中敏銳地指出：「前曾言中國根柢全在道教，此說近頗廣行。以此讀史，有多種問題可以迎刃而解。」〔註 76〕在全面展示魯迅的道教文化觀之前，先對道教的起源和構成以及道教與道家思想的關聯作簡略的介紹。

道教是在殷周鬼神崇拜、巫術占卜和戰國秦漢神仙傳說、方士之術以及

〔註 74〕 《魯迅全集》第 6 卷，第 611～612 頁。
〔註 75〕 《魯迅全集》第 6 卷，第 614 頁。
〔註 76〕 《魯迅全集》第 11 卷，第 353 頁。

兩漢黃老學說基礎上形成的中國唯一的本土宗教，巫覡道、方仙道和黃老道是道教的三個源頭，「巫覡道與方術預備了道教底實行方面，老莊哲學預備了道教底思想根據。到三張二葛（張陵、張衡、張魯、葛玄、葛洪——引注）出世，道教便建立成爲具體的宗教。」〔註77〕可見，道教是一種內容十分龐雜的宗教文化體系，道家思想雖然早在道教產生之前就存在了，後來經過道教創立者的移植，道家思想逐漸變成了道教文化哲學層面的主要內容；而受方仙道影響下的煉丹、服藥、房中等諸種養生術和受巫覡道影響下的占卜、祈禳、畫符等各種活動則構成了道教文化實踐層面的基本內容。魯迅正是從這兩個層面入手，對道教文化展開了全方位的批評。

一、對道教哲學層面的批判

老子是道家學說的始作俑者，後來他被奉爲道教的教主道德天尊（又稱太上老君），《老子》一書也相應地被尊爲《道德眞經》。《老子》一書全面闡述了老子的宇宙觀、社會政治思想和處世修身原則，魯迅主要從後兩方面著手進行批評，並揭示了老子學說對中國文化和國民性格某種程度的不良影響。

在《摩羅詩力說》一文中，魯迅用社會進化原理批評了老子的復古主義社會理想。魯迅指出，老子及其他中國古代思想家們不像西方哲人那樣把建立美好社會的理想寄託在未來，他們所神往的常常是遠古的唐虞時代，他們甚至想進一步回到人獸雜居的原始社會，對此，魯迅剖析說：社會進化就尤如「飛矢」那樣總是指向前方，而人們要使它「逆飛而歸弦，爲理勢所無有。」魯迅還指出，這種復古主義對社會思想危害較大，它不僅使人們「寧蜷伏墮落而惡進取」，使人們的心靈「非槁死則縮朒耳」，而且也使人們喪失理想，只顧眼前「實利」，最終變得卑俗、懦弱、吝嗇、膽怯，「無古民之樸野，有末世之澆漓」〔註78〕。

爲了實現返回遠古的社會理想，老子主張統治者應該推行「無爲」而治的治國方略，具體地說，便是奉行「使民不爭」、「使民無知無欲」〔註79〕的政策。魯迅深刻地分析了老子這種「無爲」而治策略的秘密，他在《漢文學

〔註77〕 許地山：《道教史》上冊，商務印書館，1934 年版，第 182 頁。

〔註78〕 《魯迅全集》第 1 卷，第 67～69 頁。

〔註79〕 高亨：《老子正詁》，中國書店，1988 年版，第 9～10 頁。

史綱・老莊》一節裏指出：老子「尚無爲而仍欲治天下。其無爲者，以欲『無不爲』也」〔註80〕。老子這套政治權術理論成了後世帝王「南面之術」的重要來源，對中國封建政治產生了重大的影響。同樣，老子也把「無爲」思想當作他的處世立身理論的基石。老子常告誡人們要「知其榮，守其辱」〔註81〕，要處處忍辱退讓；他堅持「柔弱勝剛強」〔註82〕的見解，他還向人們宣揚「知足不辱，知止不殆」〔註83〕的人生哲學。老子的這套處世立身思想塑造出的往往是怯懦、柔弱的國民，這種國民缺乏蓬勃向上的進取精神，缺乏正視困難的勇氣，而且一遇到強手便奉行逃跑主義對策。魯迅的小說《出關》的主人公老子便是這種國民的典型。小說把老子這個形象置於「孔老相爭」的背景下來塑造，魯迅筆下的孔子從表面上看同他的老師老子一樣崇尚柔弱，所不同的是，孔子是以柔弱進取，而老子卻以柔弱立身，孔老交鋒的結果是孔勝老敗，老子只好騎著青牛，匆匆退出函谷關外。魯迅在 1935 年 1 月 4 日致蕭軍、蕭紅的信中說，他寫《出關》等歷史小說的本意是要「把那些壞種的祖墳刨一下。」〔註84〕可見，魯迅是借老子這個形象來批判懦弱、退讓的國民劣根性。

道家學說的集大成者是莊子，他的思想與老子的思想既有承繼又有區別，魯迅的《漢文學綱・老莊》一文對老莊思想作了這樣的辨別：老子「尚欲言有無，別修短，知黑白，而措意於天下」；莊子則「欲並有無修短白黑而一之」，而且莊子還把生死、是非之間的界限全部拆除〔註85〕。莊子的《齊物論》從相對主義立場出發，宣稱「物無非彼，物無非是」，「是亦彼也，彼亦是也，彼亦一是非，此亦一是非」〔註86〕。這樣一來，莊子就取消了人間是非曲直的差別。

莊子這種思想對中國人有很深的影響，它使人們在大是大非面前採取「公說公有理，婆說婆有理」的騎牆態度。魯迅斷言，中國國民性格中的「無特操」和「無堅信」的痼疾便是相對主義是非觀帶來的消極後果，他在《運

〔註80〕 《魯迅全集》第 9 卷，第 363 頁。
〔註81〕 高亨：《老子正詁》，第 65 頁。
〔註82〕 高亨：《老子正詁》，第 82 頁。
〔註83〕 高亨：《老子正詁》，第 99 頁。
〔註84〕 《魯迅全集》第 13 卷，第 4 頁。
〔註85〕 《魯迅全集》第 9 卷，第 366 頁。
〔註86〕 王夫之：《莊子解》，中華書局，1964 年版，第 17 頁。

命》一文中指出：「中國人自然有迷信，也有『信』，但好像很少『堅信』。」魯迅認為，中國人缺乏「堅信」的特徵集中表現在他們對待神明和命運的態度上，中國人雖然在一定程度上也畏懼神明，然而又用燒紙錢等手段來賄賂神明〔註87〕。魯迅在《吃教》一文中概括道：「中國自南北朝以來，凡有文人學士，道士和尚，大抵以『無特操』為特色的」，其中道士可謂是「無特操」者的典型〔註88〕。他在《關於〈小說世界〉》中進一步指出，佛教傳入中國後，「道士們一面亂偷了佛經造道經，而這道經就來罵佛經」，更有甚者，道士們還「用了下流不堪的方法害和尚」，後來經過幾百年的紛爭傾軋，信奉「中庸之道」的中國人對佛、道二教最終採取了「不論是非，一齊存在」的態度〔註89〕。

魯迅的小說《起死》也屬「刨壞種的祖墳」之作。《起死》敘述莊子在觀見楚王途中碰到死了五百年的骷髏而力圖使它復活的故事。莊子一向認為「活就是死，死就是活」，於是他請司命大神使骷髏復活，骷髏復活後，原來是一個赤條條的大漢。大漢抓住莊子要他償還自己的衣服、包裹，莊子慌了手腳，趕緊向那漢子宣講「衣服是可有可無」的大道理，說什麼「也許是有衣服對，也許是沒有衣服對」，說穿了，莊子不過是不肯脫下自己的衣服送給大漢。那漢子全然不理會這套是非說教，動手就搶，莊子趕忙招來巡警分辨是非。小說正是通過莊子本人言語和行動的矛盾和反差，顯示了他那套「齊生死」、「等是非」理論的荒誕性。

莊子哲學體系中對中國文化產生重大影響的還有他的「逍遙遊」式的出世人生觀。在莊子這種思想的影響下，中國大批在仕途上失意的士大夫紛紛隱居山林之中，但真正的隱士並不多見。魯迅在《隱士》一文中指出，真正的隱士應是「聲聞不彰，息影山林的人物」，譬如樵夫和漁夫，他們是不會為世人所知的，也根本無暇標榜「隱逸」的風雅。至於那些自封為「釣徒樵子」的文士詩翁，絕大多數是附庸風雅之徒，甚至把「隱逸」當作「終南捷徑」的也大有人在。魯迅總結道：「登仕，是啖飯之道，歸隱，也是啖飯之道。假使無法啖飯，那就連『隱』也隱不成了。」〔註90〕

〔註87〕《魯迅全集》第 6 卷，第 131 頁。
〔註88〕《魯迅全集》第 5 卷，第 106 頁。
〔註89〕《魯迅全集》第 8 卷，第 111 頁。
〔註90〕《魯迅全集》第 6 卷，第 223～224 頁。

二、對道教實踐層面的批判

魯迅對道教文化的批評由哲學層面引向了實踐層面。

服食仙藥是道教的一種基本實踐活動，它尤其為上層統治者所喜好，秦始皇、漢武帝、唐玄宗、宋徽宗……中國歷代皇帝大都幻想獲得長生不老之藥。魯迅在《隨感錄五十九「聖武」》中指出：中國的統治者總是把「純粹獸性方面的欲望的滿足——威福，子女，玉帛」當作人生終極理想，等到衰老疲憊，死亡的陰影迫近身邊時，他們就去求仙訪道，希望能夠長存人間，永享欲望，但最終仍不過是白骨一堆。可惜後人很少從前人的身上吸取教訓，反而更加執迷不悟地服食仙藥，魯迅的《魏晉風度及文章與藥及酒之關係》告訴我們，到魏晉時期，服藥已成了一種時髦的社會風尚，當時社會名流中服「五石散」的有何晏、王弼、嵇康等人，而有一些人雖服不起藥，卻假裝闊氣，睡倒在路邊，說是散發藥效，實在可笑之極。

此外，道教還奉行一種稱為「房中術」的實踐。「房中術」，又名「男女合氣之術」，它是為道教徒所實踐的一種養生保氣之道，「採陰補陽」、「還精補腦」是其基本指導思想。東晉著名道教理論家葛洪的《神仙傳》曾記載那位活了七百多歲而不衰老的彭祖的「房中」經驗談，這位「活神仙」說過：「男女相成，猶天地相生也。……天地晝分而夜合，一歲三百六十交，而精氣和合，故能生產萬物而不窮；人能則之，可以長存。」〔註91〕魯迅在《中國的奇想》一文裏指出了道教「房中術」的荒謬性，他說：「無論古今，誰都知道，一個男人有許多女人，一味縱欲，後來是不但天天喝三鞭酒也無效，簡直非『壽（？）終正寢』不可的。」〔註92〕其實，所謂的「房中」養生術不僅可能有害於人的健康和生命，而且也是一種相當不道德的性掠奪，因為它把女性當作由男性任意奴役的性工具來對待。

道教的服藥、房中等各種「養生術」表明：道教乃是一種以長生為樂，以羽化登仙為最高理想的宗教，它既沒有佛教、基督教那種摒棄一切世俗欲望的苦修精神，也缺乏一個絕對超越了塵世苦樂的彼岸世界，它從生理上（如房中術）和心理上（如服藥可長生）全面迎合了人們的享樂需要，因而，道教深受中國上至統治階級下至平民百姓的普遍歡迎。魯迅在《小雜感》中指出：「人往往憎和尚，憎尼姑，憎回教徒，憎耶教徒，而不憎道士」

〔註91〕 李昉等：《太平廣記》第 1 冊，人民文學出版社，1959 年版，第 10 頁。
〔註92〕 《魯迅全集》第 5 卷，第 239 頁。

〔註 93〕。爲什麼會這樣呢？道理不難明白，因爲佛、耶、回諸教都反對縱欲，唯獨道教提倡享樂。

魯迅還向著扶乩、祈雨、畫符、念咒等道教實踐活動進行了批判。

扶乩，乃是中國古代盛行的一種道教實踐，到了科學昌明的 20 世紀還頗有市場。據魯迅的《隨感錄五十三》載：1917 年 10 月，俞復、陸費逵等人在上海設立盛德壇，組織「靈學會」，出版《靈學叢志》，大搞扶乩活動。魯迅與劉半農、錢玄同、陳百年等啓蒙者紛紛撰文，斥責「靈學派」的扶乩活動。魯迅在 1918 年 3 月 10 日致許壽裳的信中十分氣憤地說：「滬上一班昏蟲又大搞鬼，至於爲徐班侯之靈魂照相，其狀乃如鼻烟壺。人事不修，群趨鬼道，所謂國將亡聽命於神者哉！」〔註 94〕經過魯迅等人的批駁，「靈學派」的活動大爲收斂。不料過了十六年後，上海又開始流傳「香港科學遊藝社」製造發售的「科學靈乩圖」，這次扶乩活動打著科學的幌子出現，對社會的危害也就更大一些。對於這類荒唐社會現象，魯迅在《偶感》裏感歎道：「科學不但並不足以補中國文化之不足，卻更加證明了中國文化之高深」。正如現代道士論證風水術是合於地理學，煉丹術是合於化學一樣，扶乩迷信也披上了科學的外衣，有感於科學在中國的命運，魯迅痛切地指出：「每一新制度，新學術，新名詞，傳入中國，便如落在黑色染缸，立刻烏黑一團，化爲濟私助焰之具，科學，亦不過其一而已。」〔註 95〕

祈雨，也是一種極爲流行的道教實踐。1934 年夏，江南普遍大旱，各地農村紛紛舉行祈雨活動，上海也召開了「祈雨消災大會」，請第 36 代道教天師張瑞齡做法求雨，更有甚者，當時的國民政府竟然還搬出九世班禪喇嘛等人在南京等地舉行祈雨活動。魯迅在《奇怪》一文中冷嘲說，如果英國 18 世紀諷刺小說大家斯威夫特到 20 世紀的中國來，說他看到一群人在燒香拜龍、做法求雨，人們肯定會以他老先生是在杜撰一部《新格里弗遊記》。魯迅的《迎神與咬人》還提到了 1934 年夏浙江餘姚農民用棍棒和牙齒害死了一位勸阻他們祈雨的小學校長的慘劇，魯迅悲憤地指出，中國由封建帝國變成民國後，「上層的改變是不少了，無教育的農民，卻還未得到一點什麼新的有益的東西」，依然還受舊的封建迷信思想的毒害，魯迅斷言，等到下次再發生水旱災荒的

〔註 93〕《魯迅全集》第 3 卷，第 532 頁。
〔註 94〕《魯迅全集》第 11 卷，第 348 頁。
〔註 95〕《魯迅全集》第 5 卷，第 479～480 頁。

－171－

時候，中國的農民依然會迎神，也依然會咬死人〔註96〕。

　　作為啓蒙主義者的魯迅還以科學為武器，對畫符念咒等種種道教迷信活動進行了抨擊。道教中有一派專門以符咒驅鬼治病、降魔伏妖、祈福禳災，它對中國人的日常生活有很深的影響。道教的符咒也多次為農民起義所利用，遠的有東漢末年的黃巾起義，起義軍領袖張角是太平道的創始人之一，當時，他正是利用符咒來發動百姓起來造反；近的則有清末的義和團運動，義和團在庚子年間抵抗八國聯軍的戰爭中，宣稱只要喝了符水，念了符咒，他們便可以「刀槍不入」；然而，原始的迷信終究無法抵擋洋槍洋炮的進攻。魯迅的《隨感錄三十七》正告那些迷信「神拳「的國粹家說，打拳救國在1900年已試過一次，「可惜那一回眞是名譽的完全失敗了」〔註97〕。可見，靠迷信是救不了國的，唯有科學才能拯救我們這個到處充滿「鬼氣」和「妖氣」的古國。魯迅在《運命》一文中指出：「假如眞有這一日，則和尚，道士，巫師，星相家，風水先生……的寶座，就都讓給了科學家，我們也不必整年的見神見鬼了。」〔註98〕這是魯迅向科學發出的呼喚！

　　綜上所述，道教文化對中國歷史和中國國民性格確實構成了持久而深遠的影響，怪不得魯迅會說「中國根柢全在道教」，這看法雖不夠全面，然而卻包含了深刻的眞理。

三、道教文化對中國古代文學及其魯迅思想的影響

　　作為中國唯一土生土長的宗教，道教早已滲透到中國社會的政治、經濟、文化以及人們日常生活的每一個角落，中國古代文學同樣不可避免地受到了道教文化的滲透，魯迅集中研究了道教文化對六朝志怪小說以及明代神魔小說和人情小說的影響。

　　魯迅的《中國小說史略》在論及六朝志怪小說的產生和繁榮時指出：「中國本信巫，秦漢以來，神仙之說盛行，漢末又大暢巫風，而鬼道愈熾；……凡此，皆張皇鬼神，稱道靈異，故自晉訖隋，特多鬼神志怪之書。」魯迅的這個論斷表明：道教神仙巫鬼之說為志怪小說的誕生提供了充足的文化前提，同時也為志怪小說的繁盛製造了必要的文化氛圍。魯迅重點研究了干寶的《搜神記》，他認為，「性好陰陽術數」的干寶創作《搜神記》的目的

〔註96〕　《魯迅全集》第5卷，第548頁。
〔註97〕　《魯迅全集》第1卷，第310頁。
〔註98〕　《魯迅全集》第6卷，第131頁。

乃是爲了「發明神道之不誣」，他還進一步分析說，受這種創作思想的制約，《搜神記》20 卷作品的主要內容是「於神祇靈異人物變化之外，頗言神仙五行」〔註99〕。

明代小說有兩大主潮，一是神魔小說，一是人情小說，魯迅在《中國小說史略》中令人信服地論證了道教方術對這兩種小說的影響。魯迅指出：明初，道教勢力曾一度衰退，到了明中葉成化年間，道教又再度擡頭並達到大盛，當時道教方士李孜等人因向皇帝進獻房中術而大獲寵幸，於是人們紛紛仿而傚之，「僥幸者多竭智力以求奇方，世間乃漸不以縱談閨幃方藥之事爲恥。風氣既變，並及文林，……而小說亦多神魔之談，且每敘床第之事也。」〔註100〕《四遊記》、《西遊記》、《封神傳》、《三寶太監下西洋記》等都屬神魔小說，其中以《封神傳》受道教影響爲深。魯迅認爲，《封神傳》中雖然「時出佛名，偶說名教，混合三教，略如《西遊》，然其根柢，則方士之見而已」〔註101〕

明代那些描寫「床第之事」的小說被魯迅稱作「人情小說」，《金瓶梅》、《玉嬌李》、《續金瓶梅》等是代表作。這類小說大多敘述風流放縱之事，其結局往往是寫放縱者暴死，以示報應不爽，或者寫放縱者忽然了悟，跳出欲海，出家修行，以示「色空」之哲理。看來這類小說受佛教的影響不淺，不過，魯迅在《中國小說的歷史的變遷》中還是認爲它們「與神魔小說一樣，和方士是有很大關係的」〔註102〕，不管怎麼說，它們畢竟主要是那個以「縱談閨幃方藥之事」爲風尚的明代社會的產物。

不過，道教對中國古代文學的滲透並不止在小說領域，它對中國古代詩歌、散文、戲劇等同樣產生了影響。在中國現代文學領地內，也可以感覺到道教文化的滲透力（如對許地山、林語堂等作家的影響）。事實上，魯迅——這位對道教文化持激烈批判態度的現代作家，在一定程度上也吸收了道教文化中的有益成分。道教文化中哲學層面的某些合理因素（主要是莊子哲學），對魯迅思想和文學創作的影響是客觀存在著的。

魯迅在《寫在〈墳〉後面》一文裏談及他本人所受的中國古代文化影響時指出，他自己「就是思想上，也何嘗不中些莊周韓非的毒，時而很隨便，

〔註99〕　《魯迅全集》第 9 卷，第 43～45 頁。
〔註100〕《魯迅全集》第 9 卷，第 182～183 頁。
〔註101〕《魯迅全集》第 9 卷，第 171 頁。
〔註102〕《魯迅全集》第 9 卷，第 330 頁。

時而很峻急。孔孟的我讀得最早，最熟，然後倒似乎和我不相干。」〔註103〕
魯迅正是充分意識到了莊子哲學對他本人及其同代知識分子的不利影響，才
多次勸青年人不要讀《莊子》，才對莊子的相對主義的是非觀和過度避世的人
生觀進行了批判。然而，這只是反映了魯迅對莊子哲學一方面的態度；另一
方面，魯迅對莊子也有肯定之處，他的《漢文學史綱要·老莊》篇就曾經高
度評價了莊子的文學成就，認爲「其文則汪洋闢闔，儀態萬方，晚周諸子之
作，莫能先也。」〔註104〕

　　魯迅對莊子的這種好評評價多少受了他的老師章太炎的啓示。章太炎在
晚清著的《論諸子學》裏對莊子給予了較高的評價，認爲莊子晚出，「其氣獨
高，不憚抨前哲」〔註105〕，這裏的「前哲」主要指孔子，章氏十分讚賞莊子
對孔儒學說的批判，他本人也曾對儒家中庸之道進行了激烈抨擊，並大膽指
責孔聖人爲「國願」。莊子和章太炎對儒家思想所持的「叛逆」精神引起了魯
迅深切的關注。

　　除此之外，莊子哲學體系中吸引魯迅的還有莊子對權勢富貴的蔑視，對
統治者的不合作態度，對庸俗市儈的嘲笑，以及笑傲王侯的錚錚鐵骨等等。
當代思想史家任繼愈對這些問題有較好的闡釋，故不再重複〔註106〕。另外，
郭沫若也曾經詳細地論證了魯迅作品對《莊子》詞彙、話語、寓言故事的大
量引用，也簡略談到莊子思想對魯迅的影響〔註107〕。

　　學術界在莊子哲學對魯迅思想具有積極影響這個問題上已基本沒有異
議。那麼魯迅的文學創作是如何接受和超越莊子哲學（道教文化）的影響呢？
下文將從兩個方面著手作初步的探討。

四、魯迅作品的孤獨者與魏晉名士之對讀

　　如前所述，對儒學的猛烈抨擊，對權貴的輕蔑，對社會庸俗現象的批判
等等構成了莊子哲學體系中的正面價值，莊子哲學中這些不同凡響的思想成
分，以及莊子那種不與統治者合作，不與媚世者合流，「獨與天地精神往來」

〔註103〕《魯迅全集》第1卷，第285頁。
〔註104〕《魯迅全集》第9卷，第364頁。
〔註105〕《章太炎選集》，上海人民出版社，1981年版，第365頁。
〔註106〕任繼愈：《魯迅同中國古代偉大思想家們的關係》，《科學通報》1956年第10期。
〔註107〕郭沫若：《莊子與魯迅》，《中蘇文化》第8卷第3～4期合刊（1941年4月20日）。

〔註108〕的精神個性，這一切都深深地吸引著中國歷代無數與現實社會抗爭的知識分子。魏晉的一批名士便是以莊老哲學爲思想武器批判社會政治、抨擊儒家「名教」的知識分子典型。

魯迅的心靈與這些具有叛逆精神的魏晉名士息息相通。他在《魏晉風度及文章與藥及酒之關係》一文中高度讚揚了「建安七子」之一的孔融和「竹林七賢」中的阮籍與嵇康。魯迅稱讚孔融對孔孟「孝道」的激烈抨擊，誇獎「竹林七賢」的「反抗舊禮教」的鬥爭精神，尤其欣賞嵇康的「非湯武而薄孔周」的反叛性格。不過，反抗社會、抨擊禮教畢竟是有限度的，何況魏晉統治者出於「自利」目的紛紛大力宣揚禮教，孔融和嵇康便因「毀壞禮教」的罪名而被他們殺戮。這樣，那些積曾經大膽批判現實的名士就紛紛躲進仙藥和醇酒的幻境中。

然而，在魏晉名士求仙服藥、醉生夢死的生活方式背後，隱藏著的是他們欲求濟世而又無出路的苦悶和孤獨情緒，阮籍的「時率意獨駕，不由徑路，車迹所窮，輒痛哭而反」〔註109〕的奇異行止便是這種孤苦情緒的流露。學者王瑤認爲，魏晉名士的叛逆性格和孤苦情緒對魯迅作品的人物塑造有一定影響〔註110〕。的確是這樣，狂人、呂緯甫、魏連殳、涓生、子君、范愛農等都是曾經大膽地同社會抗爭最終走向失敗的現代知識分子，尤其是呂緯甫、范愛農、魏連殳身上更是經常流露出阮籍、嵇康、劉伶式的性格特徵來。

小說《在酒樓上》的主人公呂緯甫原是一位敢作敢爲的熱血青年。他曾經闖進城隍廟拔神像的鬍鬚，曾和同學數日爭論中國的改革方案以至揮拳相向。10年過去了，呂緯甫思想的棱角逐漸被生活的重負磨平，他做了一名講授「子曰詩云」的家庭教師，變成一個敷衍度日、頹唐消沉、借酒澆愁的劉伶式的酒徒。這一形象的原型是魯迅的友人范愛農。散文《范愛農》便是真實描敍其遭遇的作品。范愛農曾與魯迅一道在日本留學，他性格古怪而狂狷，「眼球白多黑少」，「看人總像在渺視」，令人想起「能爲青白眼」的阮籍。范愛農正是有著阮籍式的狂放性格，因而不爲社會所容，留學回國後，受盡世人的輕蔑、排斥和迫害，只好躲到鄉下去教書，苦悶時便狂飲一通。

〔註108〕王夫之：《莊子解》，第284頁。
〔註109〕《晉書・阮籍傳》，商務印書館，1958年版，第345頁。
〔註110〕王瑤：《魯迅作品論集》，人民文學出版社，1984年版，第21～22頁。

范愛農後來被解除教職，思想越發頹唐。1912 年他在一封致魯迅的信中憤激地寫道：「如此世界，實何生爲？蓋吾輩生成傲骨，未能隨波逐流，惟死而已，端無生理。」〔註 111〕不久，范愛農在一次痛飲之後跌入河中溺水而死。范愛農固然在嗜酒方面類似劉伶，然而魯迅在他身上主要寄託了嵇康式的強烈孤憤情緒。

小說《孤獨者》的主人公魏連殳是參照魏晉名士而精心塑造成的現代知識分子形象。魏連殳是一名與社會格格不入的「孤獨者」，人們把他看成「吃洋教」的「新黨」，他平素雖沉默寡言，偏偏卻要在報紙上發表文章，毫無顧忌地談論諸如「家庭應該破壞」的話題。他的大膽議論導致飯碗（當中學教師）的丟失。後來，在求生本能的驅使下，他當了軍閥杜師長的顧問，躬行他原先所憎惡和反對的一切，拒斥他原先所崇仰和主張的一切，他成一個「勝利了」的失敗者。最終，魏連殳在抑鬱中吐血而死。值得特別注意的是，作品寫魏連殳見到與自己相依爲命的祖母去世時並沒有掉一滴眼淚，直等到祖母的大殮完成後，他才失聲痛哭，「立刻又變成長嚎，像一匹受傷的狼，當深夜在曠野中嗥叫，慘傷裏夾雜著憤怒和悲哀」〔註 112〕。

魯迅寫魏連殳對祖母去世的哀哭，明顯是受了史書所寫的阮籍面對母親去世的行爲的啓發。據《晉書》記載：阮籍「性至孝，母終，正與人圍棋；對者求止，籍留與決賭。既而飲酒二斗，舉聲一號，吐血數升。及將葬，食一蒸肫，飲二斗酒，然後臨訣，直言『窮矣！』舉聲一號，因又吐血數升」〔註 113〕。阮、魏二人得知親人已死之初，都沒有如常人一般淚如雨下，他們都做出了「反常」的舉動——不哭，然而在這「反常」舉動背後包含著比涕泗滂沱式的哀悼方式強烈得多的悲痛！同樣，他們在親人死後發出的哀號聲中，都宣泄了自身找不到出路的悲憤情緒。

可以說，莊子式的反抗儒學、反抗社會的叛逆精神，他那種「獨來獨往」的孤獨氣質，經由阮籍、嵇康等魏晉名士這些中介環節，傳遞給了魯迅作品中的魏連殳、呂緯甫、范愛農等人物，這正如莊子哲學的某些思想成分是通過章太炎而對魯迅的思想產生影響一樣。

〔註 111〕 《魯迅全集》第 2 卷，第 320 頁注釋 26。
〔註 112〕 《魯迅全集》第 2 卷，第 88 頁。
〔註 113〕 《晉書‧阮籍傳》，商務印書館，1958 年版，第 345 頁。

五、魯迅作品的自然審美表現與道家自然審美觀之對話

　　魯迅的自然審美意識及其作品對自然的表現，同道家的自然審美態度具有內在的契合關係。王瑤認爲，魯迅作品裏的山水景物描寫乃是「對中國『抒情詩』傳統的自覺繼承」〔註 114〕，這種看法是很有見地的，不過還稍微籠統了點，因爲中國古代詩歌基本上都屬抒情之作，很少有西方那種規模宏大的史詩和長篇敘事詩。愚以爲，儘管魯迅與中國古代文學的聯繫渠道是多樣的，然而他作品的山水景物描寫則主要是承續了中國古代山水田園詩的流風餘韻。

　　中國山水田園詩在東晉的正式產生，同道家自然審美觀的盛行有密切的關聯。先秦兩漢還未見純粹的山水田園詩，當時詩歌的自然審美觀主要受儒家思想制約著。孔子說：「智者樂水，仁者樂山」、「歲寒而後知松柏之後凋也」〔註 115〕。可見儒家是把自然山水當作某種道德人格的比擬和象徵來加以欣賞的。道家的自然審美觀與此迥然異趣，《莊子・知北遊》曰：「山林與！皋壤與！使我欣欣然而樂與！」〔註 116〕看來道家是從人與自然合一的審美態度出發，到大自然中去欣賞山水之美，去尋找精神的慰藉與情感的愉悅。

　　魏晉之際，社會極爲混亂，儒學正統地位崩潰，老莊玄學風行一時，道教廣爲傳播，在這種文化背景下，山水田園詩正式出現。當時最有成就的山水田園詩人是謝靈運和陶淵明，後者的詩爲魯迅所喜愛。魯迅在《魏晉風度及文章與藥及酒之關係》一文中指出：陶氏是個「非常和平的田園詩人」，他雖窮，心境卻很靜，「他窮到衣服也破爛不堪，而還在東籬下採菊，偶然擡起頭來，悠然的見了南山，這是何等自然」〔註 117〕。陶淵明詩中人與自然山水草木渾爲一體的境界隨處可見，這不能不說是道家自然審美思想的回響與昇華。

　　魯迅一些描寫山水景物的作品也不乏陶淵明詩歌那般怡然自得的美學境界，譬如散文詩《好的故事》是這樣來描寫作者夢中的山陰道之行的：

　　　　我彷彿記得曾坐小船經過山陰道，兩岸邊的烏桕，新禾，野花，雞，
　　　　狗，叢樹和枯樹，茅屋，塔，伽藍，農夫和村婦，村女，曬著的衣

〔註114〕 王瑤等：《中國現代文學及〈野草〉〈故事新編〉的爭鳴》，知識出版社，1990
　　　　 年版，第 40 頁。
〔註115〕 朱熹：《四書章句集注》，中華書局，1983 年版，第 90、115 頁。
〔註116〕 王夫之：《莊子解》，第 194 頁。
〔註117〕 《魯迅全集》第 3 卷，第 515～516 頁。

裳，和尚，蓑笠，天，雲，竹，……都倒影在澄碧的小河中，隨著
每一打槳，各各夾帶了閃爍的日光，並水裏的萍藻游魚，一同蕩
漾。……〔註118〕

這同陶淵明的《歸田園居詩》（一）所描寫的江南自然風光有著同樣澄澈清明
的美：

……方宅十餘畝，／草屋八九間。／榆柳蔭後簷，／桃李羅堂前。
／曖曖遠人村，／依依墟裏烟。／狗吠深巷中，／雞鳴桑樹巔。……
／久在樊籠裏，／復得返自然。〔註119〕

把魯迅的美文與陶淵明詩參照起來讀，可以發現他們都出現了茅草屋、雞、
狗等相同的意象，更主要的是它們都渲染了一種純樸寧靜而又充滿生機的氛
圍。不過，具有鬥士精神的魯迅和隱士陶淵明在生活情趣和人生理想方面畢
竟有鮮明的區別，如果說陶氏是把這種寧靜平和的山水田園當作他的理想人
生境界來描繪，那麼魯迅則是把暫時回歸靜謐幽美的自然山水當作搏擊之餘
的休憩。魯迅筆下的景物看似靜止，其實充滿動感，因為觀賞景物的視點隨
著小船而移動的，何況碧水中萬物的倒影不斷被船槳所攪動；陶詩寫的是隱
士眼中的田園風光，即使寫到狗吠雞鳴，也還是為了反襯整幅田園畫的寧靜。
更重要的是《好的故事》僅僅是一個夢境，魯迅以詩意的筆觸構建如此「美
麗、幽雅、有趣」的夢境，一方面是為了使自己的心靈能在自然山水中獲得
慰藉，另一方面是以這個優美的理想境界來映襯「昏沉的夜」和「像夜一樣
昏沉的現實人生」。

與此相似，魯迅還常常用他那支勾畫山光水色的筆來繪製一處處充滿率
真、活潑的「童年樂土」，並以它們來映照現實中成人世界的灰色與單調。小
說《故鄉》是這樣來營造「童年王國」的：

深藍的天空中掛著一輪金黃的圓月，下面是海邊的沙地，都種著一
望無際的碧綠的西瓜，其間有一個十一二歲的少年，項帶銀圈，手
捏一柄鋼叉，向一匹猹盡力的刺去，……〔註120〕

這個滿貯詩意的畫面同小說開頭所描繪的蒼黃的天空、蕭索的荒村形成強烈
對比。

〔註118〕《魯迅全集》第2卷，第185頁。
〔註119〕逯欽立：《先秦漢魏晉南北朝詩》中冊，中華書局，1983年版，第991頁。
〔註120〕《魯迅全集》第1卷，第477頁。

　　散文《從百草園到三味書屋》對百草園的景物有出色的描繪：這裏有碧綠的菜畦、高大的皂莢樹、叢生的何首烏藤和木蓮藤、紫紅可口的桑椹以及酸甜味美的覆盆子果；這園子還是一個歡快的動物世界：蟬兒在長吟、油蛉在低唱、蟋蟀在彈琴，另外還有伏在菜花上探蜜的黃蜂和輕捷地從草間直竄雲霄的叫天子（雲雀）。作家被眼前的美景所陶醉，他充分調動視、聽、味等感覺器官，以明麗的色彩、流暢的線條和悅耳的音響，構建了一塊充滿生命氣息的童年樂土，它從反面襯托出傳統私塾教育的枯燥乏味和對兒童天性的壓抑。

　　魯迅的小說散文描繪最多的景物當推雪景，從總體上看，作家是以潔白無瑕的雪來映照現實世界的污濁醜惡，不過每篇作品具體寫雪的方式又不盡相同。《祝福》三次寫到「滿天飛舞」的大雪，給小說主人公祥林嫂不幸的命運增添了悲涼的美學氣氛，同時也烘托出敘述者「我」的沉寂心境。《在酒樓上》兩次寫雪景，第一次抒寫了老梅和山茶傲雪開放的頑強生命意志，第二次則傳達出「遊人」無家可歸的失落感。《孤獨者》寫雪花墜地「靜的聲音」是爲了渲染魏連殳和敘述者「我」這些「孤獨者」的孤寂感。

　　整篇寫雪的散文有《雪》，作品既寫了「滋潤美艷之至」的江南的雪及孩子們塑雪人的情景，也寫了在旋風中「蓬勃地奮飛」的朔方的雪。作家寫江南的雪景的溫馨和孩子們塑雪人的歡暢，側重從雪景給人帶來的審美愉悅來著筆，而寫朔方的雪「在無邊的曠野上，在凜冽的天宇下，閃閃地旋轉升騰著」〔註121〕，主要是塑造一種類似朔方之雪的堅強糙硬的抗爭品格。

　　可見，魯迅作品的山水景物描寫固然同莊子、陶淵明以來的山水田園詩文有著一脈相承的聯繫，更重要的是，魯迅超越了中國古代山水田園詩文的限制，進行了一系列創造性的發揮和拓展，從而使他作品中的山水景物既充滿了詩情畫意，又散發著生活的氣息。

魯迅與基督教文化的關聯與對話

　　魯迅不僅與中國本土的道教文化、與中國化的佛教文化有內在的關聯，也和西方的基督教有著隱在的對話關係。相比較而言，這後一種關係通常更隱秘，也更加不容易被學者所關注，因此也更有研究價值。

〔註121〕《魯迅全集》第 2 卷，第 180～181 頁。

一、魯迅與基督教文化關聯考

眾所周知，魯迅很喜歡讀《山海經》一類的民間神話傳說，也曾經一度帶著複雜的心情埋頭於佛教經籍之中。當然，作爲一位文化巨人，魯迅不可能把自己的閱讀範圍僅僅限定在一、二方面，事實上，舉凡經史子集、古今中外的書籍他都愛收藏一些和閱讀一些。從魯迅日記所附的書帳來看，他曾經購買過以下基督教方面的書籍﹝註122﹞，它們是：

(1) 中文版《聖經》，1925 年 2 月 21 日晚從博益書社購得。

(2) 英文版《聖經》，倫敦艾爾與史波蒂斯伍德（聖經庫房）出版，1925 年 12 月 12 日購得。

(3) 德文版《耶穌受難》，德國塔爾曼作，木刻畫冊，收作品 8 幅，配有塔爾荷夫的詩，德國耶拿迪德里希出版社 1923 年出版，1930 年 4 月 30 日購得。

(4) 德文版《上帝的化身》，德國巴拉赫作，木刻畫冊，收作品 7 幅，德國柏林卡西雷爾出版社 1922 年出版，1930 年 10 月 19 日購得。

魯迅的一些作品曾大量徵引基督教的人物和事件，這表明魯迅對基督教典籍並不陌生。《摩羅詩力說》是魯迅作品中基督教典故引用得最多的一篇。這篇長文從《聖經‧舊約》裏所引用的傳說和事件有：上帝 7 日造天地和造人的傳說、亞當和夏娃偷吃禁果被逐出伊甸園的傳說、該隱妒殺亞伯遭上帝詛咒和放逐的傳說、挪亞方舟的傳說，以及耶路撒冷的毀滅事件等。此外，作品還提到了魔鬼撒旦、伊甸園中的蛇、先知耶利米以及神學家奧古斯丁等等。

不僅如此，魯迅還能創造性地運用基督教的某些典故和箴言。譬如：「你改悔罷！」這句話，原是《聖經》中勸誡人們悔罪的用語，魯迅的散文《藤野先生》賦予它以新的含義。該文說日俄戰爭爆發之際，大文豪列夫‧托爾斯泰曾給兩國皇帝寫信，指責他們的戰爭罪行，此信第一句便是「你改悔罷！」﹝註123﹞當時的日本《愛國青年》對托爾斯泰的「不遜之舉」紛紛表示義憤。不久，仙臺醫學專門學校的某些日本「愛國青年」又把這句話轉贈給了魯迅，他們懷疑魯迅解剖學課獲得中等的成績乃是藤野先生預先把考題泄

﹝註122﹞ 見《魯迅全集》第 14 卷，第 535、735、821、860 頁的購書日記。

﹝註123﹞ 《魯迅全集》第 2 卷，第 305 頁。

露給他的緣故。在他們看來，中國是弱國，中國人自然是低能兒。於是他們給魯迅寄來一封充滿敵意的匿名信，仿照托爾斯泰的寫法，信的第一句話也是「你改悔罷！」這句神聖崇高的箴言一經這些偏狹、卑瑣的日本「愛國青年」引用，便出人意料地擁有了令人捧腹的滑稽意味，這也是魯迅運用典故不動聲色地調侃對手的一個典型範例。

二、魯迅的基督教文化思想

魯迅對基督教不僅持有較深的關切，還發表了自己某些獨異於他人的見解。

首先，魯迅對基督教的一些教義信條和重大事件闡述了自己的看法。在人類起源問題上，基督教教義與人類進化學說是針鋒相對的，前者堅信人類和天地萬物都是上帝在 7 天裏創造出來的，後者則認為人類是從猿猴變成的。作為一個系統地接受過西方近代科學文明薰陶的現代中國人，魯迅自然不會相信基督教的創世說。他在 1907 年寫的《人之歷史》一文中肯定了林耐、拉馬克、達爾文、海爾克等生物學家的進化論思想，並把《舊約‧創世記》的上帝創世說和造人說同中國的盤古開天闢地說、女蝸摶土造人說進行比較分析，指出了它們非科學的神秘主義的共同傾向。魯迅還指出基督教會勢力在歐洲瘋狂摧殘科學學說的後果是使得「科學隱耀、妄信橫行」，「天下為之智昏」〔註 124〕。

同是 1907 年創作的《文化偏至論》一文繼續對禁錮新思想、抑制科學學說的基督教會進行了批判。魯迅在文中指出，自從羅馬帝國統一歐洲以後，羅馬教皇憑藉自己手中的特權，用基督教教條來鉗制人們的思想，於是「思想之自由幾絕，聰明英特之士，雖摘發新理，懷抱新見，而束於教條，胥緘口結舌而不敢言。」如果有人膽敢公開發表己見，就可能招致監禁或殺頭的大禍〔註 125〕。

如果說魯迅上述兩篇文章主要是以批評中世紀基督教教會摧殘科學的行為為主，那麼他的《科學史教篇》一文則是在指出基督教會抑制科學發展的事實的同時，也道出了基督教給中世紀道德習俗及文學藝術等方面帶來的正面效應。魯迅指出，中世紀基督教的興盛固然阻礙了科學的進步，但是為了

〔註 124〕《魯迅全集》第 1 卷，第 9 頁。
〔註 125〕《魯迅全集》第 1 卷，第 47 頁。

整治歐洲各國衰敗的道德倫理和矯正各地的陋風惡俗，就需要一種具有嚴厲
教規的宗教來拯救日益墮落的世風。魯迅認為基督教戒律在一定程度上具有
這種拯救功能，他指出：「社會精神，乃於此不無洗滌，薰染陶冶，亦胎嘉葩。」
也即是說，經過基督教信條戒律的淨化，在世俗社會中開出了美好的道德之
花，並且這種花朵的色彩日益鮮艷。魯迅把路德、克倫威爾、彌爾頓、華盛
頓、卡萊爾等歷史偉人看作是其中具體的精神之花，他認為拿基督教所帶來
的社會道德成果來補償其阻礙科學發展的損失也是綽綽有餘了。此外，魯迅
還總結出了一個深刻的人類文明發展理論，即：「人間教育諸科，每不即於中
道，甲張則乙馳，乙盛則甲衰，迭代往來，無有紀極。」〔註126〕魯迅認為不
僅知識與道德的關係是這樣，就是科學與文藝的關係也是如此。他認為中世
紀是繪畫藝術的繁榮時期，等到後來科學進步了，「美術」就中途衰落下去。
在這裏，最吸引我們的是魯迅在評價基督教對中世紀歐洲文明所產生的影響
時所持有的公正態度。魯迅在批判基督教反科學主義的同時，又肯定了它對
當時的道德和文藝所產生的積極影響。對比數十年來，我們的學術界總傾向
於把基督教控制下的歐洲中世紀文明看作漆黑一團的偏頗。那麼魯迅上述的
見解就更加顯得卓爾不群了。

另外，魯迅還在《科學史教篇》裏批評了一種評價古代文化遺產的錯誤
傾向，即：以現代人的眼光來嘲笑神話為迷信，斥責古代宗教為淺陋的學說。
他認為研究古代文化時，「若自設為古之一人，返其舊心，不思近世，平意求
索，與之批評，則所論始云不妄」〔註127〕。魯迅進一步指出，當我們在評定
某種古代文化成就的高低時，必須取同一時期另一個民族的文化作為參照
系，比較它們之間的文化發展水平，由此得出的結論，才能接近真理；否則，
以現代科學文化發展水準去苛求古代宗教神話，就只能把它們貶低成謬誤和
迷信的產物。青年魯迅這種理性地分析古代宗教神話的文化眼光的確深邃而
有洞見力。

其次，魯迅對現代中國的基督教問題表明了自己的觀點。

《莽原‧補白》一文談到了基督教與中國本土文化合流的現象。以儒家
思想為主體的中國本土文化向來具有很強的同化力，在基督教傳入中國以
前，早就有印度佛教中國化的事實，同樣在中原建立政權的各少數民族的紛

〔註126〕《魯迅全集》第1卷，第28～29頁。
〔註127〕《魯迅全集》第1卷，第26頁。

紛「漢化」也是明證。不過，這些「同化」、「漢化」並不能稱作是對等的文化交流。因爲異國異族文化進入中國後總要走形變調，甚至變得面目全非。正如魯迅在文中所說的，中國本土文化「並非將自己變得合於新事物，乃是將新事物變得合於自己」。基督教在現代中國也遭受了同樣的被「漢化」的命運——「聽說現在悟善社裏的神主已經有了五塊：孔子、老子、釋迦牟尼、耶穌基督、謨哈默德」〔註128〕。本來，基督教是僅僅信奉耶穌的一神教，而且它也堅決摒棄偶像崇拜；然而在中國，基督教的神主耶穌不得不和儒、道、佛、回四教神主並列一起成了偶像，共同領受悟善社成員的膜拜，基督教成了崇拜偶像的多神教，徹底走向了自己的反面。

《吃教》揭示了基督教在現代中國被「吃」的命動。魯迅說中國的基督教徒自以爲他們是信教的人，而教外的老百姓卻稱他們爲「吃教」的〔註129〕，這「吃教」二字，正形象地道出了中國大部分基督教徒信教的眞正動機，即借信教之名混飯吃，就像中國古代讀書人以八股文，作爲獲取功名的敲門磚一樣。在魯迅的揭露下，這些僞基督徒現出了眞面目。

魯迅還把他那支銳利的筆刺向了當時學術界一些無知而又喜歡大談基督教以顯示自己學識淵博的人。《寸鐵》一文所嘲諷的那位「說白話是馬太福音體」的北京大學哲學研究所講師劉少少便是這類人的典型，魯迅勸告這類胡說八道的人「倘若不懂，可以想想福音是什麼體」〔註130〕。

儘管魯迅對那些「吃教」的中國基督徒和無知的知識分子施以諷刺與嘲弄，但這並不等於他對基督教採取全然否定的態度。其實，魯迅常常是以審愼、莊重的態度看待宗教問題的，對基督教也不例外。他在《寸鐵》一文中指出：「馬太福音是好書，很應該看。猶太人釘殺耶穌的事，更應該細看。」〔註131〕

再次，魯迅對《聖經》文學以及其它取材於《聖經》的文學作品也作了較精深的研究。

魯迅在《摩羅詩力說》一文裏高度評價了以《聖經·舊約》爲代表的希伯萊文學的重大成就，他認爲希伯萊文學「雖多涉信仰教誡，而文章以幽邃莊嚴勝」，並指出希伯萊文學在西方文化史上的重大影響：「教宗之術，此其

〔註128〕　《魯迅全集》第 3 卷，第 102 頁。
〔註129〕　《魯迅全集》第 5 卷，第 310 頁。
〔註130〕　《魯迅全集》第 8 卷，第 89 頁。
〔註131〕　《魯迅全集》第 8 卷，第 89 頁。

源泉，灌溉人心，迄今茲未艾。」〔註 132〕同時，魯迅對《聖經‧舊約》中的魔鬼撒旦形象也提出了獨特的見解。據《聖經‧舊約》載：「亞當和夏娃因受撒旦的引誘，偷吃了知識樹上的禁果，被上帝趕出了伊甸園。」英國十七世紀著名詩人彌爾頓用這個故事寫成了長詩《失樂園》，它描寫的是象徵光明的上帝與代表黑暗的魔鬼撒旦之間的搏鬥。在彌爾頓筆下，撒旦的形象顯得非常猙獰凶惡，從這以後，西方基督教社會就更加憎恨惡魔了。然而，在魯迅看來，「惠之及人世者，撒旦其首矣。」這就大膽地把撒旦當作第一個施恩於人類的神靈了。魯迅提出這個觀點的理由既簡單又有一定的說服力，他認為當初亞當和夏娃住在伊甸園的時候，就如同關在籠中的鳥一樣什麼也不懂，只知道一味討好上帝，正是撒旦引誘他們偷吃禁果，他們才真正擺脫了蒙昧無知狀態。因此，魯迅認定「使無天魔之誘，人類將無由生」〔註 133〕。魯迅以東方人的眼光來重新審視西方古老的《聖經》故事，發前人之未發，富有膽識和創見。

　　《摩羅詩力說》的重點是放在對「摩羅詩派」的研究上。「摩羅」通譯作「魔羅」，指的是魔鬼。「摩羅詩派」的涵蓋面較廣，它指「一切詩人中，凡立意在反抗，指歸在動作，而為世所不甚愉悅者」〔註 134〕。魯迅把拜倫、雪萊、普希金、萊蒙托夫、密茨凱維支、裴多菲等詩人列入這個詩派中。其中拜倫是最具有叛逆精神的摩羅詩人。拜倫性格率真，敢於同當時英國社會偽善的道德和繁瑣的禮節對抗，世人惡毒地咒罵他是魔鬼，拜倫不以為恥，反而在長詩《該隱》裏借主人公之口說出了「惡魔者，說真理者也」此類駭世驚俗的「狂言」。

　　魯迅認為，拜倫的代表作《唐璜》、《曼弗列特》、《該隱》、《天地》等都「無不張撒但而抗天帝，言人所不能言」，充滿了「摩羅」精神〔註 135〕。魯迅正是從拜倫作品這種鮮明的反抗意識著眼，高度評價了他在整個英國文學史上的地位，魯迅認為在拜倫之前，司各特等作家的作品大抵都是一些平穩周祥之作，與舊的宗教道德極為融洽，「迨有拜倫，乃超脫古範，直抒所信，其文章無不函剛健抗拒破壞挑戰之聲」〔註 136〕。

〔註 132〕《魯迅全集》第 1 卷，第 64 頁。
〔註 133〕《魯迅全集》第 1 卷，第 73 頁。
〔註 134〕《魯迅全集》第 1 卷，第 66 頁。
〔註 135〕《魯迅全集》第 1 卷，第 77 頁。
〔註 136〕《魯迅全集》第 1 卷，第 73 頁。

　　另一位與基督教有關的摩羅詩人是波蘭的密茨凱維支。他的《死人祭》（今譯《先人祭》）是一部描寫波蘭人民反抗俄國沙皇奴役、爭取民族獨立的詩劇，詩中充滿了激越的復仇精神。該詩劇第三卷有囚徒們所唱的歌，其中一位名叫央坷夫斯奇的波蘭人唱道：「欲我爲信徒，必見耶穌馬理，先懲污吾國土之俄帝而後可。俄帝若在，無能令我呼耶穌之名。」這位囚犯說，只有當他親眼看見耶穌和瑪麗亞懲罰了肆意踐踏波蘭人民的沙皇之後，才可以相信基督教；否則，他是不會信奉耶穌的。這種復仇精神同基督教的某些教條（如「要愛你們的仇敵」）是相對立的。魯迅認爲：「凡窘於天人之民，得用諸術，拯其父國，爲聖法也。」〔註 137〕魯迅充分肯定了這種爲了捍衛民族尊嚴而違背基督教教義的復仇行爲的神聖性。

　　到了 30 年代，魯迅還借助基督教題材的繪畫作品，對現代中國的文藝大眾化運動闡說了自己的見解。1932 年 10 月，魯迅連續發表了《論「第三種人」》和《「連環圖畫」辯護》兩文批駁蘇汶對「左聯」所開展的文藝大眾化運動的攻擊。蘇汶在《關於「文新」與胡秋原的文藝論辯》一文中指責「左聯」作家降低文藝創作的標準，認爲「連環圖畫裏是產生不出托爾斯泰，產生不出弗羅培爾來的。」〔註 138〕

　　魯迅反駁蘇汶說，的確，在連環圖畫中是產生不出托爾斯泰和弗羅培爾（即福樓拜）來的，但是卻可能產生出米開朗琪羅和達・芬奇這樣偉大的畫家來。魯迅堅持認爲，羅馬教皇宮中的那些偉大的壁畫作品「幾乎都是《舊約》、《穌耶傳》、《聖者傳》的連環圖畫」，而米開朗琪羅的《亞當的創造》和達・芬奇的《最後的晚餐》更是其中的不朽之作〔註 139〕。在這裏，魯迅以西方美術史上的基督教題材作品爲依據，充分證明了連環圖畫這類通俗藝術不僅可能成爲藝術，而且還可能從中產生出偉大的藝術作品來。

　　以上兩節證明了魯迅與基督教文化實實在在的關聯，不過，這種求證工作的難度還不夠大，眞正困難的是揭示魯迅創作與基督教文化內在的對話關係。下文試著從兩個方面探討魯迅與基督教文化的深層關係。

三、受難者耶穌與魯迅作品犧牲者之對觀

　　通觀魯迅的整個創作歷程，可以發現他的心靈曾不止一次地爲耶穌的殉

〔註 137〕《魯迅全集》第 1 卷，第 95 頁。
〔註 138〕《現代》第 1 卷第 3 期，1932 年 7 月。
〔註 139〕《魯迅全集》第 4 卷，第 446 頁。

道事件所打動，以至於他的作品中一再出現著耶穌受難的情景。

　　據不完全統計，耶穌受難的場面在魯迅作品中至少出現了 5 次，這些作品分別是：《寸鐵》（1919 年 8 月 12 日發表）、《暴君的臣民》（1919 年 11 月 1 日發表）、《復仇》（二）（1924 年 12 月 23 日作）、《「意表之外」》（1927 年 10 月 22 日發表）、《〈小彼得〉譯本序》（1929 年 9 月 15 日作）。此外，魯迅在 1930 年 4 月 30 日曾收藏德國藝術家塔爾曼創作的木刻畫《耶穌受難》一冊。

　　據《聖經‧新約》載，耶穌是帶著上帝的使命來到人間傳播天國的福音和拯救人類的，而以色列人卻背棄了他們的恩人耶穌並把他交給了羅馬巡撫（總督）彼特拉多，最後，耶穌被釘死在十字架上。長期以來，耶穌這種為了拯救百姓而忍辱負垢甚至不惜獻出自己生命的崇高犧牲精神深深地震撼著魯迅的內心世界，魯迅通過自己的文學創作，與基督教文化開展了某種對話。這對話關係清晰地呈現在上面所提及的《寸鐵》等 5 篇作品裏，其中的《復仇》（二）最能顯示出魯迅在對話中的獨立性和創造性。

　　《復仇》（二）所描寫的耶穌受難經過基本上是以《聖經‧新約》中的《馬可福音》的記載為依據。在此基礎上，魯迅進行了創造性的發揮。首先，魯迅精微地傳達了耶穌受難時複雜的心理活動：一方面，仁愛的耶穌為以色列人感到莫大的悲哀，因為他們竟然竭力要求羅馬巡撫處死來拯救世人的「神之子」，耶穌知道上帝必定會把這筆債算在以色列人及其子孫身上的；唯其如此，另一方面，耶穌又暗暗地感到莫大的歡喜，因為這些殘害他的以色列人的災難快要降臨了。

　　其次，魯迅對耶穌命運結局的處理比《馬可福音》的敘述更具有悲劇效果。據《馬可福音》記載，耶穌死後的第三天，上帝就讓他這位「獨生子」復活昇天回到了自己的身邊〔註 140〕；而魯迅卻認為是上帝遺棄了耶穌，耶穌並非是「神之子」，而是「人之子」，他並沒有復活，而是痛苦地永久死去。魯迅對耶穌之死的處理，一方面是為了顯示以色列人和羅馬統治者的殘忍，因為釘殺「人之子」比釘殺「神之子」更加充滿血腥氣；同時，這種處理方式也強化了耶穌之死的悲劇意味。如果說《馬可福音》能夠使世人在耶穌復活的神話中寄寓一點他們對來世的希望，魯迅則是要把世人這點可憐的希望

〔註 140〕　《新約‧聖經》，臺灣迦密印刷有限公司，1987 年版，第 174～175 頁（版本下同）。

擊碎，讓人們睜開雙眼正視鮮血淋漓的現實人生。這種處理方式還表明魯迅不可能成為一個迷狂的宗教信徒，他只是一個冷眼直面人間世界的清醒的現實主義者。

魯迅另一些作品人物形象的雖不能說直接承受了耶穌受難故事的啓發，然而它們的內在精神卻有相通之處。散文《頹敗線的顫動》敍述的是一位女性受難的故事。全文由兩個夢的片斷連綴而成，第一個片斷敍寫一位年輕貧窮的母親爲了養活嗷嗷待哺兩歲小女兒，帶著強烈的羞辱和痛苦出賣自己瘦弱的身體，同時，她在這種犧牲自己以撫育女兒的皮肉生涯中也多少感到一些欣慰。夢境的第二個片斷承接著上一個片斷，時間已是好些年之後了，那位受辱的母親已經把女兒養大，並爲她成了家，而自己卻成了一位枯乾垂老的女人。按理，老人的女兒、女婿應該好好奉養她才是人之常情，可是，他們卻認爲老母親過去不光彩的經歷會連累了他們的孩子，因而不斷地向老母親傾泄怨恨和鄙視。深夜裏，這位爲女兒受盡屈辱卻遭唾棄的老婦人默默地打開家門，走向無邊無際的荒野，在蒼天下發抖著，痙攣著……正像耶穌那樣，這位老婦人也被她全身心地愛著的親人冷酷地拋棄了。

最值得關注的是夏瑜與耶穌共有的先驅者的悲劇。魯迅小說《藥》裏的主人公夏瑜和耶穌具有基本相同的精神內涵，即他們都是爲了拯救蒙昧的百姓卻反而被百姓聯合統治者所害的悲劇型先知。我們甚至驚奇地發現，魯迅的《藥》所描寫的夏瑜之死與《馬可福音》所載的耶穌之死兩者之間有著相同的故事結構，即它們都呈現爲：

由親人出賣被捕──受折磨──被殘害──探墳──顯靈 5 個情節發展序列。可以就《藥》與《馬太福音》描寫兩位先知悲劇的情節發展序列做如下比較分析〔註 141〕：

序列 I.由親人出賣而被捕：耶穌因門徒猶大的出賣而被猶太貴族逮捕，接著又被轉送到羅馬統治者手中。夏瑜則是由他的同族伯父夏三爺向官府告發而被投入監獄。從告密中，猶大得了 30 塊銀幣，而夏三爺也收到了 25 兩賞銀。

序列 II. 被捕後飽受毒打：牢頭紅眼睛阿義因取索財物不成而狠狠地搋了夏瑜「兩個嘴巴」。耶穌被押到刑場後也受到一群士兵的殘酷折磨，他們用葦

〔註 141〕 參閱《新約・聖經》，第 162～176 頁。

子抽他，並用唾沫吐他。正像耶穌悲憫毒打他的士兵一樣，夏瑜挨打後還說紅眼睛阿義「可憐可憐」。

序列 III. 在路人的鑒賞下被殘殺：耶穌被懸掛在十字架上後，從旁邊經過的路人都紛紛辱罵他，祭司長、文士連同兩個一同受死刑的強盜都刻毒地挖苦他，在怒罵與冷嘲聲中，耶穌痛苦地死去。在即將處死夏瑜的丁字街口，也緊緊地圍著一圈又一圈的「看客」，只不過中國的「看客」不像以色列人那樣會嘲罵人，而是在一片沉寂中麻木地鑒賞著眼前的殺人「壯舉」。另一個相似的細節是：夏瑜和耶穌死後，他們的衣服都被劊子手剝光搶走。只不過中外劊子手分髒的方式又不盡相同。處決耶穌的羅馬士兵是通過拈鬮，「公平」地瓜分死者的衣服，而夏瑜的衣服則讓紅眼睛阿義一人獨吞，康大叔等別的劊子手沒分到衣服。此外，還需特別指出的是夏瑜和耶穌死後的命運出現了分野，即：耶穌死後不久就復活昇天，而夏瑜的鮮血卻被當成了治愈市民華老栓之子的癆病的「靈丹妙藥」，從這個角度來看，夏瑜的命運比耶穌要悲慘得多，也可以說魯迅比《馬可福音》的作者更深刻地揭示了先知的悲劇命運。

序列 IV. 探墳：耶穌死後不久，受過耶穌拯救的抹大拉的瑪麗（不是聖母瑪麗亞）和耶穌門徒雅各的母親瑪麗亞等人買了香膏，準備塗抹停放在墳墓中的耶穌身體。他們上墳的這一天被後人稱作「復活節」。無獨有偶，清明節那天（注意同西方「復活節」的對應關係），夏瑜的墳邊也來了兩位婦女，一位是他的老母夏四奶奶，另一位是吃過他的血（受了恩？）卻已死去的華小栓的母親華大媽。她們都是來為自己的兒子掃墓的。

序列 V. 顯靈：耶穌復活後，首次向抹大拉的瑪麗亞顯靈，並要她向他的門徒轉告他已復活的消息。夏四奶奶發現兒子墳頂上有花環後，起初以為是冤死的兒子向她顯靈，為了驗證這個「靈跡」，夏四奶奶請求兒子的魂靈驅使那只站在枯枝上的烏鴉飛到墳頂上給她看。然而夏四奶奶沒有瑪麗亞那樣的運氣，烏鴉一動也不肯動，最後向天空飛去。魯迅說夏瑜墳上的小花環是他為了「慰藉那在寂寞裏奔馳的猛士」，不恤用曲筆憑空添加而成〔註142〕。魯迅是一個無神論者，因而已死去的夏瑜不可能顯靈。他沒有像《馬可福音》的作者那樣給人們製造一個理想的「大團圓」結局，這正是魯迅作為一個現實主義作家思想深刻之所在，也是他的文學作品創造性的顯著表現。

〔註142〕《魯迅全集》第 1 卷，第 419 頁。

四、基督教懺悔與魯迅作品懺悔意識比較

借助於夏瑜受難事件，魯迅對辛亥革命一代知識分子的弱點和悲劇命運進行了深刻反思。魯迅本人正是這代知識分子的精英，因而他在思考同代人的弱點和命運的過程中，不可能把自己排斥在認識對象之外。魯迅坦率地承認在創作過程中「我的確時時解剖別人，然而更多的是更無情面地解剖我自己。」〔註143〕正是魯迅這種不斷可珂地對自我的剖析，使得他的一些作品擁有了較強烈的懺悔意識。

懺悔意識是五四作家中一種較為普遍的情感體驗，它更多的是受了西方文學啓發而形成，而西方文學裏的懺悔意識主要是源於基督教文化。五四一代年輕的知識分子在衝出了封建社會的「鐵屋子」後，一方面在歐風美雨的沐浴下，盡情地抒發著個性解放的心聲；另一方面，也有不少人漸漸看到了人性的缺陷，乃至發現了自己內心深處同樣具有人類共有的某些「醜惡」的成份，於是在一些年輕作家的筆下，原先歡暢的青春之歌就被痛切的懺悔之聲所替代。善良溫婉的基督徒冰心曾因自己的失誤而致使一隻小老鼠被狗咬死這件小事，向小朋友們作眞誠的懺悔（《寄小讀者‧通迅二》）。許地山筆下的青年知識分子容融看到世上還有許多人吃不飽、穿不暖、住不舒服，就覺得自己欠了世人無數的債，最後，他由一位「負債者」變成一位離家出走的「逃債者」，這是一種被動的懺悔方式（《空山靈雨‧債》）。郁達夫小說的主人公常常以放縱情欲的方式向僞善的社會道德挑戰，然而縱情之後往往被負疚感與犯罪感壓得喘不出氣來。郁達夫小說《沉淪》的主人公是一位極度受壓抑的青年學生，他偷看旅店老闆的女兒洗澡，同時又譴責自己的犯罪行為，從日本妓院出來後，他悔恨交加，最後投海自盡，匆匆結束了自己年輕的生命。

魯迅的懺悔同這些比他年輕一輩的作家不同，他的懺悔主要是根源於一種接近「文化原罪」的深層心理意識。

「原罪」是一個出自基督教《聖經》的宗教術語，它的本義是指人類因他們的始祖亞當、夏娃的罪惡，自出生開始，人類就有了與生俱來的罪惡。魯迅小說《狂人日記》主人公就具有強烈的原罪意識，狂人的原罪意識是基於他的祖先 4 千年的吃人罪惡歷史。儘管狂人的原罪意識不是基督教文化的產物，但是它與基督徒的原罪感具有相似的文化特徵。狂人在研究了從盤古

〔註143〕《魯迅全集》第 1 卷，第 284 頁。

開天闢地以後野蠻人的互吃，到易牙的兒子被蒸吃，到徐錫麟的心肝被炒吃，再到去年城裏一位犯人的血被吃，以及狼子村的「大惡人」被吃等等無數吃人事件之後，他終於發現中國的歷史是一部吃人的歷史，中華民族是一個吃人的種族。起初，狂人以為自己與吃人之事毫無關係，當他發現自己的大哥也參與了吃他的陰謀後才恍然大悟，原來他自己是「吃人的人的兄弟」。末了，狂人甚至覺得自己在無意中也可能吃過幾片妹妹的肉。到這時，狂人已充分意識到自己正是那具有 4 千年吃人履歷的中國文化的子孫，意識到祖先造下的罪孽早已在自己身上紮了根。最後，狂人發出了「救救孩子」的懺悔聲。

魯迅在《隨感錄三十八》中說：「昏亂的祖先，養出昏亂的子孫，正是遺傳的定理。」〔註 144〕誠然，各民族文化的「病毒」是有可能像人們身上的某些病毒一樣代代遺傳下去的。魯迅在《我們現在怎樣做父親》中指出，易卜生的劇本《群鬼》正顯示了「遺傳的可怕」（歐士華的父親因自己的放蕩把梅毒傳給了兒子），「但可怕的遺傳，並不只是梅毒；另外許多精神上體質上的缺點，也可以傳之子孫」〔註 145〕。

魯迅發覺，他身上也有我們為祖先文化留傳給他的毒素，他曾直言不諱地在通信中對一位年輕朋友說：「我自己總覺得我的靈魂裏有毒氣和鬼氣，我極憎惡他，想除去他，而不能。」〔註 146〕因為此故，魯迅異常擔心自己的那些包含了「毒氣和鬼氣」的作品會毒害讀者，尤其是毒害那些沒有多少生活閱歷的文學青年。

魯迅甚至在自己身上發掘出了作為作家、作為啟蒙者的罪惡。在《答有恒先生》一文中，魯迅說他本人也在幫助吃人者排著吃人的筵席。他舉了一個「醉蝦」的典故來說明問題，江浙一帶的人喜歡用酒和醋來澆活蝦，使之更加鮮活，吃起來更暢快。魯迅說：「我就是做這醉蝦的幫手，弄清了老實而不幸的青年的腦子和弄敏了他的感覺，使他萬一遭災時來嘗加倍的痛苦，同時給憎惡他的人們賞玩這較靈的苦痛，得到格外的享樂。」〔註 147〕要認清這一點並公開向青年們作懺悔，必然給自身帶來巨大的精神痛苦，然而，魯迅勇敢地承受了痛苦，它顯示了魯迅「靈魂的深」的特別一面。

〔註 144〕《魯迅全集》第 1 卷，第 313 頁。
〔註 145〕《魯迅全集》第 1 卷，第 134 頁。
〔註 146〕《魯迅全集》第 11 卷，第 454 頁。
〔註 147〕《魯迅全集》第 3 卷，第 454 頁。

　　另外，魯迅的《一件小事》傳達了知識分子對體力勞動者的懺悔之意。現代文學史上類似的作品還有郁達夫的《薄奠》、《春風沉醉的晚上》、以及後來延安解放區文學範疇內描寫知識分子接受工農改造的大量作品。魯迅的《阿長與〈山海經〉》、《傷逝》、《風箏》等作品也發出了作爲人之子、人之夫、人之兄的懺悔聲，只是因這兩類作品同本論題沒多大關聯，故不詳述。

第四編　民國時期世界諸國對魯迅的研究

民國時期魯迅在國外的傳播與「中國學」的現代轉型

　　從清朝末期、民國初年至今，魯迅在世界上的傳播已有百餘年的歷史〔註1〕。民國時期是世界諸國關注和研究魯迅的重要階段，魯迅的作品在這個時期被譯成法、英、俄、日、韓等國文字而開始在世界上傳播。

　　1936 年 7 月 21 日，魯迅為年輕的捷克翻譯家雅羅斯拉夫·普實克（Jaroslav Prusek 1906～1980）的《吶喊》捷克譯本作序當時，重病在身的魯迅已接近生命的終點。此時，在魯迅面前展開的世界充滿了紛爭與對抗，他想起了第一次世界大戰結束後捷克等新興國家的出現帶給他的「大歡喜」及其原因：「因為我們也是曾經被壓迫，掙扎出來的人民」；魯迅發現歡喜過

〔註1〕魯迅與周作人合譯的《域外小説集》，第 1 冊於 1909 年 3 月 2 日在日本東京神田印刷所印行，在 1909 年 5 月 1 日東京出版的《日本及日本人》雜誌第 508 期「文藝雜事」欄目上刊載了這樣一則消息：「……住在本鄉的周某，年僅二十五、六歲的中國人兄弟，大量地閱讀英、德兩國語言的歐洲作品。而且他們計劃在東京完成一本名叫《域外小説集》，約賣三十錢的書，寄回本國出售。已經出版了第一冊，當然，譯文是漢語……」（引自藤井省三著《日本介紹魯迅文學活動最早的文字》，《復旦學報》1980 年第 2 期）這是全球範圍內對中國現代史上著名的周氏兄弟文學事業最早的介紹，也是魯迅在世界上的傳播史的開端。迄今為止，世界諸國關注和研究魯迅已有 100 餘年的歷史。

後，中國與捷克等新興國家仍然是「很疏遠」，他期待著跟遠方的捷克以及其他國家的溝通；當普實克把《吶喊》譯成捷克文字後，魯迅說「這在我，實在比被譯成通行很廣的別國語言更高興」，「我想，我們兩國，雖然民族不同，地域相隔，交通又很少，但是可以互相瞭解，接近的」〔註2〕。作為翻譯家的魯迅一直致力於翻譯西歐主流文學之外的東歐、南歐「被壓迫民族」和「弱小民族」的文學作品，他也看重這些「非主流」國家對自己文學作品的譯介，這顯示了魯迅獨特的文學傳播立場：不是通過積極靠攏西方主流文學而謀取世界級作家的地位（中國現當代文學史上不乏這樣的作家），而是希望經由文學作品的互譯，達到各國民眾之間的精神交流，尤其為實現世界弱小國家與強權國家的平等地位尋找精神的盟友。

魯迅在這篇為《吶喊》捷克譯本寫的序言中提到了國家之間的「記憶」與「忘卻」的複雜關係：「我們彼此似乎都不很互相記得。但以現在一般情況而論，這並不算壞事情，現在各國的彼此念念不忘，恐怕大抵未必是為了交情太好了的緣故。」在魯迅說這番話的時候，歐洲和東亞許多國家普遍都念念不忘歷史上和現實中自己的國家與相鄰國家的恩恩怨怨，世界性的戰爭一觸即發，憂心忡忡的魯迅覺得人類如果能夠彼此相忘，至少可以避免仇恨的加深。但是魯迅深知人類不可能總是處在彼此相忘的隔絕狀態，「自然，人類最好是彼此不隔膜，相關心。然而最平正的道路，卻只有用文藝來溝通，可惜走這條路的人又少得很。」〔註3〕

可見，魯迅試圖借助文藝的「交往」功能，在各國民眾的心靈深處建構起溝通精神的橋梁。魯迅畢生致力於文學創作以改造中國的國民性從而實現中國在現代社會的轉型和發展；同時，魯迅還借助文學創作試圖把中國人的心靈世界展示在全世界民眾面前，從而實現中華民族與世界其他眾多民族經由對話達到互相理解並和睦相處的理想境界。對於魯迅的前一項工作，學術界已經給予了充分的研究；對於魯迅的思想和創作在實現中國與世界和諧對話的偉大事業中的貢獻，人們還缺乏全面的認識，學術界還沒有對這一論域給予充分的重視。

是全面地展現魯迅的思想和創作在全球範圍內傳播百年歷史的時候了。

國外對魯迅思想和創作的譯介和研究是 20 世紀中外文學交流史的重要組

〔註2〕 《魯迅全集》第 6 卷，第 524 頁。
〔註3〕 《魯迅全集》第 6 卷，第 524 頁。

成部分，魯迅的思想和作品在全世界的廣泛傳播，標誌著國外中國學（漢學）〔註4〕研究正經歷著從傳統範型向現代範型的轉變；魯迅在世界上的傳播，也是中國文化在世界上傳播的現代轉型。

在鴉片戰爭英國軍隊的大炮轟開中國封閉已久的國門之前，中國是個蒙著神秘面紗的奇異國度，她常常引發西方文人學士詩意的遐思和無窮的探索欲望。在古希臘和古羅馬，盛行著關於賽里斯人（Seres，即中國人）從樹上採集特殊的羊毛織成絲綢的神奇傳說，東方的「絲綢之國」成為激發詩人想像的觸媒。維吉爾在其《田園詩》中吟咏道：「叫我怎麼說呢？賽里斯人從他們那裏的樹葉上採集下了非常纖細的羊毛。」〔註5〕奧維德的《戀歌》深情地唱著：「怎麼？你的秀髮這樣纖細，以致不敢梳妝，如像肌膚黝黑的賽里斯人的面紗一樣。」〔註6〕

直至19世紀早期，德國大作家歌德仍然用滿貯詩意的語調談論中國人的生活：「他們還有一個特點，人和大自然是生活在一起的。你經常聽到金魚在池子裏跳躍，鳥兒在枝頭歌唱不停，白天總是陽光燦爛，夜晚也總是月白風清。」〔註7〕距離產生好奇和美感，關山和江海阻隔著東西文化的暢通傳播，這使得生活在古代的東西方國家互相把對方詩意化，「東西歷史如出一轍，都把遙遠國家當作作家理想中的王國」〔註8〕。法國的中國學家謝閣蘭（Victor Segalen）在其著作《異國情調》中對這種文化傳播中產生的「差異美學」作了闡釋，他認為一切被認識主體所熟悉的、同質的東西都不會產生美感，只

〔註4〕「漢學」在漢語語境中有雙重語義：其一是指漢儒考據訓詁之學，亦稱「樸學」，與「宋學」對稱；其二是外國人對中國學問 Sinology 的命名之譯名，Sinology 又譯作「中國學」，本專著用「中國學」來指稱國外漢學，以避免與中國傳統的「漢學」相混淆。Sinology 是由希臘文和拉丁文混合而成，它在英語中出現是在 1882 年，其含義是「關於中國事物的研究」；Sinologist（漢學家、中國學家）一詞的出現更早一些，它於 1838 年首次出現在英文文獻中。因此，大約在 1860～1880 年間，Sinology 及其派生詞彙被普遍使用，而這也正是中國學研究在國際上被認定為一門學科的時候（參閱 Herbert Frank，「In search of China: Some general remarks on the history of Europe sinology」，見 Ming Wilson and John Cayley, Europe studies China, Lodon: Han-Shan Tang Books, 1995）。
〔註5〕引自〔法〕戈岱司：《希臘拉丁作家遠東古文獻輯錄》，中華書局，1987 年版，第 2 頁。
〔註6〕引自〔法〕戈岱司：《希臘拉丁作家遠東古文獻輯錄》，第 4 頁。
〔註7〕〔德〕愛克曼：《歌德談話錄》，人民文學出版社，1978 年版，第 112 頁。
〔註8〕〔法〕布爾努瓦：《絲綢之路》，新疆人民出版社，1982 年版，第 147 頁。

有陌生的、遙遠的、異質的東西才是美的源泉〔註9〕。

以 15 世紀末哥倫布遠航爲標誌，西方進入征服世界的時代。西方列強產生了瞭解、研究東方文化的需求，東方學開始形成，中國學是東方學的重要組成部分。進入 19 世紀以後，隨著近代科技的飛速發展，中西方文化傳播的步伐日益加快。遺憾的是，西方是通過武力來傳播文化的，1840 年鴉片戰爭之後，西方列強挾堅船利炮之威闖進華夏大地，它們對中國的好感不復存在。在西方文獻中，中國社會成爲專制、殘暴的象徵，中國人成了蒙昧、邪惡的代表。薩義德用鐘擺運動原理對西方這種東方觀的巨大反差所作的描繪很是貼切：「然而幾乎無一例外的是這種過高的評價馬上被相反的評價所取代：東方一下子可悲地成了非人道、反民主、落後、野蠻等的代名詞。鐘擺從一個方向擺向另一個方向：從過高的評價一下子走向過低的評價。」〔註10〕

1814 年法國最高學術機構法蘭西學院率先開設了中國學講座，1843 年法國東方現代語學校創設漢語會話課程，1885 年巴黎大學增設了中國文化史教授席位。在英國，倫敦大學於 1836 年設立中文教授職位，牛津大學和劍橋大學則於 1876 年和 1888 年設立中國學講座。德國、荷蘭、瑞典、俄羅斯等國的中國學研究也紛紛步入專業化軌道。19 世紀中期以後，歐洲國家的主要大學紛紛設立中國學講座和教授席位，建起了專門的中國學研究機構，擁有了一批在大學任教的職業化中國學家。至此，中國學在西方成爲一門獨立的學科。19 世紀的西方是自然科學獲得大發展的時代，科學主義也滲透到了中國學研究領域，對古代中國器物的精細考證，對古漢語音韻學所作的分析是當時中國學研究中成果最爲卓著的領域。19 世紀西方中國學還出現了用西方思想範疇來闡釋中國問題的傾向，在西方的精神標尺度量下，中國文化成爲蒙昧、野蠻、邪惡的代表。

20 世紀早期的第一次世界大戰給人類文化帶來的災難性後果，動搖了那些天真地把西方文化視作世界文化中心的學者的信心，他們開始反省自己面對非西方文化的「主人」心態，並試圖與非西方文化開展廣泛的對話。第二次世界大戰後，原屬西方殖民地的國家紛紛獲得獨立，國際政治力量的對比

〔註 9〕 引自秦海鷹：《重寫神話──謝閣蘭與〈桃花源記〉》，樂黛雲、張輝主編：《文化傳遞與文學形象》，北京大學出版社，1999 年版，第 260 頁。

〔註10〕 〔美〕愛德華．W.薩義德：《東方學》，三聯書店，1999 年版，第 194 頁。

迫使西方國家調整自己與第三世界國家的關係。在這樣的時代語境下，西方中國學研究發生了重大的轉型。對此，法國著名中國學家戴密微對 19 世紀西方中國學作了反思，並指出了該學科在 20 世紀的轉變：學者們「由於缺乏哲學和美學方面的好奇心，忽視了文學作品；當然歐洲人的優越感爲語言文學的比較設置了障礙，這是 19 世紀的特點。後來 20 世紀的兩次大戰動搖了我們以往所有的傳統，對中國採取了一種新的態度」〔註11〕。

　　民國時期西方中國學的轉型具體表現爲：一、研究對象從古代經籍和器物轉向現代中國問題；二、研究範圍從著重語言學、考古學領域轉向文學、歷史、社會、政治、經濟等領域；三、研究方法從以往經院式的考據轉向到中國進行實地考察，並注意與中國本土學者開展交流和對話〔註12〕。

　　在國外中國學轉型的過程中，魯迅橫空出現在現代中國的地平線上，這位中國現代文化崑崙的崛起吸引了國外中國學界的目光，他的文學作品成爲中國現代文化向世界傳播的主體內容。魯迅思想及其文學作品進入現代國外中國學後，爲這一學科帶來的絕不僅是研究素材量的增加，而是質的變化，確切地說，魯迅在現代國外中國學中出現並得到比較深入的研究，是該學科由傳統向現代轉型的最重要的標誌之一。

　　民國時期在魯迅的作品向世界傳播的過程中，一些歐洲的中國學家敏銳地把握到了魯迅思想和文本的獨特性，並使之成爲自己的翻譯和研究對象。1925 年 6 月，俄蘇中國學專家瓦西里耶夫（B. A. Vassilev，中文名爲王希禮）寫給中國作家曹靖華的信件《一個俄國的中國文學研究者對於〈吶喊〉的觀察》透露了這方面的信息：瓦西里耶夫告訴友人曹靖華，他以前在俄國的大學所研究的中國古代文學作品描寫的都是貴族階級的生活，根本無法從其中瞭解中國國民的生活和心靈，但魯迅的《吶喊》使他有了新發現：

　　　　他的取材——事實都很平常，都是從前的作家所不注意的，待到他
　　　　描寫出來，卻十分的深刻生動，一個個人物的個性都活躍起在紙上
　　　　了！他寫的又非常詼諧，可是那般痛的熱淚，已經在那紙的背後透
　　　　過來了！他不只是一個中國的作家，他是一個世界的作家！〔註13〕

〔註11〕　〔法〕戴密微：《法國漢學研究史概述》，中國文化研究漢學書系《漢學研究》
　　　　　第 1 集，中國和平出版社，1996 年版，第 38～39 頁。
〔註12〕　參閱李明：《北歐漢學研究的現代轉向》，中國文化研究漢學書系《漢學研究》
　　　　　第 5 集，中華書局，2000 年版，第 68、78 頁。
〔註13〕　載 1925 年 6 月 16 日《京報副刊・民眾文藝》。

瓦西里耶夫提供的只是一封普通的私人信件，但它揭示了俄蘇乃至整個歐洲中國學的轉型：一些中國學家對不能夠表現中國大眾生活的古典文學產生了不滿，他們把研究視野轉向了以魯迅的作品為代表的中國現代文學；魯迅等中國現代作家的創作植根於中國現實的土壤，反映著民眾的生活，正是這種文學的「現實性」吸引著中國學家的目光，並使他們投入到對中國現實社會和現代文學的研究事業中來。

　　捷克中國文學研究專家雅羅斯拉夫·普實克的學術轉變也耐人尋味。1932 年秋，普實克來到中國，在北京學習漢語兩年。普實克在 50 年代寫的《回首當年憶魯迅》一文中說，當時他在中國籍友人的推薦下開始接觸魯迅的作品，從此，原本準備來中國從事中國歷史和中國古典小說研究的他對魯迅的創作及整個中國新文學發生強烈的興趣，並改變了他的學術道路。他回憶說：「魯迅的著作不僅為我打開了一條理解新的中國文學和文化的道路，並且使我理解了它整個的發展過程」，「魯迅對於我來說是一扇通向中國生活之頁——中國的新文學、舊詩歌與歷史等等——的大門」〔註 14〕。

　　在 20 世紀早期世界各國的中國學界，像瓦西里耶夫、普實克這樣因為渴求瞭解現實的中國而告別中國古典文學（文化）研究，走向中國現代文學（文化）探索的學者為數不會太少。正是魯迅在文學創作中顯示的非凡的創造力，改變了許多中國學家原以為中國新文學不值得研究的看法，轉而把以魯迅為代表的中國現代文學作為自己的學術探討對象。

　　魯迅思想和作品在世界上的廣泛傳播與國外魯迅研究的持續展開充分表明，在民國時期國外中國學已經從過去以古典中國文化為研究對象，走向中國古典文化和現代文化並重的學術之路，在 19 世紀後期形成並延續到五四時期的中西文化「單向交流」（從西方到中國），開始變為「雙向交流」（中西雙方「互通有無」）。

　　魯迅在世界上的傳播已成為現代中國學史上的重要研究對象，民國時期的學術界早已有人開始研究魯迅思想和作品的傳播狀況。戈寶權先生是這個領域的拓荒者，他早在 1946 年就撰寫了《魯迅的作品在國外》一文，介紹了魯迅作品的英語、法語、俄語、日語和其他外語的譯本，呈現了 20 年代中期到 40 年代中期魯迅在世界上傳播的基本狀況。戈寶權的文章提到蘇聯著名學

〔註 14〕　〔捷克〕普實克：《回首當年憶魯迅》，載 1956 年 11 月 17 日上海《解放日報》。

者費德林在當時寫的關於魯迅文藝創作風格的論文中說，魯迅的很多作品已經被譯成多種外國文字，「魯迅的創作也已經成為一個國際的要素」〔註15〕。這表明，從民國後期開始，魯迅思想和作品在世界上已經獲得比較廣泛的影響，魯迅已經被當做世界性的作家看待。

民國時期歐美國家的魯迅翻譯和研究

魯迅及其作品進入西方人的視野是 20 世紀 20 年代中後期的事。當時，給歐洲帶來毀滅性影響的第一次世界剛結束不久，歐美知識界開始反思西方文明的種種弊端，一些有識之士還開始檢討以往一個世紀西方對非西方文明居高臨下的主子態度，嘗試以平等的眼光觀照非西方文明形態。此外，國際政治格局也發生了某些有利於中國的變化。作為第一次世界大戰「戰勝國」的中國，雖然在戰後的利益分配中沒有得到實質性的好處，但至少獲得了與歐美國家對話的機會，西方列強逐步改變了鴉片戰爭尤其是庚子事變以來毫不掩飾的對中國公然的蔑視態度。在這樣的語境中，中西文學交流領域出現了一些新的氣象，西方對中國文學的關注由過去的只關注古典文學，轉向古典文學和現代文學並重的研究格局，其中魯迅就是最受西方學者關注的中國現代作家。

魯迅作品最早的西方文字譯本是梁社乾翻譯的《阿 Q 正傳》英文譯本。梁社乾（1889～？）祖籍廣東新會，生於美國，精通英語，從 1925 年 5 月起與魯迅通過 10 多封信，商討《阿 Q 正傳》譯事，得到魯迅的許多幫助。1926年梁社乾翻譯的《阿 Q 正傳》英文版由商務印書館印行，魯迅在 12 月 11 日的日記中記錄了他收到梁社乾 6 本贈書的情況〔註16〕。

魯迅作品的第一個法文譯本出自敬隱漁之手，也在 1926 年面世。敬隱漁（1902～1931）是法國里昂中法大學的中國留學生，1926 年五、六月，他翻譯的《阿 Q 正傳》經法國大作家羅曼・羅蘭介紹，在著名的刊物《歐羅巴》第 41 期、42 期發表。1929 年，敬隱漁把他翻譯的《阿 Q 正傳》會同《孔乙己》、《故鄉》收進他翻譯、編輯的《中國當代短篇小說家作品選》，在巴黎出版。

〔註15〕　戈寶權：《魯迅的作品在國外》，載 1946 年 11 月 2 日上海《世界知識》（月刊）第 14 卷第 11 期。

〔註16〕　《魯迅全集》第 14 卷，第 627 頁。

隨後，英國人 E．米爾斯將敬隱漁這部作品選轉譯成英文，改名爲《阿 Q 的悲劇及其他當代中國短篇小說》，於 1930 年在倫敦的 G．老特利奇公司出版，1931 年，美國也出版了這部作品集。1932 年，魯迅的《藥》由喬治·A·肯尼迪翻譯，刊載在上海的英文刊物《中國論壇》第 1 卷第 5 期上。在魯迅生前，上海的外文報刊登載過魯迅作品譯文的還有英文刊物《中國呼聲》、《大陸周刊》、《民眾論壇》等，法文報紙有《上海日報》等，在美國出版的《新群眾》、《亞洲》、《小說雜誌》和《今日中國》等也刊登了由斯諾、伊羅生、王際眞等翻譯的魯迅作品譯文。

美國記者埃德加·斯諾（1905～1972）1933 年與魯迅結識，並開始翻譯魯迅的小說，1935 年 2 月姚克翻譯的《藥》和斯諾爲英譯本作的序言一起刊登在紐約《亞洲》雜誌第 35 期上，1936 年斯諾與姚克聯手譯出《風箏》，發表在《亞洲》雜誌第 36 期上。1936 年 10 月，斯諾翻譯、編輯的《活的中國──現代中國短篇小說選》在倫敦的哈拉普書局出版，該書第一部分收錄了魯迅的《藥》、《一件小事》、《孔乙己》、《祝福》、《風箏》、《離婚》6 篇作品。美國記者伊羅生（Harold Robert Isaacs 1910～）也是魯迅的友人，他翻譯的《風波》登在 1935 年 9 月紐約出版的《小說雜誌》上。

三、四十年代在美國高校任教的華裔學者王際眞也是當時魯迅作品的主要譯者，他翻譯的《阿 Q 正傳》於 1935 年在紐約的《今日中國》月刊第 2 卷第 2～4 期連載。後來王際眞又翻譯了 10 篇魯迅小說，它們是：《在酒樓上》、《離婚》、《頭髮的故事》、《狂人日記》、《故鄉》、《肥皂》、《祝福》、《傷逝》、《孤獨者》、《風波》，陸續在紐約的《遠東雜誌》和上海的《天下月刊》發表。1941 年，王際眞把這 11 篇譯作結集爲《阿 Q 及其他──魯迅小說選》，在美國哥倫比亞大學出版社出版。王際眞還譯有《現代中國小說選》（哥倫比亞大學出版社 1944 年版），內收魯迅的《端午節》和《示眾》。王際眞共譯有魯迅小說 13 篇，成爲本時期西方世界翻譯魯迅作品最多的譯者之一。

魯迅作品的德譯本面世比較晚，據學者戈寶權查證，廖馥君曾經在 1928 年用德文譯過《阿 Q 正傳》，但一直沒有出版。1947 年，約瑟夫·卡爾邁爾翻譯的《祝福》在瑞士蘇黎世面世，這是最早公開印行的德譯魯迅作品。1946 年，斯諾編譯的《活的中國》轉譯爲丹麥文在哥本哈根出版，這是魯迅作品首次被譯成丹麥文。

從目前掌握的資料看，歐美各國人士中最早著手研究魯迅的是巴特勒特

（R. M. Bartlett）。1926 年 6 月中旬，當時在北京大學教授西洋文學和哲學的巴特勒特訪問了魯迅，1927 年 10 月，他的《新中國的思想界領袖魯迅》一文在美國的《當代歷史》第 10 期上發表。文章稱魯迅是「中國最有名的小說家」、「現代中國的寫實大家和短篇小說的名手」。文章介紹了魯迅對俄國文化和文學的看法：「我覺得俄國文化比其他外洋文化都要豐富」，「中俄兩國間好像有一種不期然的關係，他們的文化和經驗好像有一種共同的關係」，「俄國文學作品已經譯成中文的，比任何其他外國作品都多，並且對於現代中國的影響最大」。巴特勒特在文章的最後從思想史角度對魯迅的重要性進行了評析：

> 他是一個天生急進派，一無所懼的批評家和諷刺家，有獨立的精神，並且是民主化的。他用普通話寫作品。他是一切迷信的死敵人，篤信科學，鼓吹新思想。他曾對我說：「孔教和佛教都已經死亡，永不會復活了。我不信上帝，只相信科學和道德。中國人本和宗教無緣，所以再也不會信仰它，中國人今日最大的毛病是懶，他們一旦努力起來，內戰馬上就會停止，那時中國也就強盛。工作和科學二者是中國的救星。〔註17〕

巴特勒特在文章中還介紹了《阿 Q 正傳》在國外的影響，以及法國文壇巨匠羅曼・羅蘭對它的高度評價。說起羅曼・羅蘭對《阿 Q 正傳》的評價，必然要講到他的評價在中國文壇引起的一段公案。

1926 年 2 月 20 日，魯迅收到敬隱漁的來信，被告知說羅曼・羅蘭即將把他翻譯的《阿 Q 正傳》推薦到《歐羅巴》雜誌發表，敬隱漁的來信轉述了羅曼・羅蘭對這篇作品的評價：「……阿 Q 傳是高超的藝術底作品，其證據是在讀第二次比讀第一次更覺得好。這可憐的阿 Q 底慘象遂留在記憶裏了……」羅曼・羅蘭的看法是在寫給敬隱漁的信中表達的，敬隱漁告訴魯迅說羅曼・羅蘭給他的信件已經寄給創造社了〔註18〕。作為創造社成員的敬隱漁本想在創造社的刊物上公開羅曼・羅蘭寫給他的信，但此信一直未能發表。

1926 年 3 月 2 日，柏生發表《羅曼・羅蘭評魯迅》一文，文中引用了全飛的法國來信，全飛自稱是敬隱漁的同學，他介紹了羅曼・羅蘭對《阿 Q 正

〔註17〕　譯文載 1927 年 10 月《當代》雜誌第 1 卷第 1 編（石孚譯）。
〔註18〕　《敬隱漁致魯迅》，北京魯迅博物館魯迅研究室編《魯迅研究資料》第 12 輯，天津人民出版社，1983 年版，第 28 頁。

傳》的評價，與敬隱漁寫給魯迅信中的評價基本一致。全飛還認為敬隱漁「中文不甚好」，故他譯的《阿Q正傳》「恐與原意有許多不合處」；全飛還說敬隱漁「同時譯了一篇郭沫若的東西，羅曼・羅蘭謙虛地說他不曉得好處」〔註19〕。敬隱漁看了全飛的文章後很生氣，他寫了《讀了〈羅曼・羅蘭評魯迅〉以後》，聲稱他從來沒有過名叫全飛的同學，全飛對他的譯文的看法，以及所謂羅曼・羅蘭對郭沫若文章的評價都是捏造的〔註20〕。

　　1932年4月，增田涉的《魯迅傳》在日本《改造》雜誌刊載，文中提及創造社扣壓羅曼・羅蘭評論《阿Q正傳》信件之事。1933年12月19日，魯迅在致姚克信中說：「羅蘭的評語，我想將永遠找不到。據譯者敬隱漁說，那是一封信，他便寄給創造社——他久在法國，不知道這社是很討厭我的——請他們發表，而從此就永無下落。這事已經太久，無可查考，我以為索性不要搜尋了。」〔註21〕1935年，郭沫若寫了《〈魯迅傳〉的謬誤》，批駁增田涉的說法，認為創造社從來沒有收到增田涉所謂的羅蘭對《阿Q正傳》「那篇歷史的批評的文字」〔註22〕。也許是增田涉表達不夠清楚，其實他所說的羅蘭對魯迅的評價，應該指的是羅蘭寫給敬隱漁信中的評語，並非羅蘭專門寫給魯迅的評論或信件。

　　魯迅去世後，郭沫若寫了《弔魯迅》，除對魯迅的逝世表示哀悼外，他又重提羅曼・羅蘭評語公案，他說社會上有一種流言，「說羅曼・羅蘭寄創造社轉交給魯迅之贊頌《阿Q正傳》的信，被創造社沒收了；這更是不可思議的」〔註23〕。社會上的確有郭沫若所說的傳言，許壽裳1947年在其《亡友魯迅印象記》中甚至說魯迅親自告訴他：羅曼・羅蘭「寫了一封給我的信託創造社轉致，而我沒有收到。因為那時創造社對我筆戰正酣，任意攻擊，便把這封信抹煞了。」〔註24〕

　　許壽裳是魯迅的摯友，他的回憶錄被當作魯迅傳記資料中的權威作品，但在具體的羅曼・羅蘭評價《阿Q正傳》問題上，許壽裳的回憶可能有誤，

〔註19〕　載1926年3月2日《京報副刊》。
〔註20〕　載1926年11月《洪水》（半月刊）第2卷第5期。
〔註21〕　《魯迅全集》第12卷，第296頁。
〔註22〕　載1935年2月1日《臺灣文藝》第2卷第2號。
〔註23〕　載1936年12月《文學與生活》（月刊）第3卷第2期。
〔註24〕　載1947年《人間世》復刊第6號，見許壽裳著《亡友魯迅印象記》，人民文學出版社，1953年版，第53頁。

從現有材料來看，魯迅本人並未說過羅蘭給他寫過親筆信，他 1933 年 12 月 19 日寫給姚克的信說得比較明確，即羅蘭的評語是在羅蘭寫給敬隱漁的信中出現的，郭沫若應該以這封信爲準判斷是非；而且敬隱漁把此信寄給創造社，是希望創造社的刊物能夠刊載，並不是託創造社轉寄給魯迅。但郭沫若過於計較「傳說」，他看了許壽裳的文章後，寫了《一封信的問題》，對許壽裳的回憶、增田涉的傳記，以及魯迅寫給姚克的信進行反駁，他說敬隱漁回國後是發了狂，他言下之意是敬隱漁告訴魯迅有關羅曼・羅蘭評語的事不可靠。敬隱漁後來發瘋是事實，但他與魯迅通信時是清醒的也屬無疑。不管怎樣辯護，創造社扣發那封對《阿 Q 正傳》有所評論的羅曼・羅蘭寫給敬隱漁的信應是基本的事實。

　　這段公案發生在三、四十年代，到 80 年代所有的當事人都已作古，但魯迅研究者和郭沫若研究者還不時有人重說這段往事，甚至相互之間還有論爭。1981 年，法國文學研究專家羅大岡從羅曼・羅蘭夫人處獲得一封羅蘭的珍貴信件，這是羅蘭向《歐羅巴》月刊編輯巴查爾什特推薦敬隱漁翻譯的《阿 Q 正傳》的信件，發信日期是 1926 年 1 月 12 日，羅蘭在信中說：

> 我手中有一篇不長的故事（較長的短篇小說）的稿子，是當前中國最優秀的小說家之一寫的，由我的《約翰・克利斯朵夫》的青年中國譯者敬隱漁譯成法語。這是鄉村中的一個窮極無聊的傢夥的故事。……這篇故事的現實主義乍一看好似平淡無奇。可是，接著你就發現其中含有辛辣的幽默。讀完之後，你會很驚異地察覺，這個可悲可笑的傢夥再也離不開你，你已經對他依依不捨。〔註25〕

羅蘭在這封信中對《阿 Q 正傳》的評價與敬隱漁 1926 年致魯迅信中提到的評語相當接近，而且敬隱漁是在 1 月 24 日致信魯迅的，也與羅蘭寫給《歐羅巴》編輯的信相承接，這一切都證明羅蘭曾經在給敬隱漁的信中對《阿 Q 正傳》作過評價，而敬隱漁又把此信寄給創造社之事是可靠的。

　　如今，是非曲直已經比較清晰，回望這段文壇公案，覺得有一點值得回味：就是爭辯的雙方都很看重那封涉及對《阿 Q 正傳》評價的羅曼羅蘭的信件，儘管郭沫若等人是不承認這封信存在的。民國時期的中國在國際舞臺上是個弱者形象，能夠得到世界上最主要的國家之一的法國文化界的肯定，能夠得到該國大文豪的好評，似乎中國文學就眞正在世界舞臺佔有一席之地

〔註25〕　見羅大岡：《羅曼・羅蘭評〈阿 Q 正傳〉》，載 1982 年 2 月 24 日《人民日報》。

了，這裏面是否包含著作爲「弱者」的焦慮和自卑呢？倒是魯迅本人的態度值得關注，他對羅曼羅蘭評價當然是欣喜的，但那是獲得知音的欣喜；他沒有拿羅蘭的評價來自炫，他沒有借外人擡高自己的虛榮和自卑，他謝絕瑞典學者斯文‧赫定提名他作爲諾貝爾文學獎候選人的好意，就是擔心萬一自己獲獎了會助長國人的虛驕心理而忘記革故鼎新的事業。

進入 30 年代後，斯諾和史沫特萊兩位來自美國的記者對魯迅的介紹擴大了魯迅在歐美世界的影響。1928 年，年僅 23 歲的斯諾以記者的身份來到中國，他當時像多數西方冒險家一樣，試圖在中國尋訪「東方的魅力」；但隨著在中國各地深入接觸中國民眾的苦難生活，他拋棄了原先的浪漫幻想，開始向西方世界介紹中國多災多難的社會現實。斯諾在與魯迅、林語堂等作家的交往中發現，西方的中國學家對中國現代文學的輕視是由他們自身的偏見造成的，他決定投入到中國現代文學的譯介事業中去，他們夫婦兩人用 5 年時間編輯、翻譯《活的中國──現代中國短篇小說選集》，並撰寫了數篇關於魯迅文學創作的論文。

斯諾撰寫的第一篇研究魯迅的論文爲《魯迅──白話大師》，於 1935 年 1月刊登在美國的《亞洲》雜誌上，後來斯諾對此文作了修改，命名爲《魯迅評傳》，作爲《活的中國》一書的序言刊行。此文對魯迅的思想歷程和作品的藝術追求的闡釋都時有新見閃現。斯諾從魯迅的眼睛切入魯迅的精神世界，他從魯迅那雙「深陷在黑眉毛下的眼睛」，感受到魯迅「幽默的意趣、同情心、激情、哲理、對信仰的眞誠」。斯諾把魯迅與五四新文化先驅者進行了對比，他認爲其他先驅者會隨著年齡的增長而趨於保守，魯迅卻變成了「激進論者」。斯諾認爲魯迅經歷了從懷疑的悲觀主義者向著有信仰的人轉變的思想道路。可貴的是，斯諾沒有把魯迅與政治的關係簡單化，他認爲魯迅參加了無產階級革命文學運動，但並不是眞正的無產階級作家，他還獨具慧眼地作了這樣的辨析：

> 但是魯迅像高爾基一樣，對社會、文化領域的革命往往比之政治革命更爲熟悉。在生活和工作方面，他本質上仍然是個人主義者。他對社會主義國家的信仰，是基於他對無知識的群眾的經濟和精神需要的深刻的個人實感，而不是基於他對辯證唯物主義的任何學究式的研究。〔註26〕

〔註26〕 埃德加‧斯諾：《魯迅──白話大師》，載西北大學魯迅研究室編《魯迅研究

斯諾對魯迅作品的藝術性有過比較肯切的分析，他指出，魯迅「嘲笑爲藝術而藝術，他認爲只有爲了宣傳使命，寫作才有價值」;「但是，不管魯迅的意願如何，他的許多作品卻是藝術」,「如果現代中國有何種創作稱得起偉大藝術的話，那麼，魯迅的作品就是這樣的偉大藝術」。斯諾具體分析道,「魯迅的大多數小說似乎結構鬆散，從西方觀點看，情節很粗略，其中很多只是人物描繪」，魯迅「作品的巨大魅力在於他的風格，而翻譯者要把這種風格轉譯出來是徒勞的」。斯諾也對魯迅作品的美學特徵進行了指認，他認爲「在魯迅幾乎所有作品中都突出了他那『笑』的天才，他那雅典式幽默持平於歡樂與悲哀之間」,「這是中國別具一格的，決非外國作家所能完全領悟」。斯諾大膽預言「魯迅肯定會在外國馳名」，那是魯迅在歐美世界還沒有產生什麼影響的30 年代，斯諾發出這樣的預言是需要點勇氣的。在世界文學背景下觀照魯迅，就必定要講到外國文學對魯迅的影響，斯諾指出:「魯迅雖很受西方文學的影響，但是，他寫得很透徹、優雅、自然、逼眞、有力，是地地道道的中國風格。這就是魯迅與許多單純模仿西方技巧的人不同之處。」斯諾在《魯迅——白話大師》的注釋中補充說,「魯迅保持了他所處環境的鮮明特性」,「他的每一部作品，都是他對變革中的中國所感受到的主觀印象構思而成」〔註27〕。

　　西方知識界在 20 世紀前期對中國所採取的態度雖然不同於 19 世紀的蔑視態度，但「歐洲中心論」的文化立場仍然比較根深蒂固，不少中國學家都普遍認爲，中國現代文學（文化）是西方文學（文化）的影響的產物;斯諾雖然也承認西方文學對魯迅的影響，但他提醒大家不要放大這種影響，他更強調魯迅作品的本土特性，這的確是獨具慧眼的見識。

　　魯迅去世後，斯諾的《中國的伏爾泰——一個異邦人的贊辭》在《大公報》上發表，文章指出:「魯迅是現代中國文壇一個重要的人物，他是可以比擬於:蘇俄的高爾基;法國革命時的伏爾泰;羅曼·羅蘭;今日之 A·紀德等幾個僅有的，在民族史上佔有光榮一頁的偉大作家。」斯諾在文章裏還對魯迅與伏爾泰作了具體的對照:

　　　　像伏爾泰寫他的「戇第達」(Candide) 的動機，是爲打破「定命論」
　　　　對「窮苦」的謬說——永久的「寬容」呵;魯迅也是藉著阿Q的人

　　　年刊》(1979 年)，陝西人民出版社，1979 年版。
〔註27〕同上。

生觀來諷刺中國人的「定命論」對「窮苦」「虐政」……一切環境的
不良。伏爾泰是高喊「反抗」而切恨「寬容」的。是他燃起了法國
革命。同樣的，魯迅是更努力的在激發中國大眾的情緒來反抗一切
精神上物質上，不可忍受的痛苦。……伏爾泰對於當時法國文化上
的貢獻是「集其大成」；同樣的，魯迅也在文學著作，文學批評，古
代和近代藝術上……多方面的努力。並且借翻譯及其他方法，輸灌
世界新知識給落後的中國。

斯諾在文章中對魯迅主張復仇、反對不分原則的寬容的精神指向十分讚賞，
認為「今日中國所迫切需要的，絕不是「寬容」而是大膽的「批評」，「這
正是魯迅畢生重大的任務」，「他以一支尖銳、殘酷的筆，冷嘲熱罵地撕毀
了『道學家』的假面具，針砭了一切阻礙中國民族前進、發展的封建餘毒」
〔註28〕。

　　1937 年，斯諾夫婦在北平創辦了英文版的《民主》雜誌，在這一年 6 月
發行的第 1 卷第 3 期上，斯諾發表了《向魯迅致敬》一文。文章對魯迅的精
神魅力進行了充滿詩意的描繪，斯諾回憶自己 1933 年與魯迅初次見面時發現
魯迅個子不高，可是人們與魯迅相處過程中很少會注意他的身材，而會被他
的思想所吸引：

事實是，當魯迅在場時，你會忘掉有關他身材的一切，而只注意他
那雕琢精緻的頭部曲線，剛毅的面容和眼睛裏射出的深沉的光
芒。……和魯迅在一起時，你必須仰視著去領會他那崇高的思想。
我認為魯迅確實是一個精神上的巨人。雖然他的外表很虛弱，他的
軀殼只是一張被他內心的熾熱的烈火燃燒著的褪色的羊皮紙，但他
所具有的迷人的魅力，使你無法區分出這一精神和肉體的差別。

〔註29〕

斯諾注意到中國民眾對段祺瑞、胡漢民等政界要人的死幾乎是無動於衷的，
但對魯迅的去世卻異常地悲傷。斯諾以新聞記者的筆調描繪了上海民眾給魯
迅送葬的盛大場面：「無數衣衫襤褸的男人、女人和童工——他們雙手由於在

〔註28〕 埃德加・斯諾：《中國的伏爾泰——一個異邦人的贊辭》，載 1936 年 11 月 25
　　　　日《大公報》；據學者考證，此文的執筆者是斯諾的夫人海倫・斯諾（見姚錫
　　　　佩《斯諾——魯迅眼中的明白人》，載《魯迅研究動態》1985 年第 3 期。
〔註29〕 埃德加・斯諾：《向魯迅致敬》，載西北大學魯迅研究室編《魯迅研究年刊》
　　　　（1981 年），陝西人民出版社，1985 年版。

繅絲廠、紡織廠和喧鬧的都市中昏暗的車間裏辛勤勞動變得粗糙了,他們和成千上萬雙手柔軟,受過教育的人們——作家、編輯、記者、科學家、教師以及大批虔誠的學生彙集在一起,伴隨著魯迅的遺體來到他的墓穴。」爲什麼魯迅能夠獲得大眾如此程度的尊敬呢?斯諾分析說:「窮人熱愛他,因爲他維護了他們的利益;學生熱愛他,因爲他是他們在文化知識上的良師;知識分子喜愛他卓越的領導,甚至一些銀行家也對他才氣橫溢,辛辣的筆鋒表示敬意。」除此之外,魯迅受中國民眾崇敬的原因還在於他是所處時代的代表,這樣的人是「一個民族的歷史長河中,偶爾會出現」的精英,斯諾認爲雪萊、托爾斯泰、惠特曼、馬克·吐溫、高爾基就是這樣的「所處時代的代表」。當然,斯諾認爲與其把魯迅稱作「中國的高爾基」、「中國的伏爾泰」,還不如稱他爲「中國的魯迅」更確切,「因爲魯迅這個名字本身在歷史的史冊上就佔有著光輝的一頁」〔註30〕。

對於斯諾夫婦,人們通常比較留意埃德加·斯諾,而對海倫·斯諾有所忽視。其實同樣是新聞記者的海倫在向西方世界介紹魯迅方面也作出過貢獻,她以尼姆·威爾斯的筆名撰寫的《現代中國文學運動》一文,刊載於1936年倫敦的《今日生活與文學》雜誌的第15卷第5期上,該文把魯迅作爲現代中國文學的傑出代表來介紹:「毫無疑問,魯迅是中國所產生的最重要的現代作家。他不但是一位創作家——多半是中國最好的小說家,也是一位活躍的知識界領袖,是最好的散文家及評論家之一。」文章還指出:「在一九一九年的五四運動以前,除了一些實驗性質的詩歌和新聞評論之外,幾乎沒有什麼新的創作。魯迅的《狂人日記》以及隨後發表的兩個短篇小說《孔乙巳》和《藥》是先驅。他的小說集《吶喊》(其中包括《阿 Q 正傳》)在一九二三年轟動了全國,至今仍是現代中國小說的暢銷書。他立即被稱爲中國的高爾基或契訶夫——各有各的稱法。」〔註31〕這是在英國刊物上首次出現的介紹魯迅及其創作的文章,在學術史上有較重要的價值。

在美國來華新聞記者中,艾格尼斯·史沫特萊(1890～1950)比斯諾夫婦更早結識魯迅。1928年,史沫特萊以德國《法蘭克福日報》記者身份來到中國,1929年開始與魯迅交往並成爲和魯迅過從甚密的友人。1930年初,史

〔註30〕 埃德加·斯諾:《向魯迅致敬》,載西北大學魯迅研究室編《魯迅研究年刊》
(1981年),陝西人民出版社,1985年版。
〔註31〕 張杰著:《英國魯迅研究掠影》,載《魯迅研究動態》1987年第10期。

沫特萊將自傳體小說《大地的女兒》德文版贈送給魯迅，在扉頁上寫下了「贈給魯迅，對他為了一個新的社會而生活和工作表示敬佩」的英文贈言，同年9月，她親自出面租下法租界的荷蘭餐廳作為慶祝魯迅50壽辰的活動場地。1931年，她幫助魯迅搜集、編印德國凱綏·珂勒惠支的版畫，1932年「一‧二八」事變中她頂著戰火駕車尋找魯迅及其家人，1933年她與魯迅一道加入中國民權保障同盟。

魯迅去世後，史沫特萊寫了不少紀念魯迅和闡釋魯迅作品的文章。1937年11月，她發表《追念魯迅》一文，她指出，「魯迅是中國現代作家當中唯一具有我們所謂『天才』的那種奇異而稀有的品性的人」。史沫特萊認為，「我認識魯迅已有好幾年，而他是我平生最珍貴的朋友之一」。在文章中，史沫特萊對1930年舉辦的魯迅50歲壽辰場面和魯迅的演講情況有詳盡的回憶，並回溯魯迅去世的消息傳到她正在採訪的陝北小鎮時自己掩面而哭的悲痛之狀〔註32〕。

1939年10月，史沫特萊發表《魯迅是一把劍》的文章，繼續稱讚魯迅是「中國近百年，也許是好幾百年以來所產生的僅有的文學天才」。史沫特萊認為魯迅的作品「往往像一把寶劍」，「他的觀察是那樣分明，他的作品是那樣鋒利和輝煌，他的見地是那樣革命，使我相信中國將來的史家，倘不研究他的著作，決不能真實地繪出這一偉大的歷史的時代」。史沫特萊對魯迅的學識和素養敬佩不已，她說「當我從歐洲來到中國，發現中國竟有一個對西洋文學智識這樣淵博深湛的人，我老實吃了一驚」。她覺得把魯迅稱作「中國的伏爾泰」、「中國的蕭伯納」、「中國的高爾基」都不准確，因為魯迅是「道地的中國貨色」〔註33〕。

1939年12月，史沫特萊發表《論魯迅》一文，再次重申把魯迅比作伏爾泰、高爾基「並不一定描摹出他的真正特色來」，「因為，他是太明確的了，只有中國才能產生的」，「他的作品也不能恰當地譯成任何種外國文字，一如許多外國作家，不能譯成中國的那樣」。史沫特萊注意到魯迅對西方油畫、雕刻、水彩畫、木刻等藝術都有研究，「他不僅搜集古典作品，而且搜集現代藝術家的所有各種流派的畫冊」。史沫特萊還作了這樣的比較：「說到要很領會

〔註32〕 史沫特萊：《追念魯迅》，載1937年11月《文學》月刊（上海）第9卷第4號。

〔註33〕 史沫特萊：《魯迅是一把劍》，載1939年10月《文化月刊》（安徽）第3期。

現代藝術世界的作品，我是太散文，太唯物，而且我的理解也太直線的了」；
但魯迅「卻懂得而且發現各種表現方式的興趣」。史沫特萊還聲稱，自己被魯
迅的人格「深深地感動」，「正像魯迅影響了中國人，他也同樣大大地影響了
我」〔註34〕。

　　1943 年，史沫特萊的著作《中國戰歌》出版，書中有約一萬字的篇幅記
錄了作者與魯迅的交往，以及她對魯迅思想和作品的認識。史沫特萊著墨較
多的是 1930 年舉辦的魯迅 50 壽辰招待會，她是這樣來描寫招待會的主角魯
迅的：

> 在外形結構上，他的面孔同普通的中國人的面孔一樣，但這卻是我
> 從未見過的一個富於表情的面孔而留在我的記憶裏。一種充滿生氣
> 的智慧和意識從這個面孔上流露出來。他不會講英語，但能講相當
> 多的德語，於是我們就用德語交談。他的風度，他的語言，他的每
> 一個手勢，都放射出一種完整的統一的人所具有的那種難以表達的
> 和諧與魅力。我突然感覺到自己像一個呆子似的局促不安和粗野笨
> 拙。〔註35〕

史沫特萊接著記載了生日晚宴過後來賓和魯迅的演講情況。左聯女作家馮鏗
在演講的結尾處向魯迅呼籲，「希望他成爲新的左翼作家聯盟和左翼美術家聯
盟的保護者和『導師』」。魯迅在演講中回應馮鏗說，他的創作植根於農村和
學者生活中，他「要真是裝作是一個無產階級的話，那就未免幼稚可笑了」。
魯迅認爲，沒有經歷過工人、農民生活的知識青年是不可能創作出無產階級
文學來的。當晚會臨近結束時，史沫特萊注意到一位青年人對魯迅演講中對
待無產階級文學的態度十分不滿，於是她對這位青年人表明自己完全支持魯
迅觀點的立場。史沫特萊聲稱：「我一生中對職業的知識分子的敵視，是從生
活中產生出來的。中國知識分子從來沒有做過體力勞動，他們的寫作，是一
種同經驗脫了節的職業。……他們所創作出的許多『無產階級文學』，是人工
造作的，是對於俄國文學的一種笨拙的模仿。」〔註36〕看得出，史沫特萊和
魯迅對於無產階級文學持同樣的見解，即：創作必須從實踐經驗中，而不是
從理論中產生出來的。

〔註34〕　史沫特萊：《論魯迅》，載 1939 年 12 月《刀與筆》月刊（金華）創刊號。
〔註35〕　戈寶權輯譯：《史沫特萊回憶魯迅》，載《新文學史料》1980 年第 3 期。
〔註36〕　戈寶權輯譯：《史沫特萊回憶魯迅》，載《新文學史料》1980 年第 3 期。

史沫特萊注意到魯迅的確愛護中國的有爲青年，堪稱是他們的保護者，但他是超越於各種青年派別之上的，「他拒絕在他們經常變動的聯合中爲這個派或是另一派所利用」。魯迅去世時，史沫特萊在西安郊區的舊廟裏養病，爲赴延安採訪作準備，她注意到連她所寄住的鄉村廟宇的當家人———一位沒有任何想像力的辦事人也知道魯迅的名字和著作，因此，她認爲中國當局對魯迅著作的封鎖是沒有功效的〔註37〕。

史沫特萊和斯諾夫婦對魯迅的評價都來自於他們與魯迅的近距離接觸，他們都是通過自己的親身經歷來瞭解中國、評說中國的人和事，比起以前以及他們同時代的中國學家僅把研究中國當作一種書齋學問的價值取向大爲不同。與那些學院中的中國學家力求冷靜、客觀的學術風格不同，他們的著作鎔鑄著自己的主觀體驗，顯示出對中國前途的關心，因爲在他們深入中國生活的過程中對中國和中國人產生了深厚的感情，甚至他們回到美國後個人的命運也因此而改變。

30 年代後期，向西方介紹魯迅的歐美學者和中國學者的人數有所增加。1936 年底，在燕京大學歐洲文學系任教的英國籍學者 H. E.謝迪克撰寫了《對於魯迅的評價》，作者承認，對於像他這樣的外國讀者來說，初讀魯迅作品印象最深的是魯迅文集中的畫像。謝迪克這樣敘述魯迅畫像給他帶來的感受：「在我的面前從那堅硬的頭髮和有力的下顎上，我看見一個堅定而倔強的臉孔，同時那十分誠懇的人格顯示著一種坦白的神氣。美麗的前額下，一雙眼睛發出銳利而憂鬱的光芒。是的，眼和口都表示忠誠和深摯的同情，然而那鬍髭卻像在掩飾著它們。」〔註38〕

謝迪克認爲，魯迅的個人氣質也在他的作品中顯示出來。他認爲魯迅至死都不曾「離棄過解放人民物質和精神的痛苦的鬥爭」，《狂人日記》「是一個反映吸血社會的一個寓言」。謝迪克對《阿Q正傳》作了很高的評價，認爲它的篇幅「雖然是短，可是以其藝術的深度與完整，在征服讀者上，並不亞於長篇小說和戲劇」，他認爲《阿Q正傳》「是一個預言的呼喚，暴露著一切無告的農民的痛苦」，但在藝術上，《阿Q正傳》全篇都是「用譏諷的筆調寫成的」。謝迪克繼續抒寫著他的閱讀感受：「在我所念過的魯迅的小說裏面，有

〔註37〕 戈寶權輯譯：《史沫特萊回憶魯迅》，載《新文學史料》1980 年第 3 期。

〔註38〕 H. E.謝迪克《對於魯迅的評價》，載北京魯迅博物館魯迅研究室編《魯迅研究資料》第 14 輯，天津人民出版社，1984 年版。

一種特別的對故鄉的眞情感動著我。自然，一個人描寫農村總要說到他回到老家，可是魯迅回到老家，我覺得他有一種相契的情調，一種詩人的憂鬱，使他的文章的風格特別爲人理解。同時引起人們一種『舉頭望明月，低頭思故鄉』的情緒。」最後，謝迪克總結道：「總之，魯迅給我的印象是：戰士，仁人，詩家，中國民族革命的英雄。」〔註39〕

華裔學者在向西方讀者介紹魯迅方面做了不少努力，其中在美國大學任教的王際眞尤爲値得一說，他不僅是精通英文的翻譯家，而且對魯迅作品的理解也相當精準到位。首先要提到的是王際眞撰寫的《魯迅年譜》，這是英語世界中的第一個魯迅年譜，它刊載在1939年紐約《中國學會學報》第3卷第4期上。王際眞的魯迅觀主要集中在他爲自己翻譯的《阿Q及其他——魯迅小說選》所寫的「導言」裏，該書1941年在美國哥倫比亞大學出版社出版。

王際眞在「導言」的開頭指出：「眞正理解一個國家的最好方法，無疑是通過她的文學，通過那民族遺產中最豐富、最使人開竅，最難以磨滅的文學。在魯迅的這幾篇小說中，讀者將通過中國現代最偉大的一位文學家的敏銳和透徹的目光瞥見中國。」王際眞的這番表述既是爲自己翻譯的魯迅小說選本作廣告宣傳，也是對關於文學是各民族精神遺產之精華的文化史公理的的揭示。王際眞認爲魯迅的預設讀者是中國的民衆，他並不「著意於粉飾中國的弱點或者掩蓋甚至抹殺她身上的創傷」，在他的作品中看不到「作爲阿Q主義確切標記的自我辯解和自卑感」，因爲魯迅「對中國抱有信心，而且意識到她的力量」〔註40〕。對於那些輕易把魯迅對中國民族及其文化的批判當作敗壞中國形象的指控，王際眞的這一卓見無疑是一種有力的反撥。

王際眞努力在魯迅思想中尋找中國傳統文化所缺乏的「現代性」要素，他認爲：「特別重要的是，自中國有史以來，我們首次可以從魯迅身上發現關於義憤品性和叛逆精神的最充分的體現和表達；這樣的品性和精神，我們通常認爲是歐洲人的氣質，缺少它是不可能取得自由和進步的。」王際眞認爲中國傳統文化中的容忍和退讓的精神，是使得中國屈服於異族統治的根源；

〔註39〕 H. E.謝迪克《對於魯迅的評價》，載北京魯迅博物館魯迅研究室編《魯迅研究資料》第14輯，天津人民出版社，1984年版。
〔註40〕 王際眞：《英譯本〈魯迅小說選〉導言》，載《國外中國文學研究論叢》，中國文聯出版公司，1985年版，第138～145頁。

如今在抗擊日寇的戰爭中，魯迅的義憤和叛逆精神能促進中國民族爭取自由的事業。王際眞認爲，魯迅雖然沒有與西方文明有過直接的接觸，但他「確實是西方的精神產物」，「正是西方文學中的叛逆精神激勵他喊出心靈的反抗的聲音」。王際眞具體闡釋道：

> 西方的現實主義和心理分析的小說使他認識到小說可以作爲社會批評和社會改造的一種工具。關鍵的一點在於，通過與西方人氣質的對比，他可以看到中國人性格中的弱點，並對此作了十分必要的批評。現代精神首先在像他那樣的中國人的心靈中成熟，並通過他以及與他一類的人而成爲中華民族的基本精神。在魯迅身上，這種精神表現爲對「人吃人」制度的反叛和譴責；對全體中國人民來說，它則包含在民族主義這一概念之中。〔註41〕

王際眞是以西方價值標準來觀照中國社會及其魯迅精神的，他的觀點很可能會被指責爲「歐洲中心論」的產物。但是，以東方與西方的差異作爲拒絕吸收異域文明優秀遺產的藉口是站不住腳的，因爲不管是西方文明還是東方文明都程度不同地包含著對全人類有益的「普適性」精神財富。王際眞把魯迅對吃人的專制統治的反叛和批判當作是來自西方的「現代精神」，應該不會有太大的爭議；當然，這樣的「現代精神」能否且如何成爲中華民族的基本精神倒是值得仔細斟酌。

王際眞對這部魯迅小說譯本的讀者作了預設，他說魯迅的這些作品「既不會使那些認爲中國是死去的文明古國而懷古的人感興趣，更不會打動那些把中國當作一種美好的理想而加以推崇的人們」；「這些小說是爲那些對人本身的關心遠甚於對他外部服飾的好奇的人們而翻譯的」，「他們厭煩了那種對生活作不眞實和非人格表現的中國傳統文學藝術」，「他們將把魯迅作爲中國覺醒的象徵和這個國家終會在無休止的人間戲劇中扮演一定角色的希望加以歡迎」。

王際眞對阿 Q 形象十分看重，他指出：「阿 Q 在當代中國小說中是唯一一個進入當代中國思想領域的人物。像『阿 Q 主義』、『阿 Q 邏輯』、『阿 Q 相』、『簡直就像阿 Q』等說法，已經變成活語彙的一部分，阿 Q 已成爲中國人性格中的缺陷和恥辱的象徵，也是喚起人們警惕的口令。」王際眞對魯迅

〔註41〕 王際眞：《英譯本〈魯迅小說選〉導言》，載《國外中國文學研究論叢》，中國文聯出版公司，1985 年版，第 138～145 頁。

的思想史地位作了這樣的定位：「魯迅既不是一個處心積慮的改革家，也不是追趕那個時代『潮流』的機會主義領袖。就前者而言，他過於眞心實意地追求識識；如作爲後者，則他又太講究完善的道德。他主要是一個人道主義者。」〔註42〕

王際眞這篇「導言」從多角度對魯迅及其作品作了獨到的闡釋，是本時期歐美魯迅研究中最有學術性的論文之一。1942 年，中國的青年學者王佐良撰寫了題爲《魯迅》的英語論文，發表在倫敦的《生活與文學》第 91 卷第 142 期上，向英語讀者介紹魯迅的思想和創作。

1935 年，流亡到蘇聯的德國作家約翰・貝歇爾在他擔任主編的《國際文學——德國之頁》上編發了題爲《魯迅：中國文學的殘酷性》一文向德語國家的讀者介紹魯迅。1939 年中國女學者王眞如在德國中國學家艾里希・施密特（Erich Schmitt）的指導下提交了博士學位論文《魯迅——生平及其著作：中國革命研究》，這篇學位論文在柏林大學學報刊載，在歐洲中國學界較爲廣泛地傳播〔註43〕。

1945 年，法國在華傳教士善秉仁編寫了《說部甄評》一書，該書的中文本《文藝月旦》1947 年 6 月在北平的普愛堂出版，譯者爲景明。《文藝月旦》前面有一篇 4 萬餘字的「導言」，對中國小說史、戲劇史、新文學運動及其作家作品進行了述評。善秉仁對魯迅和周作人留日時期的思想進行了考評，認爲：「在林紓少數派和梁啓超極端派之間，遠在 1910 年以前已有一個『準折中派』崛起，周樹人和周作人兩兄弟，是這一派的領導者和拓荒者。——他們想覓取一種較合中國精神的西洋化運動。」關於魯迅的革命文學觀，善秉仁也作了闡述：「魯迅所主張的，無寧是一種社會領導階層間，個體的建設的革命；而不是完全由無產階級所發動所收穫的革命。」善秉仁認爲魯迅 1930 年加入「左聯」是一種妥協，是策略的改變，但並沒有改變往日的思路和理想〔註44〕。

《文藝月旦》對魯迅的作品也有所評論，善秉仁認爲《吶喊》是魯迅的力作，其中的《阿 Q 正傳》是「民眾心理和辛辣諷刺的傑作」，善秉仁還就許

〔註42〕　王際眞：《英譯本〈魯迅小說選〉導言》，載《國外中國文學研究論叢》，第 138 ～145 頁。
〔註43〕　參閱張芸著：《魯迅在德語區》，載《魯迅研究月刊》2007 年第 1 期。
〔註44〕　參閱萬貝甫著：《一個傳教士的魯迅觀——〈文藝月旦〉中有關魯迅的言論》，載《魯迅研究月刊》1993 年第 12 期。

幸之改編的劇本《阿 Q 正傳》與魯迅的原著進行了比較，認爲劇本粗野、矜誇，有傷風化和道德。善秉仁對魯迅思想及其作品的品評不乏獨到之見，但他的傳教士身份決定了他更多地從道德教化角度思考問題，他在《文藝月旦》的序中就申明他是以「公教倫理思想」爲準繩，評價中國文學創作，並把「維護青年德性」,「重建中國道德的大業」作爲追求〔註45〕。

30 年代後期以來，西方的大眾媒體對魯迅及其創作陸續有所報導。1935年年底，一位名叫 Younghill Kangd 的作者在紐約《泰晤士報》（今譯《紐約時報》）上撰文討論中國的短篇小說，把其中一半的篇幅給予了魯迅。文章認爲,「寫短篇的現代中國作家中最偉大的一個要算魯迅」；文章對魯迅的寫作技巧也有評價：「給他以一點影響的，爲俄國作家。……就技巧來說，魯迅最接近乞呵夫」〔註46〕。國內的報紙也對這篇文章作了介紹，說是文章作者「他還說，魯迅做過乞丐」〔註47〕，看得出這位在美國主流媒體上撰文介紹魯迅的作者對魯迅的生平非常缺乏瞭解，他很可能把魯迅作品中大量出現的乞丐形象，誤以爲是魯迅的自畫像和自敘傳了。又據報導，魯迅的《阿 Q 正傳》在 1931 年由旅美華僑孫伯翰改編爲英文，不久由美國劇作家 Slson Coolo 把它改爲劇本，取名爲《阿 Q 之趣史》，1937 年，一家名爲聶格風的劇團在紐約最大的劇院——華盛頓劇院公演了這部戲劇，「賣座極盛」〔註48〕。

當然，大眾傳媒上登載的介紹性文章可能比起學術論文會缺乏應有的嚴謹性。據 1936 年國內媒體報導，法國的《世界周刊》刊登過一則魯迅的消息，稱魯迅曾經作詩敘述黃包車夫的痛苦，題名爲《咏黃包車夫》，在文章中還配發了原詩，仔細一讀才發現這位法國人誤把胡適的作品當作魯迅的了〔註49〕。儘管存在著這樣那樣的失誤，但西方的大眾傳媒能夠關注魯迅及其作品的作品，這一點有著重要的意義，它表明：魯迅及其創作已經逐漸進入大眾的視野，其傳播範圍不再局限在學院派的狹小空間之內了。

〔註45〕 參閱萬貝甫著：《一個傳教士的魯迅觀——〈文藝月旦〉中有關魯迅的言論》，載《魯迅研究月刊》1993 年第 12 期。

〔註46〕 參閱《紐約〈泰晤士報〉論魯迅》，載 1936 年 1 月 1 日《智識》（上海）第 1 卷第 3 號。

〔註47〕 《魯迅是乞丐出身》，載 1936 年 2 月 28 日《民國日報》（雲南）。

〔註48〕 參閱《〈阿 Q 正傳〉——美國劇作家改編劇本在紐約開演大受歡迎》，載 1937 年 5 月 19 日《大公報》（天津）。

〔註49〕 參閱老阿：《魯迅與杜甫在國外》，載 1936 年 8 月 22 日《東方快報》（北平）。

「竹內魯迅」的範式和特質：日本魯迅研究之一

民國時期日本的魯迅評述和研究大多散見於訪問記和隨感錄中，雖然其中有一些靈光閃現、字字珠璣的文章，但多數畢竟屬於零敲碎打的產品。竹內好的《魯迅》是自成體系的魯迅研究著作，代表了民國時期論著類成果的最高水準。

竹內好（1910～1977）20 世紀 30 年代前期就學於東京帝國大學文學部中國文學科，成為著名中國學家鹽谷溫的學生，他與增田涉、武田泰淳（1912～1976）等發起、組織「中國文學研究會」，並創辦學術刊物《中國文學月報》。竹內好雖然於 1932 年來中國旅行，但沒有像多數日本中國學家那樣去拜訪魯迅，後來也沒有與魯迅建立書信往來關係〔註 50〕，但這並不妨礙他成為最傑出的魯迅研究專家之一。從 1936 年 11 月開始發表《魯迅論》到 40 年代末，竹內好共發表 20 多篇魯迅研究論文，出版學術著作兩部，即：1944 年日本評論社出版的《魯迅》和 1949 年世界評論社出版的《魯迅雜記》〔註 51〕。

竹內好的研究旅程以青年時代的《魯迅論》為起點，以晚年續寫《魯迅雜記》和嘔心瀝血翻譯 6 卷本的《魯迅文集》為終點，在他的學術生涯中，魯迅不僅成了他的研究對象，而且為他在困境中堅持抵抗提供精神動力。在日本發動侵華戰爭期間，竹內好有過迷惘，他甚至代表中國文學研究會闡述「從全體動員的侵略戰爭中抓住亞洲解放的契機」這樣帶有迎合時勢的見解〔註 52〕；他也加入過戰時的「日本文學報國會」，但他拒絕參加軍國主義分子籌備的「大東亞文學家大會」，反對某些學者的「日本文學必須指導中國文學」的狂妄主張〔註 53〕。竹內好預感到自己有可能被徵召入伍，他懷著寫遺書的

〔註 50〕作為《中國文學月報》的編輯，竹內好曾經請友人增田涉向魯迅組稿，希望魯迅寫寫「對於日本的中國文學研究者的期望」之類的文章，魯迅並沒有如約撰稿。增田涉推測其中的原由是：或者因魯迅太忙；或者因《中國文學月報》曾經刊載認為「魯迅是陰險的」的文章，魯迅「覺得討厭」（見增田涉著，鍾敬文譯：《魯迅的印象》，湖南人民出版社，1980 年版，第 37～38 頁）。

〔註 51〕竹內好 50 年代以後陸續出版的魯迅研究著作有：《魯迅入門》（東洋書館，1953 年出版）、《新編魯迅雜記》（勁草書房，1976 年出版）、《續魯迅雜記》（勁草書房，1978 年出版）等。竹內好還譯有 6 卷本的《魯迅文集》（附解說，築摩書房，1976～1978 年出版）。

〔註 52〕竹內好：《大東亞戰爭與吾等的意見》，載 1942 年 1 月《中國文學月報》第 80 號。

〔註 53〕竹內好著，李心峰譯：《魯迅》，浙江文藝出版社，1986 年版，第 153 頁自注

心態抓緊《魯迅》的寫作。1943 年，他剛撰寫完《魯迅》不久就收到徵兵令，等此書於次年出版時他已經在軍營中。竹內好是這樣描述自己在研究中從魯迅那裏獲得的啓示：

> 在我看來，魯迅是個頑強的生活者；徹底的文學家。魯迅文學的嚴肅征服了我。特別是到了最近，我在檢省自己、眺望四周的時候，發現了以前沒有注意到的一面，許多事情撞擊著心胸。——我關心的事，不是魯迅如何變化，而是魯迅爲何沒有變化。〔註 54〕

魯迅的嚴肅和堅守姿態深深地震撼了徬徨中的竹內好，魯迅思想成爲困頓之中的竹內好的精神支點和他的思想文化批判工作的出發點——研究者與研究客體的這種「膠著」狀態，在國外魯迅研究史上是十分罕見的。由此，竹內好開創了具有鮮明主體性和思辨性的魯迅研究範式，這一範式被魯迅研究學術史命名爲「竹內魯迅」。

一、對魯迅生存、死亡與政治諸形態的嶄新界定

在《魯迅》的開篇「序章」中，竹內好論證了魯迅的生存形態與死亡意味。魯迅通常被描述成精神、文化領域的先覺者，竹內好反其道而行之，提出了魯迅是「幸存者」的命題。竹內好認爲中國現代文學經歷了文學革命、革命文學和民族主義運動 3 個時期，「每個時期，在混亂的內部鬥爭之末，都要淘汰掉大量的先覺者，僅是『文學革命』的先驅嚴復、林紓、梁啓超、王國維、章炳麟等人，在文學上，結局也都是很悲慘的。從『文學革命』以前一直到結束，幸存者只有魯迅一個。」那麼魯迅是如何「幸存」下來的呢？通常人們會說魯迅在「與時俱進」中獲取自己的生存空間；竹內好卻把魯迅描述爲以不變應對萬變的「幸存者」：

> 他不退卻；也不追隨。首先，他讓自己與時代論辯，由於「掙扎」而清洗自己，再把清洗後的自己從中脫出身來。——不過，在每一次「掙扎」中經過洗禮的他，與以前的他相比，沒有變化。對他來說，沒有所謂的思想進步。〔註 55〕

自然，魯迅與所有人一樣也經歷著時代的變化和自身由少到壯到老的變化，但國內的研究者受進化論影響太深，把「變化」都當做「進化」，於是有太多

四、自注五。
〔註 54〕竹內好著，李心峰譯：《魯迅》，第 39 頁。
〔註 55〕竹內好著，李心峰譯：《魯迅》，第 8～9 頁。

的論文和專著不厭其煩（其實是低水平重複）地論證著魯迅思想的「發展道路」。在竹內好筆下，魯迅一方面在時代變化的洪流中堅如磐石；同時又在堅守中進行著論爭。魯迅與時代論爭、與敵人論爭、與友人論爭，也在心靈深處展開著與自我的辯駁。竹內好認為，像魯迅那樣把自己18年的文學生涯花費在論爭上的作家極為罕見，他的作品大多是論爭的文字，甚至連小說（尤其是取材於神話的小說）也具有論爭性。因此，竹內好說「論爭是魯迅支持自己的文學的糧食」〔註56〕。竹內好後來又對魯迅式論爭的內涵作了相當具有哲學思辨意味的闡釋：

　　魯迅為了表白痛苦，就要尋求論爭的對手。寫小說也是由於痛苦，論爭也是由於痛苦。小說中吐不盡的痛苦，就在論爭中尋找發泄它的地方。在論爭中，他把所有階層都作為對手，也受到所有階層的嘲罵。如果有看不過去而同情的人，他對那些同情者的同情態度也要極力爭辯，他已經成了偏執狂，無法救治。但是他所反抗的實際上並不是對手，而是針對他自身中無論如何也解除不了的痛苦。他從自身中取出那種痛苦，放在對手身上。然後，他就打擊這種對象化了的痛苦。──因此，論爭在本質上是文學性的〔註57〕。

　　論爭是魯迅排解內心創痛的途徑，是魯迅的基本命運圖式，也是他文學創作的基本語式。更深刻的是，竹內好揭示了魯迅式論爭的實質：魯迅所有外在的論爭對手都是他本人內心痛苦的「對象化」，他的所有論爭最終都是自我的肉搏，都是一種「抉心自食」式的自戕。竹內好把魯迅式論爭的價值推向了一個精神的制高點，對於那些把魯迅喜好論爭當作是他氣量狹小的證明，當作是他創作生命的無謂消耗的庸常之見來說，這無疑是一個震擊：魯迅式的論爭絕不那麼鄙俗淺陋，它有著「形而上」的本體意義！

　　魯迅的死亡同樣被竹內好賦予了獨特的意味。通常的見解是：魯迅是為中華民族及其文化事業的振興操勞過度而離開人世的，魯迅在55周歲英年去世，這對於中國的文化事業是莫大的損失。「壯志未酬身先死，常使英雄淚滿襟」，魯迅的死蒙上了濃郁的悲劇色彩。竹內好在這方面卻有著驚人之見，他在《魯迅》「序章」中指出，魯迅去世前一直都是文壇的少數派，與文壇多數派一直處於論爭和對立狀態；魯迅的死使得他與文壇的緊張狀態突然終止，而且「死對於魯迅來說，不只是肉體的寧靜」，「他的死使沒有爭論的文壇出

<hr>

〔註56〕竹內好著，李心峰譯：《魯迅》，第2頁。
〔註57〕竹內好著，李心峰譯：《魯迅》，第111～112頁。

現了」，在魯迅去世後，各派文學家結束了論爭，共同追懷魯迅的遺產，因此魯迅的長眠促成了原先分裂的中國文壇的統一〔註58〕。

竹內好在《魯迅雜記》一書中進一步闡發著魯迅之死的意義，「魯迅的死正是在開拓抗日民族統一戰線的時期，如果魯迅沒有死，也許沒有那樣精彩的統一。魯迅所愛的以及愛著魯迅的青年人大聲痛哭，連魯迅的敵人也對他的死有著痛苦的茫然」。竹內好對魯迅和芥川龍之介的死進行了比較，認為兩人生前都飽受了孤獨況味，而且支撐著他們孤獨感的人間的誠實是相同的，在人間的誠實中芥川龍之介不得不選擇自殺，魯迅雖然沒有選擇自殺，但他的自然死有著不亞於芥川之死的悲壯〔註59〕。

在《魯迅》一書中，竹內好還討論了魯迅面對死亡的態度，認為晚年的魯迅「超脫了死」，「或者說他是在與死作遊戲」。魯迅去世前3年有個著名的軼聞，說他參加被國民黨特務暗殺的楊杏佛之葬禮而不帶鑰匙出門，竹內好認為這種說法有點不真實，「所謂不真實，並非事實上弄錯了的意思」，而是指「那些對事實的解釋太政治化了，把他當作了英雄」，而在竹內好看來，「魯迅並非英雄」，「他的臨終極為平凡，但是，那種平凡更使我悲痛」〔註60〕。

竹內好不主張對文學家魯迅的去世作過度的「政治化」詮釋，但並不是說魯迅與政治無涉。對於魯迅與政治的關係，竹內好在《魯迅》的第二篇「有關傳記的疑問」中作了頗為辯證的分析。竹內好認為，「魯迅的文學表現出明顯的政治性」，但魯迅「從東京時代起，他一生在本質上與政治無緣」，他「那種政治性是由拒絕政治而被賦予的政治性」；「他是用正面抵抗政治來維護文學家的態度的」，「也正因為這點，使自己變成了一個非凡的政治家」〔註61〕。

在發表於1949年的論文《作為思想家的魯迅》中，竹內好從魯迅與馬克思主義的關係闡述魯迅的政治性。他指出，「魯迅晚年由於接受了馬克思主義世界觀，擺脫了早期尼采主義的影響；但是，這並不能改變他的虛無主義的本質。與其他思想一樣，馬克思主義也仍然沒有賦予他解放的幻想」；並且由

〔註58〕 竹內好著，李心峰譯：《魯迅》，第1～2頁。
〔註59〕 竹內好：《關於魯迅的死》，《新編魯迅雜記》，東京：勁草書房，1977年版，第14～15頁，此文原載1949年世界評論社出版的《魯迅雜記》。
〔註60〕 竹內好著，李心峰譯：《魯迅》，第4～7頁。
〔註61〕 竹內好著，李心峰譯：《魯迅》，第17～21頁。

於魯迅「通過與那些以揮舞馬克思主義的旗號爲目的的人的對立」、「在相反的方向上，使自己在個性上馬克思主義化」，因此，「毛澤東把並不相信自己是馬克思主義者的魯迅評價爲『比馬克思主義者更加馬克思化』」〔註62〕。在魯迅是否屬於馬克思主義者的「政治」問題上，多數學者通常會作出非此即彼的「政治性」選擇；竹內好則力圖把此問題「學術化」，他承認魯迅接受了馬克思主義的影響，但認爲魯迅並不專屬於某種思想體系。在這樣的張力關係中，竹內好揭示了一個深刻的思想命題：魯迅正是在同那些打著馬克思主義旗號的非馬克思主義者的辯駁、對抗中，眞正地接近了馬克思主義。

二、對思想家魯迅和文學家魯迅的質詢

竹內好否定了魯迅是常規意義上的政治家，也否定魯迅是思想家。在早期的《魯迅論》一文中，竹內好雖然還沒有直接提出「魯迅不是思想家」的命題，但看得出他對魯迅作品的思想價值評價不是很高，他指出：

> 《狂人日記》是對於封建桎梏的詛咒，然而那種反抗心理，只是停留在本能的，衝動的憎惡上，並沒有闡明對於個人主義的自由環境的渴求。因而，魯迅儘管是大眾感情的組織者，但是作爲先驅者的意義是很稀薄的，纏繞在他作品中的東洋形態的陰翳，大概是受到生活的影響，從民間的風習而產生的吧。〔註63〕

可見青年時代的竹內好比較推崇個人主義、思想自由等西方的觀念，而對魯迅作品的東方色彩和民間特性不以爲然，因此，認爲魯迅作爲先驅者的思想史意義不高。當然竹內好後來寫《魯迅》時改變了以西方價値爲基準的態度，大加讚賞魯迅在接受西方文化過程中的「抵抗」姿態。隨後，竹內好還在《魯迅論》中指出魯迅身上「伴隨著若干缺乏觀念性思維訓練的十八世紀的遺風」；竹內好認爲20年代末、30年代初魯迅思想的轉變表明了他「思想的泛濫」，「安心於與新的客觀世界的苟合的統一」，「而無法構築起自己個人哲學體系」〔註64〕。

〔註62〕竹內好：《作爲思想家的魯迅》，築摩書房《哲學講座》1949年第1卷。以上引文見竹內好著，李心峰譯：《魯迅》，第161頁。

〔註63〕見陸曉燕編譯：《日本魯迅研究史料編年》（1920～1936），載北京魯迅博物館魯迅研究室編《魯迅研究資料》第13輯，天津人民出版社，1984年版，第165～173頁。

〔註64〕見陸曉燕編譯：《日本魯迅研究史料編年》（1920～1936），第165～173頁。

在《魯迅》的「序章」裏，竹內好明確指出自己寫作此書論述的重心「不是作為思想家的魯迅，而是作為文學家的魯迅」；他認為魯迅的「根本思想是人要生存」，魯迅不是把這一思想「作為概念來思考的，而他是作為文學家，以一個殉教者的身份來體驗的」〔註65〕。

竹內好的論文《作為思想家的魯迅》明確指出：「魯迅不是所謂的思想家。把魯迅的思想作為客體抽取出來是很困難的。在他那裏，沒有體系的東西。」接著，竹內好分析道：

魯迅不是有體系的思想家。他既無文學論，也沒有文學史（他的主要著作之一《中國小說史略》是把文獻考證和作品評價結合在一起的著作而不是歷史）。他的小說是詩化的；評論是感性的。他在氣質上同概念思維無緣。會類推，不會演繹；會直觀，卻不會構成。抱著一定的目的和方法對待世界，即所謂立場，在他是缺少的〔註66〕。

看來竹內好對於思想家的定義過於呆板了。西方多數思想家確實是用概念進行抽象思維，但多數東方思想家卻是憑詩性思維展開思想的空間，難道我們能說莊子詩意盎然的《逍遙遊》不是對思想的完好傳達嗎？就是在抽象思維占統治地位的西方思想界，也有尼采、柏格森、海德格爾一脈的詩人哲學家。其實，思想的傳達方式是多樣的，不只有邏輯的、抽象的傳達方式；直覺的、感性的傳達方式或許能夠把思想傳達得更加優美。《野草》中的散文詩，凝結著魯迅對自然、歷史、生命的哲學性思考，魯迅的小說和雜文正是建立在他對中國社會和文化的深刻思想基礎上。西方思想講究體系的完整性，但東方思想更多是集成式的組合；亞里士多德《形而上學》式的「體系」哲學固然博大精深，但孔子的《論語》和後來禪宗的諸多語錄在對話中睿智地展開思想，同樣也顯現著人類智慧的光輝。把魯迅的作品，尤其是把他的10多部雜文集集攏起來看，一部中國近現代思想的歷史就能夠比較完整地展現在人們面前。竹內好對「詩人哲學家」的魯迅沒有足夠的認識，這是他學術研究的一個缺憾。

竹內好的《魯迅》面對強勢西方文化顯示出可貴的獨立意識，他堅決反對日本亦步亦趨地照搬西方的近代化模式，但遺憾的是，他本人在論述魯迅的思想家身份時，卻嚴格地以西方的思想家標準來否定魯迅的思想家身份，

〔註65〕 竹內好著，李心峰譯：《魯迅》，第5～6頁。
〔註66〕 竹內好著，李心峰譯：《魯迅》，第157～158頁。

陷入了他一直批判的「歐洲中心論」的泥沼。

　　在竹內好眼裏，魯迅既不是政治家（革命家），也不是思想家，「魯迅比任何人都更是個文學家。從來沒有人像魯迅那樣深切地使我想到文學家的意義」〔註 67〕。在《魯迅》的「關於作品」一節中，竹內好對作為文學家的魯迅之作品的構成體系等問題進行了創造性的研究。

　　魯迅曾經不無謙虛地說自己「可以勉強稱得上創作的」作品有五種〔註 68〕，它們是《吶喊》、《徬徨》、《故事新編》、《野草》和《朝花夕拾》。竹內好首先討論了這五部作品集之間的關係，他認為，這些作品集既是獨立的，又是彼此關聯著的，它們之間形成了複雜的互相對立、互相注釋的關係：

> 《吶喊》和《徬徨》性質相同，我無法加以區別；與《吶喊》、《徬徨》對立的，是編於晚年的《故事新編》，我認為，那種對立不是題材和表現方法的對立，蓋為有關小說構成上的對立，我甚至懷疑它是為了抹煞《吶喊》、《徬徨》而寫成的；與《吶喊》、《徬徨》對立的大約是在年代上密切相聯的《野草》和《朝花夕拾》。〔註 69〕

> 《野草》和《朝花夕拾》對於《吶喊》、《徬徨》具有注釋性的意義，但它們自身也互相對立，分別形成自己的小世界。——我覺得，與其強調《朝花夕拾》屬於一般的自傳，毋寧說它更像真正的作品。我覺得它不正是《故鄉》系統的小說的延續嗎？

> 在魯迅的作品中，我很看重《野草》，——它集中地表現著魯迅，並且成為它的作品和雜文之間的橋梁。——《野草》的二十四篇短文與《吶喊》、《徬徨》中的小說的每個系統多少有點關係。——它再次構成了《吶喊》、《徬徨》的縮圖，也可以認為是對它們的解釋。

> 或者，也許完全相反，可以認為它是小說的原型。〔註 70〕

通常的魯迅研究論著只對魯迅各種文體作單獨的研究，使得各種文體處在「各自為政」、「互不指涉」的分離狀態；竹內好對魯迅各類文體內在關聯的揭示，使得魯迅的作品從看似孤立的狀態聚合成為一個互動的有機系統。

　　竹內好對魯迅《吶喊》、《徬徨》進行了類型化研究，他把 25 篇小說分成

〔註 67〕　竹內好著，李心峰譯：《魯迅》，第 83 頁。
〔註 68〕　《魯迅全集》第 4 卷，第 456 頁。
〔註 69〕　竹內好著，李心峰譯：《魯迅》，第 83 頁。
〔註 70〕　竹內好著，李心峰譯：《魯迅》，第 95～96 頁。

6 個類型來觀照。最早創作的《狂人日記》是所有小說類型的萌芽，因此在全部作品中具有「原型」的地位。竹內好對魯迅小說類型的分析具體如下：

第一類是《孔乙己》型小說，這類作品「用稍微誇張的筆調描繪了愚直的人物所釀造出來的哀愁」，在藝術淵源上，它是屬於「果戈里式的」諷刺作品。屬於這類作品的有《阿 Q 正傳》、《風波》等，是魯迅小說中最為人們熟悉的一類。

第二類是《肥皂》型小說，屬於「同樣有諷刺但完全歸於失敗」的作品，這類小說有著夏目漱石初期作品的氣味。這類小說還有《端午節》、《幸福的家庭》、《高老夫子》等，它們令讀者「讀起來甚至感到不愉快」。

第三類為《藥》型小說，是「留著安特萊夫式的陰冷」的作品，其中的《白光》、《長明燈》、《示眾》是從寫實變為象徵的小說，而《祝福》是這一類型與《故鄉》類型相交叉的小說，《傷逝》則是與《孤獨者》類型相交叉的作品。這個系統的小說沒有任何諷刺，「是《孔乙己》系統的對立面」。但除了《藥》、《明天》、《祝福》，這類小說「作為作品都失敗了」。

第四類為《故鄉》、《社戲》型小說，是記敘身邊事的抒情性作品，「這個系統在後來的《朝花夕拾》中得到了展開」。屬於這個系統的還有《兔和貓》、《鴨的戲劇》、《一件小事》、《頭髮的故事》，最後兩篇作品是「以讀者不可理解的抽象觀念先行的」，成為失敗的作品。

第五類為《在酒樓上》、《孤獨者》型小說，此系統與第三、第四系統的小說有關，但屬於獨立的系統。這類小說以「我」為媒介，所刻畫的人物與作者極為接近，「我與李長之相反，很看重這兩篇作品」。

最後一類是《弟兄》和《離婚》型小說，「它們是有著最像短篇小說的結構的小說」，在技巧上達到了魯迅小說的頂點而接近於完善；但是「那種完善是走向枯竭的完善」，它預示著魯迅已經不能再寫小說了〔註71〕。

在中外魯迅研究史上，竹內好對魯迅小說類型的劃分以及對各個類型小說關係的闡發有著首創之功，其學術史價值不容低估；竹內好所具備的宏觀地審視魯迅作品整體的系統眼光和全局胸懷也是其他外國研究者所普遍缺乏的。

可是竹內好的研究預設與效果存在著一定的悖謬：他給《魯迅》一書設計的學術目標是論證魯迅是文學家，而不是思想家；但是，在對作為文學家

〔註71〕竹內好著，李心峰譯：《魯迅》，第 87～91 頁。

的魯迅之論證中，竹內好對魯迅的作品更多地持否定的立場。在《吶喊》、《徬徨》6 類 25 篇小說中，得到竹內好好評的是第一、第五、第六類 7 篇小說，第三類的《藥》、《明天》、《祝福》，第四類的《故鄉》、《社戲》、《兔和貓》、《鴨的戲劇》也得到他的肯定；而其他 11 篇小說都被他視作失敗的作品（占總數的 44%）。

　　竹內好在《魯迅》一書其他場合對魯迅作品的否定性評價是驚人的。在「序章」中，他認定「魯迅的小說是差勁的」；他說魯迅的作品「沒有自己的世界，這個缺陷在屬於佳作的《孔乙己》和《阿 Q 正傳》中也可以看到」；他覺得魯迅的「興趣只局限於對過去的追憶，這正是作爲小說家的致命傷」〔註72〕。竹內好在《魯迅》「關於作品」一節中說，「在我看來，《肥皂》是笨拙之作，《藥》是失敗之作」；但他承認，「所謂笨拙之作、失敗之作，由於是從我個人愛好出發的，所以也許與魯迅並不相關」〔註 73〕。接著竹內好評述起《故事新編》來，他認爲「作爲作品它是失敗的」，他把有些可取之處的《理水》與芥川龍之介的《河童》作比較，「竟覺得它是毫無奇處的平凡之作」；他總結道：「坦率地說，我實在無法理解《故事新編》。我認爲，恐怕它是毫不可取、毫無問題的蛇足吧。即使現在我對這一點仍有八分確信。」〔註 74〕

　　如上文所述，竹內好在總體上宣稱「從來沒有人像魯迅那樣深切地使我想到文學家的意義」，同時，他卻對魯迅 3 個小說集的多數作品持否定的評價。可見，竹內好未能從作品本體的角度，對作爲文學家的魯迅之價值作出充足的論證。

　　與此形成對照的是，竹內好雖反覆宣稱魯迅不是思想家，卻在具體的闡釋中不斷加固著魯迅作爲思想家的地基。他非常推崇魯迅在接受西方文化過程中的抵抗，更看重魯迅作品中所顯示的「掙扎」和「絕望」。這樣，他凸顯的是魯迅作爲思想者的價值。竹內好試圖突出的文學家的魯迅形象，無形中被他本人淡化甚至消解了；而他竭力否認的魯迅之思想家的形象，卻在具體的論述中漸漸顯影成形——這大概就是學術研究中的「種瓜得豆」現象吧。

〔註 72〕竹內好著，李心峰譯：《魯迅》，第 11 頁。
〔註 73〕竹內好著，李心峰譯：《魯迅》，第 79 頁。
〔註 74〕竹內好著，李心峰譯：《魯迅》，第 105～108 頁。

三、以魯迅的「抵抗」批判日本近代化的奴性

竹內好在魯迅與西方文學的對話中，看到了他的堅守、抵抗和掙扎，這是魯迅身上最吸引竹內好的文化姿態。同時，竹內好還以魯迅對西方文化的「抵抗」，批判日本的近代化道路——這是竹內好第二部著作《魯迅雜記》和他 40 年代後期一些論文所涉及的主要學術問題。

《魯迅與二葉亭》是《魯迅雜記》中的一篇論文，它首先指出，魯迅和二葉亭四迷分別是中國和日本近代文學的開拓者，「由這樣的位置所產生的孤獨、乖離的心理也有共同的東西」。接著，論文對兩位作家接受俄國文學影響的差異作了比較。竹內好認為，19 世紀俄國文學與歐洲文學的關係是既接受又抵抗，「俄國文學不以抵抗為媒介就不能使自己近代化」，而俄國作家時常「在斯拉夫主義和近代主義的兩極之間搖擺」，屠格涅夫和迦爾洵分別是歐洲化的近代主義和本土化的斯拉夫主義的代表性作家。竹內好指出，魯迅在面對俄國文學時選擇了迦爾洵而不是屠格涅夫，「當然他也翻譯了安得列夫，這種場合，他把握的不是安得列夫所含有的近代主義而是其中的斯拉夫主義」。竹內好認為：「二葉亭翻譯了屠格涅夫和迦爾洵。想來他沒有像魯迅那樣的選擇意識。他本身是兩極之間的徬徨者；在這意義上，在日本文學史上佔有特殊地位的二葉亭，是以日本的形式忠實地再生產了俄國文學。」〔註 75〕竹內好主張在跨文化交流中有抵抗地接受異國文學，因此，他對魯迅選擇翻譯迦爾洵、安得列夫（通譯安特萊夫）這類抵抗歐洲文學的俄國作家之作品持讚賞態度，而對二葉亭四迷不加選擇也即不加抵抗地譯介俄國文學有所批評。

《魯迅與日本文學》是《魯迅雜記》中的重要論文，竹內好在文中進一步發揮了上述觀點。竹內好注意到，魯迅在日本留學時學會了德語，經由它去接觸歐洲文學，但魯迅「引進的不是德國文學，而是用德語翻譯的弱小民族文學」，「是波蘭、捷克、匈牙利、巴爾幹各國被壓迫民族的文學，以及斯拉夫系統反抗詩人的文學」。竹內好說，魯迅當然明白這種文學算不上歐洲文學中的主流，只是二流或三流的文學，但「這些東西在他看來是切實的，因此他才引進了的吧。這不但是他，也是他同時代人共通的一種時代特

〔註 75〕竹內好著，陳秋帆譯：《魯迅與二葉亭》，見劉獻彪、林治廣編《魯迅與中日文化交流》，湖南人民出版社，1981 年版，第 305～308 頁；本文原載竹內好《魯迅雜記》，世界評論社，1949 年版。

色」〔註76〕。總之，魯迅和中國近代作家通常都是從中國本土的實際出發，有選擇地譯介歐洲文學。

　　竹內好發現魯迅對日本文學的譯介也很耐人尋思，從魯迅與周作人翻譯的《現代日本小說集》看，魯迅「對於日本文學是具有相當嚴肅的批判眼光的」，「魯迅引進的是日本文學的支流，主要是有島武郎和廚川白村」。竹內好總結道：「不管是有名或無名，這不妨事，自己總是引進本質的東西，這種態度是由於魯迅的個性強吧。」在選擇異域文學方面，日本的情況與中國有很大差異。在竹內好看來，日本文學在引進歐洲文學過程中沒有採用中國作家的辦法，「而是馬上就撲向第一流的東西，接連不斷地獵取歐洲當作近代文學主流的東西」；「不單是文學，在一般文化方面也是這樣，日本文化是用更接近歐洲文化的態度來使自己近代化的」〔註77〕。

　　從魯迅（中國作家）與日本作家接受歐洲文學的差異中，竹內好開始了中日兩國近代化道路的比較，他在《魯迅與日本文學》一文中指出：日本「從上層的近代化成功了，實際上是沒有成功，但以爲是成功了，可能成功了，於是把由此產生的矛盾，想向外去解決」，這種類型近代化的特色「是在爲脫離殖民地而自己變成殖民地主人，在這個方向上，又是爲收回自己的落後而拼命奔向最新的東西」，「這表現在意識方面，會成爲無限的向先進國靠近的近代化運動」。日本走的是「從上向外」的近代化道路，充滿了成功感，充滿了對世界最新潮流的追趕，也蘊蓄了向外擴張侵略的力量，這是日本近代化的特色。中國走的是「從下向內」的近代化道路，但在清末中國走的也像日本一樣從上層進行改革的道路，隨著洋務運動、戊戌變法的失敗，中國的改革產生了「從下向內」的運動；辛亥革命最終導致軍閥統治，在下層引發新的國民革命，在國民革命中又出現「中國共產黨的運動」。中國「由於拒絕從外面加入的新東西，才可能有魯迅似的否定地形成自己的人」〔註78〕。

　　在《魯迅與日本文學》的最後，竹內好批判了近代日本社會的「奴性」，

〔註76〕　竹內好著，陳秋帆譯：《魯迅與日本文學》，見劉獻彪、林治廣編《魯迅與中日文化交流》，第294～304頁；本文原載竹內好《魯迅雜記》，世界評論社，1949年版。

〔註77〕　竹內好著，陳秋帆譯：《魯迅與日本文學》，見劉獻彪、林治廣編《魯迅與中日文化交流》，第294～304頁。

〔註78〕　竹內好著，陳秋帆譯：《魯迅與日本文學》，見劉獻彪、林治廣編《魯迅與中日文化交流》，第294～304頁。

他同樣從中日比較談起：魯迅把中國歷史看做「想做奴隸而不得的時代」和
「暫時做穩了奴隸的時代」的交替，此乃中國人脫離奴隸境遇的開端，因為
「奴隸之能夠脫離奴隸，是在他自覺到自己是奴隸的時候」；而日本總懷著從
奴隸上升到奴隸主的希望，它「沒有產生自己就是奴隸的自覺」。因此，中國
和日本在近代的差別在於前者自覺地意識到自己的奴隸地位，而後者卻沒有
意識到。竹內好認為，「日本文化一次也沒有從奈良朝以來大陸文化的影響超
脫出來，因為超脫的失敗，以及不能意識到這種失敗的浸透了的劣勢意識，
而想依靠輸入歐洲文化來解脫，但實際上沒有解脫」，這「不是由於害怕獨立，
害怕自由，對自己的奴隸性閉上眼睛的根深蒂固的本能麼」？〔註 79〕

《中國的近代與日本的近代》是竹內好 40 年代後期發表的重要論文
〔註 80〕，它對亞洲近代化的中國「迴心」型模式和日本「轉向」型模式作了
深入的比較研究。「迴心」本為佛教用語，指的是通過不斷保持自我而使自我
變化的狀態，它包含著「強烈的自我否定」意味〔註 81〕。在竹內好看來，中
國是通過徹底否定傳統而再生於現代的，中國走的是不同於歐洲的近代化道
路，它以抵抗歐洲的入侵為媒介，通過「迴心」而創造出新的自我。

而日本的情況不一樣，它在近代化過程中對歐洲的抵抗微乎其微。「在日
本近代史上，不拘一格地模仿歐洲、追趕歐洲的意識和行動貫徹始終。因此，
人們認為新的常常是進步的，是接近真理的，如果它與時代不相協調，那就
再尋找別的新東西。同時，由於新的事物總是來自外部，是被給予的，在這
種觀念之下，在舊事物中鬥爭而創造出新事物的情況決不會發生。這就像是
一件件脫下舊衣換新裝一樣。因而，這種變化中缺乏主體性，竹內稱這樣的
變化為『轉向』。」〔註 82〕

接著，竹內好從中國在近代化過程中的抵抗轉向對魯迅式抵抗的闡釋：

〔註 79〕 竹內好著，陳秋帆譯：《魯迅與日本文學》，見劉獻彪、林治廣編《魯迅與中
日文化交流》，第 294～304 頁。

〔註 80〕 竹內好的《中國的近代與日本的近代》又名《何謂近代》，發表於 1948 年 11
月，後來收入《竹內好全集》第 4 卷，本書的引文采自日本學者代田智明的
論文《論竹內好——關於他的思想、方法、態度》，載 1998 年 5 月《世界漢
學》創刊號。

〔註 81〕 代田智明：《論竹內好——關於他的思想、方法、態度》，載 1998 年 5 月《世
界漢學》創刊號。

〔註 82〕 代田智明：《論竹內好——關於他的思想、方法、態度》，載 1998 年 5 月《世
界漢學》創刊號。

他拒絕成爲自己，同時也拒絕成爲自己以外的存在物。這便是魯迅所懷抱的、且是使魯迅成爲魯迅的絕望的意味。絕望體現在無路之路的抵抗中，抵抗作爲絕望的行動化而顯現。從狀態上看，它是絕望，從運動上看，它是抵抗〔註83〕。

在絕望的抵抗中，魯迅不斷否定自我而獲得新生，這就是魯迅的「迴心」。竹內好在《魯迅》一書中指出，從 1912 年定居北京到 1918 年發表《狂人日記》是魯迅的「沉默期」，在沉默中，魯迅「抓住了對於他一生可以說是具有決定意義的迴心的東西」〔註84〕。可見，竹內好把魯迅在北京那 6 年的蟄居生活，看做是魯迅思想和創作重要的轉折時期，他的觀點與小田岳夫的看法互相呼應，小田岳夫認爲魯迅這時期抄古書和讀佛經，爲他後來的小說創作準備了「必需的國學休養」。

四、「竹內魯迅」的學術特質

竹內好在魯迅研究領域有著獨特的學術追求，形成了鮮明的個性特徵。他強調在研究中應該注入研究者的「熱情」，反對純粹客觀的、經院式的學術研究。早在他剛進入學術領域的 1935 年，竹內好就在《中國文學研究月刊》第 8 號上發表《漢學的反省》一文，對日本漢學缺乏學術熱情的致命弱點進行了嚴厲批評。他本人寫作第一本專著《魯迅》時正值軍國主義橫行日本的時代，在極端艱難的環境中，他借助魯迅表達對社會、文學和文化的看法，使其學術研究帶上了鮮明的主體性。主體精神的灌注、生命熱情的化合是「竹內魯迅」的標誌性特質。

從以上對竹內好的魯迅研究和中國近代化研究的初步展開中，不難發現竹內好學術研究的基本模式和特點。日本學者代田智明認爲：「竹內思想的『焦點』，在於他作爲思想家的態度。這是通過否定的過程而使被否定的對象獲得新生的思想態度。」〔註85〕代田智明所揭示的否定之否定，就是作爲學者的竹內好之思維方式。竹內好關於中國近代化「迴心」型軌迹的描述，關於魯

〔註83〕竹內好的《中國的近代與日本的近代》又名《何謂近代》，發表於 1948 年 11 月，後來收入《竹內好全集》第 4 卷，本書的引文采自日本學者代田智明的論文《論竹內好——關於他的思想、方法、態度》，載 1998 年 5 月《世界漢學》創刊號。

〔註84〕竹內好著，李心峰譯：《魯迅》，第 46 頁。

〔註85〕代田智明：《論竹內好——關於他的思想、方法、態度》，載 1998 年 5 月《世界漢學》創刊號。

迅在絕望的抵抗中獲得轉機的描述，以及對魯迅去世後中國文壇走向統一的描述，都是他的否定之否定思維的產物。與此相關的是竹內好的「論爭」性論述方式，他在《魯迅》一書中對魯迅的「論爭」作了充分的闡釋，其實，竹內好本人的著作也充滿了論爭性，他在與別人、與自己不斷的交鋒和駁詰中，激發靈感，砥礪思想，尋找嶄新的學術生長點。

竹內好的思維模式和論述方式，使他的學術研究帶著鮮明的否定性色彩。如前所述，竹內好在《魯迅》一書中論證了魯迅不是先驅者，不是英雄，不是思想家，並且將魯迅的許多作品看做是失敗之作。通過這一系列的否定，魯迅的面貌越發清晰地呈現出來：

> 魯迅是個文學家，而且是根本意義上的文學家。就是說，他的文學沒有以別的東西作為自己的支柱。他在擺脫了一切的規範、過去的權威道路上，不懈地繼續走著，而且在否定中形成了他自身。〔註 86〕

竹內好總結道：在闡述魯迅遺產的過程中，「要規定他是什麼很難，而要規定他不是什麼卻很容易」〔註 87〕。竹內好在《支那學的世界》一文中表明了他對學術的獨特看法：「我對學問的理解更為嚴峻：所謂否定的造型者是也。」〔註 88〕可見，竹內好是把否定性當做一種學術品格來追求的，他在三、四十年代形成的這一學術路子，與數十年後盛行於歐美國家的解構主義有著一定的相似之處。

與否定性相關的是竹內好學術的批判性和現實性。竹內好從中國和日本兩國文學（文化）接受歐洲文學（文化）的差異性這樣比較純粹的學術問題入手，揭示出中日兩國不同的近代化發展道路，並對日本在近代化過程中照搬歐洲模式，缺乏抵抗的「奴性」進行了深刻的批判。竹內好告別了日本傳統漢學和支那學把中國當做純粹的觀照對象，進行客觀研究的學術傳統，形成了「密切關心中國社會現實，同時介入日本社會現實問題」〔註 89〕的學術

〔註 86〕 竹內好：《作為思想家的魯迅》，築摩書房《哲學講座》1949 年第 1 卷；1952年，《魯迅》一書改由創元文庫出版時，竹內好把《作為思想家的魯迅》附錄在書的結尾出版。以上引文見竹內好著，李心峰譯：《魯迅》，第 157 頁。

〔註 87〕 同上，第 158 頁。

〔註 88〕 竹內好：《支那學的世界》，載 1941 年 6 月《中國文學月報》第 73 號；引自孫歌《「漢學」的臨界點——日本漢學引發的思考》，載 1998 年 5 月《世界漢學》創刊號。

〔註 89〕 孫歌：《「漢學」的臨界點——日本漢學引發的思考》，載 1998 年 5 月《世界漢學》創刊號。

風格。

　　竹內好致力於研究魯迅和中國近代化，當然不能否認他對魯迅和中國問題懷有強烈的興趣，但他研究這一切問題最終的落腳點還是日本社會自身的問題。竹內好從魯迅返觀日本文學（文化）的弊端，從中國的近代化批判日本的近代化道路，這標誌著現代中國眞正開始成爲異國學者批判本土文化的參照物。以「他者」作爲自我的鏡子，映照自我的面目，向來是跨文化交流中常見的學術路徑。

增田涉《魯迅的印象》：日本的魯迅研究之二

　　增田涉（1903～1977）是魯迅爲數不多的入室弟子，他在與魯迅近 10 個月的學習和相處中，獲得了對魯迅的生活和生命直接瞭解和直觀感受的機會，因此他的傳記性著作《魯迅的印象》成爲民國時期、乃至百餘年魯迅研究史上不可多得的研究成果。

　　增田涉 30 年代與著名作家佐藤春夫合譯《魯迅選集》（岩波書店出版，1935 年），開始了他翻譯、研究魯迅的事業。他的《中國小說史略》翻譯（汽笛社出版，1935 年）是在魯迅的指導下進行的，因此成爲比較可靠的日文譯本之一；他的《魯迅的印象》一書因著獨特的體察角度，成爲充分地再現魯迅精神風貌的傳記類著作。增田涉生前出版的著作還有《中國文學史研究——「文學革命」及前夜的人們》（岩波書店出版，1965 年），去世後刊行的遺著有《西學東漸與中國》（岩波書店出版，1979 年）、《雜書雜談》（汲古書院出版，1983 年）等，其中《魯迅的印象》是他一生學術研究中最有代表性的著作。

　　1931 年 3 月，增田涉帶著佐藤春夫的介紹信來到上海訪學，經由內山完造的引薦，拜魯迅爲師，每日午後到魯迅家中聽魯迅講解自己的作品，爲時近 10 個月。與魯迅長期近距離的交往，爲增田涉寫作《魯迅傳》和《魯迅的印象》奠定了堅實的基礎。

　　1931 年 7、8 月間，增田涉開始撰寫《魯迅傳》，經佐藤春夫推薦，發表在 1932 年 4 月的《改造》雜誌上。增田涉的《魯迅傳》雖然篇幅不長（譯成中文約兩萬字），但這是全世界範圍內首次出現的魯迅傳記，具有比較重要的學術價值。1935 年增田涉和佐藤春夫合譯的《魯迅選集》出版時，曾將此傳

記附在書後，但未署名，因而被誤作佐藤春夫所作〔註90〕。

　　據增田涉回憶，《魯迅傳》是在「聽到魯迅親自談的他過去的經歷」基礎上寫成的，稿子寫完後曾「請魯迅看過」〔註91〕，因此，這部《魯迅傳》所提供的史料是比較可靠的〔註92〕。增田涉的《魯迅傳》敘述了魯迅的家世，他少年時期在家鄉的生活，留學日本所受的教育，以及他後來所走的文學道路，是一部相對完整的傳記。該傳記披露了魯迅一些鮮爲人知的經歷，其中最值得注意的是魯迅留日時期曾加入光復會。關於魯迅加入光復會，增田涉在傳記中介紹說，「魯迅在東京的時候曾以革命黨的身份」從事文學活動〔註93〕。增田涉爲什麼不直接寫魯迅加入光復會呢？他後來解釋說，魯迅覺得過去光復會與同盟會有矛盾，同盟會殺過光復會的人（指陶成章），如今國民黨中有很多同盟會的人，爲了不被國民黨抓住自己的口實，還是不讓人知道自己曾經加入光復會爲好〔註94〕。關於魯迅是否屬於光復會成員，存在著不同看法：周作人認爲魯迅沒有加入，許壽裳則說曾經加入。增田涉提供的說法應該是可信的，因爲魯迅在審讀這部《魯迅傳》時，並沒有刪掉自己是革命黨的經歷〔註95〕。光復會骨幹成員、魯迅在東京弘文書院的同學沈瓞民後來也證實：「在一九〇四年（甲辰年），魯迅正式參加浙江革命志士所組織的光復會，從事革命工作。」〔註96〕

　　1936 年增田涉的《魯迅傳》被梁成節譯成中文，由於梁成譯文的問題〔註97〕，造成了一個長期被誤解的看法：魯迅認爲「共產黨是火車頭」。增田

〔註90〕　比如 1936 年上海當代書店出版錢浩編的《魯迅文學講話》和 1947 年上海博覽書局出版的鄧珂雲編、曹聚仁校的《魯迅手冊》都認爲這部《魯迅傳》的作者是佐藤春夫。1977 年，卞立強完整地翻譯了這部《魯迅傳》，並訂正了關於它的作者的訛誤（見卞立強翻譯的《魯迅傳》，載北京魯迅博物館魯迅研究室編《魯迅研究資料》第 2 輯，文物出版社，1977 年版）。

〔註91〕　增田涉著，卞立強譯：《魯迅與光復會》，載北京魯迅博物館魯迅研究室編《魯迅研究資料》第 2 輯，文物出版社，1977 年版，第 336 頁。

〔註92〕　增田涉的《魯迅傳》也有少數訛誤，比如說魯迅曾經擔任京師圖書館館長（見卞立強翻譯的《魯迅傳》，第 374 頁）。

〔註93〕　增田涉著，卞立強譯：《魯迅傳》，載北京魯迅博物館魯迅研究室編《魯迅研究資料》第 2 輯，第 375 頁。

〔註94〕　增田涉著，卞立強譯：《魯迅與光復會》，載北京魯迅博物館魯迅研究室編《魯迅研究資料》第 2 輯，第 336 頁。

〔註95〕　同上。

〔註96〕　沈瓞民：《回憶魯迅早年在弘文學院的片段》，載 1961 年 9 月 23 日《文匯報》。

〔註97〕　增田涉著，梁成譯：《魯迅傳》，原載錢浩編《魯迅文學講話》，上海：文光書

涉的對此事的完整記錄如下：

> 有一次，魯迅跟我這麼說：「國民黨把有爲的青年推進了陷阱。最初
> 他們說，共產黨是火車頭，國民黨是列車；由於共產黨帶著國民黨，
> 革命才會成功。還說共產黨是革命的恩人，要學生們一齊在鮑羅廷
> 的面前行最敬禮。所以青年們都很很感動，當了共產黨。而現在又
> 突然因爲是共產黨的緣故，把他們統統殺掉了。——打那以來，對
> 於騙人做屠殺材料的國民黨，我怎麼也感到厭惡，總是覺得可恨。
> 他們殺了我的許多學生。」〔註98〕

《魯迅的印象》比《魯迅傳》更全面地切近魯迅，對魯迅的日常生活、言行、
服飾、性情和思想等作了直觀的呈現，對魯迅創作與中外文學遺產的關聯等
問題進行了比較深入的闡發。《魯迅的印象》原先名爲《魯迅雜記》，是增田
涉 1947 年間寫成的，隨後在日本的中國文學研究會會刊《中國文學月報》上
連載。次年，該書經過修訂，並被改名爲《魯迅的印象》，由大日本雄辯會講
談社出版，後來多次再版。1970 年，該書改由角川書店出版，由鍾敬文翻譯
的《魯迅的印象》就是根據此版本譯出的。

在爲《魯迅的印象》印行第二版所作的序言中，增田涉謙遜地表達了自
己寫作此書希冀達到的目標：「我自然沒有全面地談論魯迅的自信，我所能做
到的，是以直接印象爲主，傳達他的爲人和人品的一面，儘管不免僅限於某
個時期的他。」〔註99〕其實，增田涉所描繪的「日常的魯迅」恰恰是魯迅研
究著作和傳記中比較少見的。在關於魯迅的傳記類著作中，人們更多地展現
魯迅如何刻苦學習和工作，如何爲救國救民大業鞠躬盡瘁，如何與對立面進
行殊死的搏鬥；人們似乎忘記了魯迅也同時是個懂生活、有情趣的性情中
人，是個有血有肉的個體生命。在對魯迅生活和創作道路的「宏大敘事」之
外，迫切需要有增田涉這樣從日常生活細節呈現魯迅精神面貌和風骨的傳記
類著作。

　　局，1939 年 12 月初版，參閱中國社會科學院文學研究所魯迅研究室編《1913
　　～1983 魯迅研究學術論著資料彙編》（第 2 卷），中國文聯出版公司，1986 年
　　版，第 631 頁。

〔註98〕增田涉著，卞立強譯：《魯迅傳》，載北京魯迅博物館魯迅研究室編《魯迅研
　　究資料》第 2 輯，第 390～391 頁。

〔註99〕增田涉著，鍾敬文譯：《魯迅的印象》，湖南人民出版社，1980 年版，第 3 頁
　　（版本下同）。

　　在增田涉筆下，居家生活的魯迅是個溫和、天真的人：「沒有嚴厲的臉色或說話，常常發出輕鬆的幽默，笑嘻嘻的，胸無城府的人。和他一道相對著，我沒有感到過緊張。在文章中看到的俏皮和挖苦連影子都沒有，倒像個孩子似的天真的人。」〔註100〕在增田涉心目中，魯迅「是個好叔叔，連那漆黑的髭鬚，也增加他那幽默的可愛」，他「清澈澄明的眼睛毫無纖塵，走路的姿態甚至帶有飄飄然的『仙骨』」；魯迅在家中時常「穿著狹小的學生裝的褲子，束著皮帶，穿著手織的紫色毛衣，頭髮和鬍鬚蓬亂，手裏經常拿著烟管，嘴閉住一字形，微微笑著」；增田涉介紹說，魯迅有一回要上某大廈7樓看望一位英國人，管電梯的人把不修邊幅的魯迅當做「可疑的傢夥」而拒絕讓他登梯〔註101〕，魯迅這番經歷令人想起藤野先生在公共車上被疑爲扒手的遭遇。

　　《魯迅的印象》在涉及魯迅的情感生活時，記載了魯迅對舊式婚姻以及朱安的評價：「關於那位最初的夫人，他說過：『因爲是母親娶來的，所以送給母親了。』我開玩笑說：『愷撒的東西還給愷撒。』他好像說『對呀』，點點頭笑了。」接著，增田涉透露了一件密事：1926年魯迅被北洋軍閥政府通緝後在外逃難，「偶然也回到家裏，家里人感到爲難，叫他不要回家」。增田涉推測家人對魯迅的這種態度，「恐怕就是他決心捨掉家，進而決心捨掉妻子的緣故」〔註102〕。關於舊式婚姻是母親送的「禮物」之說法，魯迅在1906年結婚不久就與一起在日本留學的好友許壽裳提到過，但許壽裳把魯迅這一說法公諸於眾，已經是在1947年10月出版的《亡友魯迅印象記》一書中的事了，增田涉與許壽裳的著作互爲參證，幾乎同時向世人公佈了魯迅對舊式婚姻的態度。關於魯迅被通緝後遭家人冷落之事，則是增田涉的「獨家」記載，對於研究魯迅與朱安的關係有著重要的價值。

　　增田涉也承認文學作品中所顯示的魯迅是嚴肅、尖銳的，與日常生活中謙和、溫情的魯迅不一樣，爲什麼會出現如此的差異呢？他用了一個比喻來說明問題：

　　那好比一塊板壁，向外邊的那一面，因爲風吹雨打，粗糙皺裂，顏色也顯得暗黑，但是向內的那一面，還是原來樣子的木板，沒有皺裂，顏色也

〔註100〕增田涉著，鍾敬文譯：《魯迅的印象》，第2頁。
〔註101〕增田涉著，鍾敬文譯：《魯迅的印象》，第12頁。
〔註102〕增田涉著，鍾敬文譯：《魯迅的印象》，第45頁。

是發亮的。本原就是質地相同的，只是由於所呈現的方面不同。這實在是可以說明魯迅的人品，無論向內向外都只是謙虛、天眞。他不是巧妙地躲開外面的風雨，而是謙虛、誠實地又開兩腿站著擋住、防衛，由於他那不會欺騙的性格，所以外面的肌膚粗糙、發黑，他的本質，無論內外都是一個誠實〔註103〕。

　　增田涉的觀點是，魯迅本質上是個溫和、謙遜的人，只是現實環境造成了他的尖刻銳利；這與那些把魯迅的性格本質界定爲尖酸刻毒、睚眥必報的片面見解形成了對比。當然，增田涉見到的魯迅並不是一味地溫和謙遜，他也注意到了魯迅的高度敏感，他發現，「魯迅對於自己的生命，是愼重地警戒著的，覺得倒有些過於神經質的程度」〔註104〕。據增田涉介紹，魯迅受到當局的通緝後變得異常的警覺，絕不靠近住所的窗口，總離開窗口兩三尺的地方坐著，以免被樓下的行人發現〔註105〕。有一回魯迅與增田涉在觀看畫展的歸途中與某「政治流氓」和他的同夥狹路相逢，雙方發生了劇烈的言語衝突，增田涉記錄了魯迅獨戰對手的兀傲神態：

> 他快快地、激昂地、不客氣地說著什麼，忽然，好像要說的都已經說完，突然沉默了。他挺起胸膛，撐開兩腳，傲然站著把頭扭開去，顯出無視對手的態度。〔註106〕

這就是增田涉眼中「戰鬥著的魯迅」之形象，在不屈的意志下隱含著某種焦慮和緊張，這與魯迅多疑、善怒的性格有關。一般人說魯迅多疑、善怒，多少帶著貶抑的態度；增田涉卻從中看出了魯迅做人的眞誠，魯迅對「楊樹達事件」的處理就充分顯示出他的坦誠〔註107〕。增田涉甚至獨出機杼地指出，魯迅的多疑「也可說是想像力豐富」，「是由於苦心或多憂慮產生的」；「他的善怒也是氣質，在他，還和多疑聯繫著，同樣也不單只是個人的關係，而是發展到民族的關係」。增田涉具體研究了多疑善怒對魯迅創作的影響：「多疑，一方面是想像力的健旺，如果僅僅如此，也許是作爲小說家的一個有力的資質，但在他緊接著卻是善怒的熱情的高昂，這雖然使他成爲諷刺作家，而在小說客觀的形象化方面上，特別在長篇小說上，可說是不適合的。不過，這

〔註103〕增田涉著，鍾敬文譯：《魯迅的印象》，第2頁。
〔註104〕增田涉著，鍾敬文譯：《魯迅的印象》，第28頁。
〔註105〕增田涉著，鍾敬文譯：《魯迅的印象》，第15頁。
〔註106〕增田涉著，鍾敬文譯：《魯迅的印象》，第42頁。
〔註107〕增田涉著，鍾敬文譯：《魯迅的印象》，第90頁。

種氣質，卻是一種重要因素，使他成為在政治批評方面，寫出『有陰影』的極痛烈的文章的獨特文學家。」〔註108〕也即是說，多疑善怒的性格是一柄雙刃劍，它既成就了雜文大師和諷刺小說家的魯迅，也限制了魯迅在長篇小說方面的發展。

增田涉的可貴在於沒有偏執於一端，他通常能夠從事物的兩面來討論問題。在說到魯迅的整體形象時，他指出魯迅是個平凡與偉大的統一體：譬如，在指導增田涉很投入時，魯迅時常口沫飛濺，「又時而咯吱咯吱地搔著兩股的周圍」，這是他平凡的一面；同時魯迅又具有偉大的一面，其偉大「就在於他不屈服於權力，對權力的壓迫到處勇敢地戰鬥，毫不妥協的精神」。關於魯迅如何不與權力妥協，增田涉例舉了一件事來說明：「那是我在他家出入的時候，政府方面想要利用他吧，那時他正因為政府的逮捕令而隱居著，當時的行政院長暗地派人向他聯絡，說行政院長希望跟他會面。但是他拒絕了。以一個民間的文人，而且是正在被下令逮捕的身份，竟然拒絕行政院長的會面要求（行政院長，倘在日本，正相當於總理大臣，要是跟行政院長聯絡合作，那麼，他身邊的束縛就會馬上消失了吧），使人想到他那不屈服於權力的強悍，總之，我感到他為人的偉大。」〔註109〕

增田涉把魯迅命名為「民間文人」，這是對魯迅比較準確的定位，標示出了他不屬於任何政治派別，卻可以對任何政治派別採取或者同情或者批評的姿態。增田涉通過以下一件事對魯迅與中國共產黨的關係作了探討：

> 我在上海的時候，中共的根據地在瑞金，那時候屢次聽說國民黨的政府軍對瑞金「進行圍剿」。也許是關於當時基層的糾紛事件吧，他對我說，流傳著中共殺害附近農民的風聞，也許只是一種風聞吧，但殺害農民，不管因為什麼都不好，我們派人去調查，如果是真的，一定要勸告共產黨不可殺害。他沒有加入共產黨卻是同情者，因為他自稱是同路人作家。但是仍然在聽到殺人的事情時，他就無論怎樣也不能漠視了。他用堅決的態度說，調查結果，如果是真的，就得進行忠告。在這時候，我好像看見了他那人道主義者的真面目。〔註110〕

〔註108〕增田涉著，鍾敬文譯：《魯迅的印象》，第92～93頁。
〔註109〕增田涉著，鍾敬文譯：《魯迅的印象》，第14～15頁。
〔註110〕增田涉著，鍾敬文譯：《魯迅的印象》，第63頁。

增田涉說魯迅自稱爲「同路人作家」，因此他是當時的革命政黨之同情者；同時他反對一切針對農民的屠殺，因此他是人道主義者。增田涉這個看法當然能夠成立，但魯迅與那些僅是同情憐憫弱者的一般的人道主義者不同，他是個敬畏生命的思想家，生命在他的生命哲學體系中占據著核心位置，他是一切漠視、踐踏、屠戮生命的思想體系和權力體系的批判者。因此，各種政治派別能否取得魯迅的尊重，在於它是否尊重人的生存權和其他相關的權利，這就是魯迅的政治觀。

作爲一個來自異國的學子，增田涉比較留心魯迅對自己國家和民族的態度也屬正常。在一次與日本作家的聚會上，魯迅對中國的政治發表了激烈批判，那位日本作家問魯迅是否討厭自己生爲中國人。增田涉聽到魯迅「回答說，不，我認爲比起任何國家來還是生在中國好」；增田涉注意到魯迅說話時眼裏有熱淚浸潤著。增田涉認爲魯迅對中國的批評「原是愛極了的憎惡」，他「儘管特別憐愛現實的中國和中國人，卻不得不揮動叱咤的鞭子」〔註111〕。

魯迅對中華民族最嚴厲的斥責是對其「奴性」的批判，增田涉認爲，「魯迅所說達到『奴性』、『奴隸』，是包藏著中國本身從異民族的專制封建社會求解放在內的詛咒，同時又包藏著從半殖民地的強大外國勢力壓迫下求解放在內的、二重三重的詛咒」。增田涉說他當時接觸到魯迅的「奴隸」詞彙時，「終究是沒有直接觸到內心的，只是一般詞語的感覺」，「這大約是因爲生長我的日本，大體是從封建社會解放出來，所謂『人權的自由』就算歪曲也總還被承認的」〔註112〕。增田涉言下之意是，日本已經建立起了近代意義上的民主政治體制，公民普遍獲得了基本的人權，作爲日本公民，他難以體會中國及其民眾受奴役的感受，因而魯迅對奴性的批判也沒能震動他的心靈。增田涉的這一體驗與竹內好形成了對照。竹內好深切地揭示了魯迅（中國）在與西方文化相遇過程中的「抵抗」，認爲中國走了一條具有自主性的近代化道路，他以魯迅和中國的近代化作爲參照系，批判日本文化的奴性和日本在近代化過程中的缺乏「抵抗」。在對魯迅的「奴性」觀念的體察方面，增田涉比起竹內好顯得缺乏深度。

而在魯迅與中國傳統文學的關係問題上，增田涉作出了具有深度的理解，他以李賀和杜甫爲兩個基點，描述魯迅從青年時代到晚年文學創作風格

〔註111〕增田涉著，鍾敬文譯：《魯迅的印象》，第25頁。
〔註112〕增田涉著，鍾敬文譯：《魯迅的印象》，第52頁。

的衍變。把魯迅與杜甫作比始於佐藤春夫，他在《〈故鄉〉後記》一文稱魯迅是「充滿著沉痛雄渾和親和力的現代杜甫」〔註113〕。

增田涉在佐藤春夫的基礎上對這一命題作了更充分的展開，他認為，「在濃烈的感情之中充滿陰暗的色調，稍稍奇警的美」，這是魯迅與李賀在創作方法上的共同點；而隨著魯迅進入晚年，「他是漸漸成為杜甫的了」，他的作品「像杜甫那樣吐露著悲愴、慷慨了」。接著，增田涉設置中外兩條鏈條，勾勒魯迅與中外文化遺產的關係：在外國文化鏈條上，魯迅自青年時代到老年時代經歷了從喜愛尼采到喜愛海涅的變化，其創作相應地發生了「從觀念的孤高下來，更深入接觸現實社會」的變化；與此相對應，在中國文化鏈條上，魯迅從年輕時代的接近李賀變為晚年的更趨近杜甫。當然，增田涉沒有簡單化地看待這種變化，他特別指出尼采、李賀與魯迅精神氣質的共鳴是終生的〔註114〕。雖然增田涉還只是初步提出了魯迅接受中外文化遺產的雙線圖式，但他在兩條線索之間建立對應與互動關係的嘗試是非常具有學術啓示意義的：學術界不能再把魯迅對中國傳統文化的繼承與魯迅對外國文化遺產的吸收，當做毫不相干的兩件事。

增田涉對魯迅的各類作品作了具有個性的評析。與三、四十年代文化人對魯迅雜文重要性認識普遍不足相異，增田涉給予魯迅的雜文以崇高的地位，他說魯迅之所以能夠成為文化巨星，不僅因為他是《阿Q正傳》的作者，而且還與他創作了大批雜感隨筆有關，「跟《阿Q正傳》一樣，他的雜文隨筆是永久生存的作品」；他認為「談到魯迅的文學的時候，不能光提到小說，也許小品文方面更加重要」〔註115〕。增田涉披露了魯迅用文言文寫作《中國小說史略》的秘密：

> ……曾經問過他，為什麼要用古文來寫呢？他說，因為有人講壞話說，寫作的作家，因為不會寫古文，所以才寫白話。為了要使他們知道也能寫古文，便那樣寫了；加以古文還能寫得簡潔些。〔註116〕

增田涉還把魯迅擬寫而最終未能寫成的《中國文學史》8章的標題羅列出來，

〔註113〕陸曉燕編譯：《日本魯迅研究史料編年》（1920～1936），載北京魯迅博物館魯迅研究室編《魯迅研究資料》第13輯，天津人民出版社，1984年版，第128頁。

〔註114〕增田涉著，鍾敬文譯：《魯迅的印象》，第81～84頁。

〔註115〕增田涉著，鍾敬文譯：《魯迅的印象》，第95頁。

〔註116〕增田涉著，鍾敬文譯：《魯迅的印象》，第70頁。

並介紹了魯迅對鄭振鐸《插圖本中國文學史》的批評性意見，這些對於從事中國文學史研究的研究者都會有諸多的啓發。

增田涉對魯迅書法的談論更具有開創之功，他從魯迅的文學與書法風格的差異角度談起，說魯迅「寫著那麼尖銳或者可怕的、閃著一刀噴血的匕首光芒的文章，可是他寫的字，決不表現著銳利的感覺或可怕的意味」，說魯迅寫的字「沒有棱角，稍微具有圓形的，與其說是溫和，倒有些呆板」，「他的字，我以爲是從『章草』來的，因爲這一流派，所以既不尖銳也不帶刺，倒是拙樸、柔和的」，「據說字是表現那寫字人的性格的，從所寫的字看來，他既沒有霸氣又沒有才氣，也不冷嚴」，「而是在眞摯中有著樸實的稚拙味，甚至顯現出『呆相』」〔註117〕。增田涉在此談了3個層次的內容，一是魯迅文學的尖銳風格與書法的圓潤風格形成強烈對照；二是魯迅書法來自章草；三是魯迅書寫的字與他發揚踔厲的外表不相稱。第一層內容說得很準，沒有什麼爭議；第二、第三層內容存在爭議，有必要略作辨析。

在中譯本《魯迅的印象》中，譯者鍾敬文對增田涉關於魯迅的書法來自章草的說法表示存疑〔註118〕，但沒有指出魯迅書法的其他來源，所以問題仍然沒有解決。以筆者之見，魯迅書法的功力來自於漢魏碑帖，民國4～7年，寓居北京城南紹興會館的魯迅沉迷於抄錄漢魏碑文拓片工作，碑文筆法不可能不對他產生影響。漢魏碑文字體爲隸書，但是魯迅的字以連筆書寫爲主，明顯與從不連筆的隸書有差異；魯迅書法屬於隸書的變體——章草。據書法專家介紹，「章草是隸書的草寫」，「從運筆結體看，介於隸書和草書之間，是隸書的破體，末筆多用波磔，雖帶隸意，然多爲點捺，字內常有連筆」〔註119〕。

可以對魯迅的書法作這樣的界定：它植根於漢魏碑文而尋求變化，章法結構大體屬於章草的路數而自成一格。魯迅留日時期曾經跟從文字學大師章太炎學習，魯迅說他當時寫的文章頗受章太炎主辦的《民報》的影響，「喜歡做怪句和寫古字」〔註120〕，魯迅推崇魏晉文章也與章太炎的影響不無關係。可以想見，魯迅在激賞魏晉之「文」的同時，也可能對這一時期的「字」產

〔註117〕增田涉著，鍾敬文譯：《魯迅的印象》，第35頁。
〔註118〕增田涉著，鍾敬文譯：《魯迅的印象》，第35頁的注釋1。
〔註119〕王劉純、佟培基、楊守儀：《通用書法教程》，河南人民出版社，1988年版，第27頁。
〔註120〕《魯迅全集》第1卷，第3頁。

生興趣。的確如增田涉所言，魯迅所寫的字溫和、圓潤、拙樸，這恰恰是結字高古、氣勢凝練的魏晉書法所顯示的基本特徵。

增田涉在提出魯迅的的字與他的踔厲性格不相符後的看法後，馬上想到魯迅「所以那樣尖銳而剛烈，畢竟是環境——政治環境使然」；而「原來的他，也許像他的字所表現的那樣吧」〔註 121〕。這又回到前面所引的壁板比喻，增田涉以此說明顯得尖刻銳利的魯迅，本質上是個溫潤平和的人。從這個意義上說，魯迅的書法比起他的文學作品更切近他「原本的性格」。增田涉從魯迅書法的獨特角度蠡測魯迅的「原本性格」，帶有一定的猜想色彩，但他的嘗試帶給研究者以啟示：不要被「定論」所桎梏，不要僅僅看到作家外顯的性情，不要從單向度來考察複雜的文學現象。

增田涉的《魯迅的印象》建立在作者對魯迅細緻的觀測和精心的體察基礎上，因此能夠鮮活地呈現「日常魯迅」的音容風貌，能夠進入魯迅心靈的深處而揭示他精神本質的某些內涵。在《魯迅的印象》出版不久進行的座談會上，增田涉的友人小野忍和竹內好就開始把此書與愛克爾曼那部膾炙人口的《歌德對話錄》相比美，雖然目前還無法精確地說《魯迅的印象》是否達到了《歌德對話錄》的水平，但至少可以明確的一點是：此書提出的一些學術命題已經並且還將繼續啟發著中外魯迅研究者，啟發他們向著魯迅思想及其創作的深處開掘。

〔註 121〕增田涉著，鍾敬文譯：《魯迅的印象》，第 35～36 頁。

後　記

　　輯錄在這部書稿中的文章，大體是 20 世紀 90 年代以來我發表的三、四十篇魯迅研究論文的一半。除了引論《魯迅的民國記憶和書寫》是為編寫這部書稿而寫的新作外，其他 15 篇文章都是舊作。除了校改少數原文中的錯訛外，我盡量按照它們在學術刊物上發表的樣貌收入本書。它們與我逝去的生活、生命密切關聯，是我之存在的某種見證。

　　感謝李怡教授邀請我加盟「民國文化與文學」研究文叢的寫作隊伍，沒有你的鼓勵，像我這樣懶散的人是不大可能來整理自己的舊稿的。感謝臺灣花木蘭文化出版社的編輯同仁，是你們在為中華文化做著傳遞薪火的工作。

　　已經多次給自己的書寫後記，每次似乎總有說不完的話，於是總把後記寫得很長。這回決定不多說，雖然不等於無話可說。就套用一句通俗的話來概括：一切盡在少言中！

王家平
2012 年 11 月 28 日於
北京花園村寓所